日本近世史を見通す

5 身分社会の生き方

多和田雅保・牧原成征【編】

吉川弘文館

刊行にあたって

日本近世史の研究は、豊かな成果をうみ出している。

時の経過とともに、研究する側での関心の持ち方や、問題意識といえるようなものも、当然変化してきている。そうした変化に伴って、さまざまな研究の成果も、豊富かつ多様にもたらされたのであった。こうした、現在の歴史学研究の成果を、そして近世史研究がこれまでに到達した見地を、このシリーズでは集成してみたい。

しかし、こうした豊富さは、その反面で否応なしに、大きな課題をも出現させている。きわめて多様な研究成果のすべてを見渡して論じることが困難になり、従来「研究の個別分散化」といわれてきた事態を克服することもまた、非常に難しくなった。専門家は、以上の状況に苦慮しつつも、日日なんとか対応しているのだが、一方ではそれぞれ専門とする分野も大きく分け隔てられたままであり、また研究分野の間で充分な相互理解が確保されているとは、とうてい言い難い面があるのもまた、現状である（政治史研究と社会史研究のギャップは、その最たるものであろう）。また従来、近世の初期から幕末期までを貫いて見通すような、通史の観点が現れていないことも問題視されていた。世界史と連関させて近世日本をとらえるアプローチも、いまだ不充分である。近年、シリーズ企画や研究講座のような出版物が相次いで企画されてきたにもかかわらず、このような問題の所在は、大きく変わっていないのではないか。本シリーズではひとまず、こうした認識の上に立って、それぞれの専門的な研究成果をただ持ち寄るのにとどまることなく、視角や問題意識についても可能な限りでの総合化を目指し、近世という時代を見通すことをねらっている。

このシリーズでは、時代をみていく視角を総合化する試みとして、次のような工夫をこらしている。全体を七巻から構成するものとし、最初の三巻については、歴史の通時的な経過を示す、通史的な研究の成果にあてている。続く四巻から六巻までは、テーマ別の編集とし、この時代を考えるうえでは不可欠と思われるような、重要な研究動向を取りあげた。以上の全巻をあわせ読むことで、大きく展望を得たいというのが、ここでの考えである。参考文献の提示などは必要な限りでの提示にとどめ、全体にわたって、一読して理解しやすい内容を、幅広く盛り込むことを期した。また、最終巻の七巻では、シリーズ全体での議論を集約し、関連する問題についての討究を行ったうえで、近世史研究において今後に残された課題についても検証することとしたい。

まず、劈頭《へきとう》に位置する**第一巻『列島の平和と統合―近世前期―』**では、おおよそ織豊《しょくほう》政権の時代から四代将軍・徳川家綱《とくがわいえつな》の時代まで、すなわち一六世紀末から一七世紀後半までの時期を扱っている。近世社会における秩序の形成について、政治過程や対外関係を中心として論じ、「平和」の到来と軍事体制との関係、キリスト教禁教と対外方針の転換にまで説き及んでいる。続く**第二巻『伝統と改革の時代―近世中期―』**では、元禄時代と呼ばれる将軍綱吉《つなよし》の時代、つまり一七世紀末以降、田沼《たぬま》時代と呼ばれる一八世紀後半までの時期を取りあげる。長期にわたって社会の伝統化が進行する一方、初発の危機的な状況を迎えて、幕政・藩政ともに改革政治による対応を余儀なくされる段階である。通史の最後は、**第三巻『体制危機の到来―近世後期―』**が、対応している。一九世紀以降、「大御所《おおごしょ》時代」と呼ばれる時期に深化した政治的・社会的矛盾のなか、到来した対外危機に対して近世国家による対応はどのようなものであったか、また巨大な世界史的動向のなかで、幕末の政治変動はいかなるものとなったかが問題とされる。

研究史上に大きな位置を占めている、重要なテーマ群にあたっては、次の各巻を用意した。**第四巻『地域からみる近世社会』**では、研究史の焦点の一つであった地域社会論を中心に論じている。都市と農村、社会と支配権力のあり方について、広く目配りを効かせての解明を進めている。**第五巻『身分社会の生き方』**は、最重要課題の一つである身分論をベースとして、近世に生きた人びとの生活過程に踏みこんだ検討を行っている。諸集団と個人、人・モノ・カネの動き、生死に関わる状況といった問題群に注意したい。**第六巻『宗教・思想・文化』**では、近年に格段の進展をみせた宗教史と思想史における研究、その双方をともに見渡して、近世文化史全般にもわたる総合的な見地を獲得することをめざしている。分野横断的な論点の提示がますます期待されるところである。以上、政治史研究や国家論の検討にもとづく成果を盛り込んだ通史的研究の巻のみならず、近世社会の重要な諸動向を追究したこれらテーマ別の巻をあわせて提示することで、総合的かつ動態的な歴史過程の把握をめざしたい。

本シリーズの刊行をもって、既存の研究動向をことごとくカバーしたなどと豪語するつもりはもちろんない。全体としての構成には充分に反映しきれなかった研究視角や動向が、なお多く存在していることは承知している（ジェンダー・環境・災害・医療の歴史など）。しかし、今回ここに集成したような数々の論点に向き合うことを抜きにして、今後の研究を前進させることは難しいだろう。本シリーズでの見地から発して歴史像が広く共有され、そのうえでいっそうの議論が喚起されるよう、強く願うものである。

荒木裕行　岩淵令治
上野大輔　小野　将
小林准士　志村　洋
多和田雅保　牧原成征
村　和明　吉村雅美

目　次

プロローグ

身分社会を生き抜く

多和田雅保

本巻のねらいと近世身分研究

本巻は日本の近世における身分と人びとの生き方についてとりあげたものである。ここでは本巻のねらいと観点、関連する先行研究について述べ、あわせて収録する論考の概要を紹介したい。

歴史学が人間を研究の対象とする以上、国家や地域、時代にかかわらず「人間がどのように生きたか」という問題を設定することは重要な意味を持つ。ただし、この問いは漠然とではなく、対象とする国家や地域がどこであり、時代がいつかなどといった事柄と関連づけながら論じる必要がある。日本近世における人間の生命維持の歴史については塚本学の研究がある（塚本学『生きることの近世史―人命環境の歴史から―』平凡社、二〇〇一年）。武力行使と刑罰、欲望と消費、病気や飢餓、災害、民衆知のありかたなど、人間の生と死にまつわる問題を幅広くとりあげ、長い歴史過程のなかで近世を位置づけており注目される。また、長年にわたり日本近世の身分研究を主導してきた塚田孝は「『身分』とは前近代社会における人間の存在様式であると考える」と述べた（塚田孝『近世日本身分制の研究』兵庫部落問題研究所、一九八七年）。塚田の指摘に学ぶならば、近世を含む前近代での人間の生き方を論じるうえで、身分の問題に言及することが大きな意味を持つことになる。本巻では以上を念頭に置いて、近世の人びとの生き方を身分と関連づけてとらえてみたい。

日本の近世（主に江戸時代）が身分社会であったというのは、現代日本に生きる多くの人びとにとって、いわば「常識」

の事柄に思われる。しかし、実際に当時を生きた人びとが、身分と関わってどのように生活していたのかは、意外に知られていないのではなかろうか。例えば近世の身分といえば、今でも「士農工商」を思い浮かべる方々が多いだろう。確かに以前は歴史の教科書でもそのように説明されていたが、近世身分の研究はこの何十年かで格段に深化し、旧来の身分像は大きく塗り替えられている。今やその成果は教科書にも反映されており、「士農工商」は近世身分を表す言葉としては使われなくなっている。

また、個々の身分に関する教科書の描き方も変化を遂げている。山川出版社の高校教科書において、かつて「農民の統制」と呼ばれていた項目は、現在（『詳説日本史　改訂版』二〇〇九年）では「村と百姓」となっている。そのうえで「村」が「百姓」の生活を支える共同体としての意味を持ったこと、「百姓」が村の自治に参加し、用水や山野の管理、道の整備などを共同で担ったことなどが説明されている。

この変化は以下の二点を意味している。一つめは、当時を生きた人びとの生活に注目した描き方となっていることである。そして二つめは、生活を支える共同体（集団）の存在が重視されていることである。教科書では村と百姓に限らず、武士と家、町人と町、職人と仲間など、身分が集団ごとに組織され、個人は家に所属し、家や家が所属する集団を通じてそれぞれの身分に位置づけられたとも書かれている。以上は長年にわたる近世身分研究の成果を反映したものである。

身分的周縁論と牛業村落論

集団論にもとづく近世身分論は、塚田も含む「身分的周縁」研究会の活動によって格段に深められたといえよう。その成果として、三度にわたる刊行物が出版された（Ⅰ『身分的周縁』部落問題研究所、一九九四年。Ⅱ『シリーズ近世の身分的周縁』全六巻、吉川弘文館、二〇〇〇年。Ⅲ『身分的周縁と近世社会』全九巻、吉川弘文館、二〇〇六〜〇九年）。ⅠからⅢでは宗教者や芸能民、賤民《せんみん》身分など、さまざまな身分集団がとりあげられており、多くの論点が提示され、身分社会としての近世社会の本質に迫る議論が展開されている。現時点でもっとも新しい成果であるⅢは、①特定のモノや場を分析の対象とする、

②各地域の歴史的蓄積や独自性を重視する、③近世にとどまらず、中世後期から近代初頭にまで時代の対象を広げる、以上の三点を重視している。本巻に収録した論考は、いずれも具体的な生活の場に即して、実際に生きていた人びとの姿をとらえようとしたものだが、その方法は身分的周縁論が培った方法論や視角を強く反映したものということができる。

ところで横田冬彦は、戦後の近世史研究の流れを生業論の観点から位置づけ直し、身分的周縁論についても、近世のさまざまな「生業集団」を扱ったものとしてとらえた（横田冬彦「生業論から見た日本近世史」国立歴史民俗博物館編『生業から見る日本史―新しい歴史学の射程―』吉川弘文館、二〇〇八年）。人間の生き方について考えるうえで、「生業」は重要なキーワードである。横田はこの説明で、身分的周縁論と並行したもう一つの流れとして、生業村落論に言及している。

生業村落論は一九九〇年代以降現在に至るまで、米家泰作・白水智・高橋美貴・橋本道範・春田直紀など多くの研究者によって盛んに取り組まれてきた（米家『森と火の環境史―近世・近代日本の焼畑と植生―』思文閣出版、二〇一九年。白水『中近世山村の生業と社会』吉川弘文館、二〇一八年。高橋『近世漁業社会史の研究―近代前期漁業政策の展開と成り立ち―』清文堂出版、一九九五年。橋本『日本中世の環境と村落』思文閣出版、二〇一五年。春田『日本中世生業史論』岩波書店、二〇一八年）。その内容は多岐にわたり、簡単に紹介することはできないが、あえて述べると、①「海村」や「山村」などに注目し、村落を基盤とする人間の営みを山野河海などの自然環境と密接するものとしてとらえる、②自然環境における気候や物質循環などの多様なサイクルに注目し、人間中心の歴史学に反省を迫る、③人間が生きていくうえでの生業複合のあり方に注目する、おおよそ以上の論点が提示されてきたといえよう。こうした生業村落論からは学ぶべき点が多いが、都市における生業をどう考えるかという問題もあわせて考えてみる必要があろう。

本巻の観点

本巻はこれらの研究動向をふまえつつ、近世における人間の生き方自体にさらに迫ってみたい。収録した論考の多くは以下紹介する三つの観点を重視した内容となっている。

一つめに、近世における集団の存在を重視しつつ、より個人に寄り添う形で考察した論考を多く含んでいる。近世における個人のあり方を重視し、身分について考察した研究成果としては『〈江戸〉の人と身分』（全六巻、吉川弘文館、二〇一〇〜一一年）があり、上昇願望や由緒、地域意識、東アジアの中での位置づけなど、多角的な検討を行っている。集団論を重視した身分的周縁論とは異なったアプローチだといえるが、集団に属することが生活や生命の維持にとっていかなる意味を持ったか、属さないとどうなったかなどといった問題は、近世社会において身分を論じるうえではやはり重要であり、いまだに論じつくされてはいないと思われる。

二つめに、本巻の多くの論考が、都市と関わって生きる人びとを描いている。一六世紀末から一七世紀初頭の近世の幕開けとともに、日本列島の全域にわたって、大・中・小にわたる多くの都市が建設された。日本近世史研究をリードした山口啓二は、近世を「都市の時代」と述べている（山口啓二『鎖国と開国』岩波書店、一九九三年。岩波現代文庫として二〇〇六年に再刊）。近世は身分社会だった点で近現代とは異なるが、都市と関わって生きる人びとが格段に増えた点では中世と異なり、むしろ近代以後と連続する面を持つということもできる。都市と関わった生き方の歴史を探ることは、現在を生きる人びとにとって、先述した生業村落論とは別の意味で重要であろう。

都市における集団は、先述した身分的周縁論でも多くとりあげられている。ただし、都市における生き方自体を真正面から本格的に論じたものは、例えば大坂を舞台とした塚田孝『大坂 民衆の近世史』（筑摩書房、二〇一七年）が注目されるが、さらなる蓄積が必要である。もっとも日本近世が全体的にみて農山漁村からなり、人びとの生き方が自然条件の影響を強くうけたことも事実だと思われる。都市の存在を意識しつつ、村や自然の問題を逆照射してみたい。

三つめに、人間が生きる目的、あるいは意味について示唆を与える論考を多く含んでいる。人間の生き方を考察するうえで、そもそも何のために人間は生きるのかという問いを避けて通ることはできない。高木昭作は、中世社会の諸集団はそれぞれ武装して自己を主張していたが、幕藩権力が社会全体をひとつの「兵営国家」として編成するなかで、集団の大部分は武装を解除され、武装を許された人びと（武士身分）も武力の私的な行使を禁止されたとした。あらゆる集団は公儀の執行機関としての役割を担い、個人が集団から離れて自己の生活を追求することは許されなかった。生活の私的な部分すら公の役に立つ限りにおいて初めて評価され、公の役に立たない場合、お目こぼしをうけてわずかに存在を許されたというのである（高木昭作「「秀吉の平和」と武士の変質―中世的自律性の解体過程―」『日本近世国家史の研究』岩波書店、一九九〇年）。また、朝尾直弘は先述した「士農工商」について、身分制度ではなく、社会を支える有用な四つの職能を意味する観念・意識であり、近世を通じて社会に浸透したとする。そして、これら以外の職能は、何の役にも立たない遊民として排除・差別の対象とみなされたと述べる（朝尾直弘「近世の身分とその変容」同編『日本の近世七　身分と格式』中央公論社、一九九二年）。

本巻のいくつかの論考は人間の「生死」に関する問題をとりあげている。「基本的人権」の保障が憲法に明記されている現代日本と異なり、近世を生きる人びとが何のために生きたのか、近世において人間の生や死が、公権力によって、あるいは社会のなかで、どのように扱われたのかを考えることは、近世という時代の特質を知るうえで重要だということができる。

もっとも、「公の役に立つ限りにおいて個人の生を評価する」という価値観から、現代人が完全に自由になったとはいえないのではないか。例えば新型コロナウイルス感染症の流行下、芸能は果たして不要不急かなどといったことが問題となり、日本全国で多くの芸能活動が「自粛」を強いられた。こうした考え方の系譜をたどるうえでも、近世という時代は注目されると思われる。本巻は芸能者についてとりあげた論考も含んでいる。

本巻の概要

以下、本巻に掲載した七本の論考と二本のコラムについて概要を紹介したい。

第1章「武士・奉公人・浪人」（牧原成征）は対馬藩宗家《つしまはんそうけ》を主な題材とし、江戸で多数を占めた下級武士と奉公人をとりあげて、支配身分である武士と、町人など他の身分との間に取り結んだ交流・関係のあり方を探る。参勤交代制度の確立により、江戸には全国の大名が藩邸を構えて、膨大な武家人口が集中した。近世における武士は都市で生きる存在だったということができるが、そのために彼らが町方に暮らす人びととどのように共存しようとしたかを描く。

第2章「百姓と商人の間」（**多和田雅保**）は信濃国中野《なかの》（長野県中野市）の陣屋町と周辺農村で結成された香具師《やし》仲間をとりあげたものである。近世後期になると、村のなかでも荒物《あらもの》や小間物《こまもの》、菓子など、日常生活において用いる品物の需要が高まった。それを満たすべく、百姓のなかには中野の香具師仲間に加わって商業に従事し、これらの商品を販売する者が多く出現するようになった。本章ではそのしくみを描きつつ、地方都市の果たした役割についても考える。

第3章「房総の山稼ぎと江戸」（**後藤雅知**）は房総半島（岩槻藩《いわつきはん》房総分領）の山間村落で生きた人びとをとりあげたものである。この地域では近世初頭から、江戸で利用される真木《まき》や炭といった膨大な燃料需要を支えるべく、林産物の生産と出荷が百姓にとって稼ぎの手段として重視されるようになった。一方、この地を支配する領主も山林資源に注目し、生産と出荷を統制しようとした。せめぎあいのなかで、百姓がどのように生きようとしたかを描く。

コラムⅠ「廻船」（**中安恵一**）は近世後期に日本海で活動を拡大させた石見国銀山料（島根県）の廻船業について述べたコラムである。日本海海運では、従来、比較的大型の北前船《きたまえぶね》が注目されてきたが、銀山料の廻船は小型であった。その動向について、担い手がいかに生活を成り立たせようとしたかという点に注目して論じている。

第4章「かわたと非人」（**三田智子**）は和泉国泉郡信太《いずみぐんしのだ》地域（大阪府和泉市）を対象として、主にかわた身分と非人身分の関係について具体的に明らかにした論考である。「一村立」のかわた村である南王子村《みなみおうじむら》で暮らす人びとにとって、生業の場は村内にとどまらず、広域な草場や得意場が重要な意味を持った。それらの場に出向くことで、百姓や非人番との間で接触・交流しながら、かわた身分の人びとがどのように生活を成り立たせようとしたかを描いている。

コラムⅡ「行き倒れ遍路からみた近世」（**町田哲**）は、四国遍路《へんろ》が家々を托鉢《たくはつ》して廻る「乞食行《こつじきぎょう》」をとっていたことに注目したコラムである。貧困などによって村で生きるすべを失った事情を抱えた人びとは、四国に渡り一時的に遍路の形をとって、何とか生きながらえようとした。その姿について、徳島藩と寺院の対応の違いに注目しながら論じている。

第5章「高利貸しか融通か」（**東野将伸**）は主に西日本の農村部を対象として、多様な金融の形態を紹介し、金融を成立させる条件について説明したものである。金融は近世を通じて商品貨幣流通の発展を支え、都市と農村を結びつけ、豪農などに富をもたらす一方で、共同体や身分制・領主制の維持・強化にも寄与し、近世当時の「社会的有用性」に応える形でも展開した。近世における金融の性格を知るための論点を、本章から一通り学ぶことが可能であろう。

第6章「大坂・堀江新地の茶屋と茶立女」（**吉元加奈美**）は大坂を舞台に、「事実上の人身売買」の対象となった遊女の生き様について、公認された新町遊廓ではなく、事実上黙認されていた新地における茶屋と茶立女《ちゃたておんな》に注目して論じたものである。茶立女たちの過酷を極めた日常、生と死、境遇から抜け出したり抵抗しようとしたりした様相、それでも抜けられなかった状況などについて、茶屋が生み出す「利潤」やそれに群がる人びとの動向と関連させながら論じている。

第7章「芸能者」（**塩川隆文**）は近世に行われたさまざまな芸能の見取り図について、伊予国宇和島《うわじま》、加賀国金沢、越中国氷見《ひみ》などの地方に注目し、「芸能者」に即して描く。それぞれの事例においていかにして芸能に従事、あるいは享受したかを述べたうえで、金沢に対象を絞って、さまざまな芸能者が集団を形成した様相を素人の存在と関連させながら論じたものである。

現代に生きる人びとが近世のイメージについて問われたとき、身分が存在したこととあわせて、「平和な時代」だったと答える場合が多いものと思われる。しかし、戦争がなかったという意味では確かに「平和」かもしれないが、そのことと生きやすかったかどうかといったことは別であろう。さまざまな制約のなかで、何とかして生活手段を確保し、必死に命をつないだ様子をたどることは、時代を超えて普遍的な意味を持つはずである。このことを本書の諸論考から汲み取っていただければ幸いである。

第1章 武士・奉公人・浪人

牧原成征

はじめに

近世の身分社会というと、まず思い浮かべるのは武士であろう。ただ、一口に武士といっても非常に多くの階層に分かれていた。国許《くにもと》の城下や領地における彼らの貌《かお》と、江戸におけるそれとも異なっていた。「身分社会の生き方」を考える本巻では、大名のような特別な武士ではなく、大多数を占めた下級の武士を対象にすべきだろう。実は、馬に乗れる正規の武士（士分）はおそらく総人口の一％に満たず（血縁の家族をふくめても三％ほどか）、その下に、それに数倍する徒《かち》（歩行）・足軽《あしがる》、若党《わかとう》・中間《ちゅうげん》・小者《こもの》などの奉公人《ほうこうにん》がいて、より一般的な生き方を考えるとすれば、彼らこそが主人公になるはずである。

また、武士はそれぞれ「家」をつくり、大名家・将軍家などの「御家《おいえ》」「家中《かちゅう》」を構成していた。「御家」にはそれぞれ独自の個性や伝統があって、どこに領国を有したかによって違いも大きい。さらに、「御家」から暇《いとま》を取り、誰にも仕えていない状態の浪人《ろうにん》（牢人）もいたが、彼らも町人・百姓とは区別され、江戸では町奉行所《まちぶぎょうしょ》などから「先主誰々只今牢人何某」などと呼ばれた。奉公人層もしばしば欠落《かけおち》（失踪）して、浪人となったともいえる。

近世の身分に関する研究は、武士・百姓・町人・えた・非人《ひにん》など、それぞれの全体像や特徴・心性を大雑把に概括するのではなく、人びとの存在のあり方を、具体的な場や集団、それらの関係に即して論じることで豊かな成果をあげてきたが、武士については、そうした方法による研究はなお少ない（森下徹『武士という身分』）。そこで本章では、近世身分社会の中枢である江戸において、武士・奉公人が他の身分との間に取り結んだ交流・関係のあり方を探ってみることにしたい。

江戸の武士・奉公人はおおまかに、将軍家の直臣団《じきしんだん》（旗本・御家人など幕臣）と、諸藩邸の大名家臣団とに分かれるが、前者については別に論じたこともあるので（牧原成征「下級幕臣団の江戸城下集住」）、より多数を占めた後者について、対馬《つしま》藩宗家《はんそうけ》の「江戸《えど》藩邸毎日記《はんていまいにちき》」（東京大学史料編纂所所蔵）をもとに考えてみたい。この日記は、寛永五年（一六二八）分から少しずつ残り始め、幕末の分まであるが、ここでは一八世紀はじめまでを対象とする（年月から記事をほぼ特定できるので詳細な典拠は略す）。この日記を誰がどのように記したか、確定はできないが、留守居《るすい》クラスの役人の立場で書かれている。

ところで対馬藩といえば、中世以来の宗家が対馬を領地として幕末まで存続し、朝鮮との通交を独占していた。その家臣は、かつては対馬の浦々に居住した国衆《くにしゅう》・地侍《じざむらい》（兼舟持商人《ふなもち》）というべき人びとだった。江戸時代になると主要な家臣は城下厳原《いずはら》（府内《ふない》）に集められるが（府内士）、村に住む在郷給人《ざいごうきゅうにん》も残った。前者は、寛文二年（一六六二）で知行取《ちぎょうとり》が一〇四人、扶持人《ふちにん》が七四〇人、後者の在郷給人は元禄期（一六八八〜一七〇四）で二六〇〜七〇人ほどだったという（『長崎県史藩政編』）。参勤交代の頻度は他の大名より低かったものの、江戸に屋敷（藩邸）を構えて藩主の家族をおき、藩士《はんし》を国許から勤番させた点では他の大名と変わりない。対馬出身の武士たちは、不慣れな巨大都市江戸で、幕臣や他の大名家の人びととどう共存し、発達した町方《まちかた》の社会といかなる関係を結びながら、どのような秩序を築いていたのだろうか。

なお、同じような留守居役の日記、江戸藩邸日記を用いた検討として、氏家幹人の守山藩松平家《もりやまはんまつだいらけ》（水戸《みと》徳川家《とくがわけ》の分家）、山本博文の萩藩毛利家《はぎはんもうりけ》、中野達哉の弘前藩津軽家《ひろさきはんつがるけ》の例などがある（氏家幹人『江戸藩邸物語』、山本博文『江戸お留守居役の日記』、中野達哉『江戸の武家社会と百姓・町人』)。とくに氏家・山本両氏の著作は藩邸日記を用いた研究の古典というべきものである。山本は幕藩の政治、氏家は武士の作法に関心を寄せたが、本章では、その後の武士社会・都市社会研究の成果もふまえて、さまざまな人びとからなる身分社会の生き方に迫ってみたい。

1 江戸における諸大名家の共存

屋敷への駈込

江戸には幕臣のほか、全国の大名が屋敷を構えて集結し、かなりの数の家臣団を常駐させた。そうなれば相互にしばしば衝突がおき、その解決をめぐって交渉がなされた。寛永四年(一六二七)、宗家は柳原《やなぎはら》(台東《たいとう》区台東、現在の三井記念病院の北東)に屋敷を拝領したが、その作事中は近くの行安寺《ぎょうあんじ》を宿としていた。寛永五年四月六日、宿としていた行安寺に意趣《いしゅ》切《きり》(恨みを晴らすために人を切ること)をした者が駈け込んだ。その者は抵抗せず、「敵《かたき》は討ち留めたので思い残すことはない。どのようにでもしてほしい」と言ったので、藩では、出かけていた藩主に連絡し、町奉行の島田《しまだ》利正《としまさ》へ使者を送り部下の派遣を乞うた。

町奉行所の役人が本人に尋問したところ、主人は酒井《さかい》忠勝《ただかつ》(出羽《でわ》鶴岡《つるおか》藩主)で、若衆事《わかしゅごと》(衆道《しゅどう》・男色《なんしょく》をめぐるトラブル)であった。対馬藩では「お助けはなるまじきか」と交渉したが、それはできないとのことで、そのまま引き渡し逮捕された。同じ頃、丹羽《にわ》氏次《うじつぐ》という大名へもそれと同類の者二人が走り入って抱え置かれたが、親しい武家から「出さないと御身上大事になるので出すのがよい」と説得され、日暮れに町奉行所へ引き渡したという。

翌日、酒井家から「昨日は家中の者が人を殺《あや》め、御屋敷へ行ったところを確保され町奉行へお渡しなされたとのこと、忝《かたじけな》く存じます」と使者をよこした。宗家からは「昨日は不慮に粗相《そそう》をした走り者がありましたが、酒井家の者とも誰の者とも名乗らず、三〇日前に主人より暇《いとま》をえた牢人者だと言ったのでご連絡しませんでした」と返事の使者を送った。

宗家は当時たまたま寺を居所としていたが、これは武家屋敷への駈込の例とみなせる。笠谷和比古によれば、当時、他人を殺害した武士が追捕《ついぶ》の手を免れるべく近辺の武家屋敷に逃げ込んで保護を求め、当該屋敷の側がこれを受け入れて匿う慣行がみられたという（笠谷「近世武家屋敷駈込慣行」）。屋敷主が駈込を受け入れざるをえないのは武士道という名の強制力が働くためであり、幕府公権力は駈込者の隠匿を認めていないが、駈込慣行は武士道的確信のもとに存続し、外部権力に対して自立的で自己完結的な武士のあり方を示す、と論じた。

ただし笠谷が根拠としたのは、『明良洪範《めいりようこうはん》』『葉隠《はがくれ》』『鸚鵡籠中記《おうむろうちゆうき》』といった見聞集の類わずか四例で、四例のうち『御仕置裁許帳《おしおきさいきよちよう》』の一例は駈込を偽ったものである。それら限られた事例の解釈も、抽象的な武士道なるものから演繹《えんえき》的になされている嫌いがある。より具体的な場や諸関係、状況に即して検討すべきであろう（谷口眞子『武士道考』）。その点、寛永五年の対馬藩邸への駈込の例は、一次史料に近いもので貴重である。

宗家は、酒井忠勝の家臣だと聞きつつ、匿うのではなく町奉行所へ引き渡した。ただし助けてくれるようにも交渉し、翌日の酒井家からの挨拶への返事では「牢人だと言っていたから町奉行へ引き渡した」と強調した。同類を受け入れた丹羽家でも、知音《ちいん》の武家から「出さないと身上が大変になる」と勧告されて引き渡したという。情誼や道義、そして大名屋敷の不可侵性を前提として、幕府との関係で「御身上大事」を恐れ、また「牢人だと思った」と強調して駈込人の属する御家への配慮を示している。

他家の者を傷害

寛文八年（一六六八）正月二十八日、生駒高清《いこまたかきよ》という旗本（改易《かいえき》された高松藩《たかまつはん》生駒家の後裔）から宗家へ使者が来た。「宗家の家来が、本多酒之允（造酒允《みきのじよう》か、不詳）の屋敷の前で、生駒高清の弟俊明《としあき》の千石夫《せんごくふ》の者（人足）を二太刀《たち》斬りつけ立ち退いたところ、高清の辻番《つじばん》の者が出会って捕らえました。（幕府に）報告しようか、御返事次第にします」という連絡だった。宗家からは「公儀《こうぎ》（幕府）への報告には及ばないと思いますが、ご勝手になさってください。その者を引き渡してほしい。怪我人のお加減はどうでしょうか」と返事したところ、生駒家も幕府へは報告せず、身柄を引き渡した。

宗家の家来の言い分は「生駒家の御内衆《みうちしゅ》が悪口を言ったので斬った」というもので、宗家は「喧嘩であるので公儀の掟の通り、その家来に浅草の寺（泉性院《せんしょういん》）で切腹するよう申し付けた。見分の家来を派遣してほしい」と生駒家へ連絡した。生駒家の人足の言い分は「通りかかっただけなのに、宗家の家来が酒に酔っていて抜き打ちに斬りつけた。自分は丸腰だった」というもので、生駒家は「喧嘩ではないので、切腹の見分に人は出せない」と返答してきた。結局は宗家が押し切って、切腹の予定を一方的に通告して執り行わせた。

この件は辻番が取り押さえたが、辻番は当時、大名・旗本が分担して出し、そうした不審者・狼藉者《ろうぜきもの》、手負《ておい》・喧嘩・辻《つじ》切《ぎり》の当事者の身柄を確保して、主人へ引き渡すよう規定されているので（岩淵令治『江戸武家地の研究』）、それに則った対応をとったことになる。宗家の主張ではこの件は喧嘩であった。「公儀の掟」とあるものの、江戸幕府は初期の将軍上洛時の軍令《ぐんれい》を除くと喧嘩両成敗法《けんかりょうせいばいほう》を出していない。ただ、平時でも武力による私闘は、当然認めていなかった。ここで宗家が、喧嘩をしたこと自体を咎めたのか、双方を成敗すべきだという認識で家来に切腹を命じたのかはわからない。一方、生駒家側は一方的な傷害事件とみて抵抗したが、宗家にも配慮して、結局は押し切られている。家の格が、こうした事件の決着に影響した可能性も大きいだろう。次の例もみてみよう。

他家の家来との喧嘩

延宝八年（一六八〇）十二月五日、江戸廻りの地方《じかた》（村々）を支配する幕府代官の野村彦太夫から宗家へ使者が来た。谷《や》中三崎《なかさんさき》で、宗家の家来（御歩行衆）井関七左衛門が「喧嘩」をして深手を負ったという。所の者が出会って両方を留め置き、様子を尋ねると、「相手は老中板倉内膳正《ろうじゅういたくらないぜんのかみ》（重種《しげたね》）の御歩行衆であり、二人は日頃から仲がよく今日も連れ立ってここへ来たが、後ろから突然斬られた」と言っている、と谷中村の名主《なぬし》から報告があったという。

宗家は翌日、親類（藩主義真《よしざね》の姉妹の嫁ぎ先）の旗本で、藩主在国時の相談役でもあった松平正信《まつだいらまさのぶ》（奏者番《そうしゃばん》）に相談した。「先方は御老中だから放置できないので、参上して「笑止の体」（困った様子、気の毒な様子）で言上しなさい」と助言をうけ、留守主（聞番）が板倉家へ参上して挨拶した。代官野村から身柄を引き取って、再び板倉家へ行き「悪所へ行った様子もなく重畳《ちょうじょう》（幸い）と存じますので、内膳正様（板倉）御仕置《しおき》の通りにしたい。今は養生させています」と報告した。

十日になって、七左衛門が治癒しそうにないことがわかった。状況を聞いた松平正信は、自分から板倉へ話をもちかけようかとも考え、町奉行の渡辺綱貞《わたなべつなさだ》に相談すると、板倉が家来を処分したくない可能性もあり、話を持ち出せば「公儀立つ（幕府で公的な問題になる）」ので控えたほうがよいと言われた。正信は宗家に「七左衛門の怪我は治るのかわからないので、暇を出したい」と板倉の家老《かろう》に申し入れるよう助言した。

十二日、七左衛門が「不慮の喧嘩をして何かとご苦労をかけ困っている。養生するよう命じられたが回復するかどうかわからず、本復しても喧嘩の首尾も悪かったので、のちに切腹を命じられるかもしれない。先方を憚らないのなら切腹を命じてほしい」と願い出た。「江戸歩行」が残らず連印で、願いの通りにしてほしいという一札を添えた。七左衛門は江戸で昨今召し出されたばかりの御歩行で、宿（人宿《ひとやど》）を通じて雇用されており、江戸歩行は傍輩・仲間として結集していた。

十四日、七左衛門が死亡した（切腹ではない）。藩は、侍分の者なので、あまり見苦しくないように葬るよう指示した。板倉家に連絡すると、見分のため侍を一人派遣してきた。その後、板倉家では喧嘩相手の家来に切腹を命じ、浅草の玉窓寺《ぎょくそうじ》まで検使《けんし》を派遣するよう求めてきた。宗家は、留守居役の一人と、その家来という体裁にして江戸歩行の内より一人を付き添わせて、切腹を見届けさせた。

この件は、宗家はあえていえば被害者である面が強いが、相手は老中の家であり、むしろ怪我を負って瀕死の家来に暇を出そうとするなど、著しく配慮・遠慮している。一方で、七左衛門の死亡をうけて板倉家では「喧嘩」相手の家来に切腹を命じており、双方に同等の罰を科す喧嘩両成敗の慣習法が存在したことが確認できる。また切腹にあたっては相互に検使をやりとりする慣習があり、一類・傍輩の報復感情にも配慮していた。

以上のように、大名屋敷は不可侵性をもつ空間であり、幕府が直接に手出しすることはなかったが、大名家の側やその縁者が幕府との関係を慮《おもんぱか》って、すぐに駈込者などの身柄を差し出すこともあった。現実にはイエの不可侵性・自立性と幕府権力の高権とは併存していたが、幕府が、喧嘩の当事者（大名家来のことも多い）の成敗を直接規定する一般的な法を立てることは、大名の家中仕置権（後述）とも関わって難しかったと考えられる。ただし幕府に喧嘩禁止の意向は厳存し、大名家の側でそれを忖度《そんたく》して、幕府法廷に持ち出さずに、当事者双方に同等の処罰を科す「喧嘩両成敗」が慣習法として生きていた。それをうけて寺院で切腹させる、検使を相互に派遣するなどの慣行も形成されていた。事件やトラブルは、幕府への遠慮や「表立つ」ことの忌避（外聞）、相手への配慮などから、通例、大名家相互の内々の交渉で済まされた。藩主・家老・留守居が、喧嘩など事件の発生を知りながらも、相手との間で事を荒立てず穏便に済ますことも多くなっていた。

2 江戸詰の家臣団

江戸詰家臣団の全貌

藩邸詰の家臣団については、寛文八年（一六六八）正月、藩士在府時の年頭御礼の記事からみておくと、年寄《としより》・組頭《くみがしら》・大目《おおめ》付《つけ》・聞番《ききばん》（留守居）など役付きの者を除くと、馬廻《うままわり》、大小姓《おおごしょう》、御歩行之者、御弓之者、御鉄砲之者、御旗之者、下目付、御道具之者、御馬屋之者、御草履《ぞうり》取《とり》などに分かれ、ほかに医者・坊主・御台所人・御得意之者（御用達《ごようたし》町人）などがいた。これに「追廻の者」「夫の者」（「人足」）、「内之者」「又者《またもの》」（家臣の抱える奉公人・使用人）が加わる。「夫の者」「人足」は、各部署・役人の下働き・召使として配属される者と、「大部屋」の者とに分かれた。

これらのうち大小姓以上は、一部、定府《じょうふ》の者を除くと、多くは国許から江戸へ勤番していた。それ以下の者も当初は国許から召し連れたと考えられるが、次第に「江戸歩行」「江戸足軽」など、江戸で請人《うけにん》を立てて雇用されることも多くなった。ただし近世前期には、国許から召し連れた者はあくまでも「御鉄砲之者」「御道具之者」などと呼び、単に足軽・中間などと呼んだのは江戸で年季雇用した者たちだったようである。給分《きゅうぶん》は貞享三年（一六八六）に江戸足軽が年二《に》人扶《にんぶ》持《ち》（年間一〇俵）と金子三両、寛文十一年に「夫之者」が年・金二両二分であった。

藩邸詰人の総数は未詳だが、元禄二年（一六八九）に「毎年、中間数百人召抱候ニ付」とされている。ただ、これはややおおげさで、冒頭で紹介した家臣団の規模などから、藩主在府時でも馬廻以上はせいぜい三〇人ほど、大小姓以下の扶持人をあわせて二〇〇～三〇〇人ほどだったと推測しておきたい。寛文三年の日光社参《にっこうしゃさん》への宗家の随行者は、「御家中直之者」八〇人、「御家中之内之者」七〇人、「日用《ひよう》之者」六三人などとなっていた（「日光御参詣御入目《いりめ》」）。

奉公人の雇用

家臣は数人の又者を抱える必要があり、自分で採用してもよかったが、それは容易でなかったので、藩（藩邸）が抱えて付属させることもあった。逆に又者だった者が、藩直属の奉公人として再雇用されることもあった。例えば喜兵衛という者は、家臣の末松平兵衛が年季で雇って江戸へ連れてきたが、年季が明けると藩邸の「御馬屋の者」として雇用された。万治三年（一六六〇）三月五日に、国許で親兄弟が果てて跡式《あとしき》が絶えてしまうと言って、御暇を願い出て認められた。国許の百姓の次男坊（以下）だったとみられ、国に帰ってその跡を継いだ。

また八兵衛という者は、対馬藩が現在の佐賀県内に有した飛地である田代《たしろ》領の者で、御道具の市左衛門の親が請人に立って宗家の家臣の一人に又者として召し抱えられ、江戸へ来たが、五年前（一六六四年頃）に欠落した。身の代は請人が弁済したが、市左衛門が八兵衛の行方を捜したところ、松浦肥前守《まつらひぜんのかみ》殿屋敷（平戸《ひらど》藩邸）にありついていた。そこで田代出身の御道具の者たちから書状を出した。ようやく寛文八年（一六六八）正月二十五日に返事が来たので、田代中の者が呼び出して出会い、八兵衛を屋敷に連行・拘束した。松浦家の家臣に奉公しているという。宗家から松浦家の聞番に連絡して、松浦家の体面、宗家との関係を考慮していったん八兵衛を戻し、松浦家で確認したうえであらためて引き渡しをうけた。奉公人が出身地や部署によって結束していたこともわかる。

対馬藩の家臣は上方《かみがた》で又者を抱えることも多かった。京・大坂・堺《さかい》の、多くは乞食《こつじき》＝勧進《かんじん》層を、当時、朝鮮貿易のあがりで潤っていた対馬藩士や町人が事実上、買い取って奉公人としていた（森下徹『近世都市の労働社会』）。

奉公人の欠落は非常に多く枚挙に暇がない。欠落した奉公人を雇用していた場合、先主から求められれば、「互いの儀」であるとして返還する慣習があった。これ自体はいわば戦国以来のものであるが、近世には請人を立てて雇用することが義務づけられたので、請求をうけた奉公人は請人に返して、金銭で補償させるようになった。すると身柄や身の代は実際には請人の間でやりとりされるようにもなる。こうした請人・口入《くちいれ》の機能を広く生業として担った商人が人宿・日用頭《ひようがしら》である（後述）。

大名の家中刑罰権

大名は、一領・一家中のみでほかに関わりのない犯罪については自分仕置（自ら裁いて刑罰を科すこと）が認められていた。当然、大名屋敷（藩邸）での犯罪の仕置権も有し、屋敷で処刑することもあったが、裁判や刑の執行に関する施設・組織が完備していなかったため、国許・所領に送ることも多かった（平松義郎『近世刑事訴訟法の研究』）。ちなみに旗本の場合も他に関わり合いのない場合は「手限《てぎり》」で吟味はできるが、死刑などの重罰を科すことはできず、頭支配《かしらしはい》（上司・上長）に伺う必要があった（同前）。そのうえで目付が吟味に関わることになる。

宗家でも家中の者が犯罪行為に及んだ場合、成敗・死罪、牢舎《ろうしゃ》などに処している。例えば、明暦三年（一六五七）六月、古川豊兵衛の内の者（対馬の領地から召し出した者）が、山川源太左衛門と喧嘩した。国許にいた藩主の命で、源太左衛門は牢人を命じられ、豊兵衛内の者は死罪となり、浅草の東岳寺《とうがくじ》で斬罪に処された。

奉公人とくに又者の場合、欠落が多かったので、処罰の例も多くは欠落に関するものである。寛文六年（一六六六）九月二十六日、御台所人の小田利右衛門の内の者に少し科があったので縄を掛けていたところ欠落した。十月八日に見つかり、重科《じゅうか》なので下屋敷《しもやしき》三ノ輪《わ》の近所の寺で成敗を申し付けた。また大浦権右衛門の召使近兵衛は、一〇年ほど前に暇を遣わしたが、四、五年前に大坂で物を盗んで欠落し江戸へ来ており、寛文七年閏《うるう》二月ふと宗家の屋敷にやってきた。酒に酔っていて言語不明瞭で正気でなく、追い払っても立ち去らず、かえって悪口を言う始末であった。公儀の牢にも何度も入ったとのことで、どのような悪事をするか知れないので、同二十二日、密に三ノ輪下屋敷の近くの寺を借りて、成敗（殺害）を申し付けた。寛文八年二月六日にも欠落者を召し捕り、今戸《いまど》下屋敷で死罪に処している。

同年七月十八日には、欠落した又者が江戸でありついていることが多いとして、出会ったら召し捕ってくるように、褒美を出す、と家中下々に命じている。主取《しゅうど》りして供をしているか同行者が多い場合は路次で召し捕ることは憚られるので、跡をつけ、屋敷か主人の名を確認して報告するよう指示している。こうして寛文期（一六六一～七三）を中心に、欠落であっても死刑に処している例が多数見出される。近世初期の厳罰傾向のなかで、奉公人の多くが国許の百姓出身か譜代の奉公人であったこと、彼らが悪事をしでかした場合への懸念などがその背景にあるのだろう。

牢人の滞在と仕官の斡旋

寛文十年（一六七〇）三月十六日、磯野三郎兵衛の長屋《ながや》に奥筋（東北地方）の牢人が来たという届けが留守居にあった。この牢人は、去年もやってきて数日間滞留した。その際にも年寄衆へその旨、断ったところ苦しくないので置いてよいと許可された。殿様は御留守（在国）であるが、問題ない者なので差し置きたいと申し出てきたので、屋敷中方々を立ち廻らないようにと申し渡した。

延宝六年（一六七八）五月二十二日、旗本の久保《くぼ》正信《まさのぶ》が当時の藩主宗義真とは懇《ねんご》ろな仲だとして、自分の所に数年召し置いている牢人者が宗家への仕官を望んでいるので、召し抱えてくれないか、と依頼してきた。留守居は「対馬守へ言ってもお請けすることはできないと存じます。小身なので国許出生の代々の侍共でも次三男以下は、召し抱え扶持を宛《あ》て行《が》うことができません。そのうえ、不如意で二度まで参勤を免除され諸事簡略にしている有様です」と丁寧に断っている。当該期、宗家の財政は必ずしも窮乏していたわけではないが、知行地や米の収入はもともと不足していた。関ヶ原の戦い後に減封《げんぽう》をしいられた萩藩毛利家なども仕官の依頼を一律に断っていたが（山本博文『江戸お留守居役の日記』）、織豊取立大名で次々に加増をうけた細川《ほそかわ》家などはしばしば牢人を召し抱えていた。

3 大名屋敷と町人・百姓

柳原上屋敷

宗家「江戸御屋鋪《おやしき》記録」（東京大学史料編纂所所蔵）は、「藩邸毎日記」の記事の抜き書きなどによって編集した記録である。これによれば一七世紀後半、対馬藩の江戸屋敷は柳原上屋敷《かみやしき》のほか、小塚原《こづかっぱら》下屋敷、浅草黒船町中屋敷《くろふねちょうなかやしき》、橋場《はしば》屋敷、神田《かんだ》久右衛門町《きゅうえもんちょう》町屋敷《まちやしき》、亀戸村抱屋敷《かめいどむらかかえやしき》、今戸村抱屋敷などがあった。この記録と毎日記を中心に、これらの屋敷のうちいくつかをめぐる諸身分間の交流のありようをみてゆこう。

まず柳原上屋敷。前述したように寛永四年（一六二七）に拝領し翌年、移徙《いし》した。一〇四間×一四〇間ほどで一万一六六〇坪である。この上屋敷近くの屋敷（土地）を探していた宗家へ、延宝六年（一六七八）四月、東隣の大久保《おおくぼ》幸治《ゆきはる》という旗本の家来が、屋敷（三〇間×六〇間）を売るため値段の相談に来た。六月、先方の希望とこちらの希望の半ばをとって二三〇〇両で買うことになった。ただし拝領屋敷《はいりようやしき》は売買できない建前なので、相対替《あいたいがえ》という形式をとる（宮崎勝美「江戸の土地」）。幕府への書類では、大久保家の屋敷を宗家へ、龍慶橋《りゅうけいばし》にある御鷹匠《たかじょう》a・b・cの屋敷三人分を大久保へ、その御

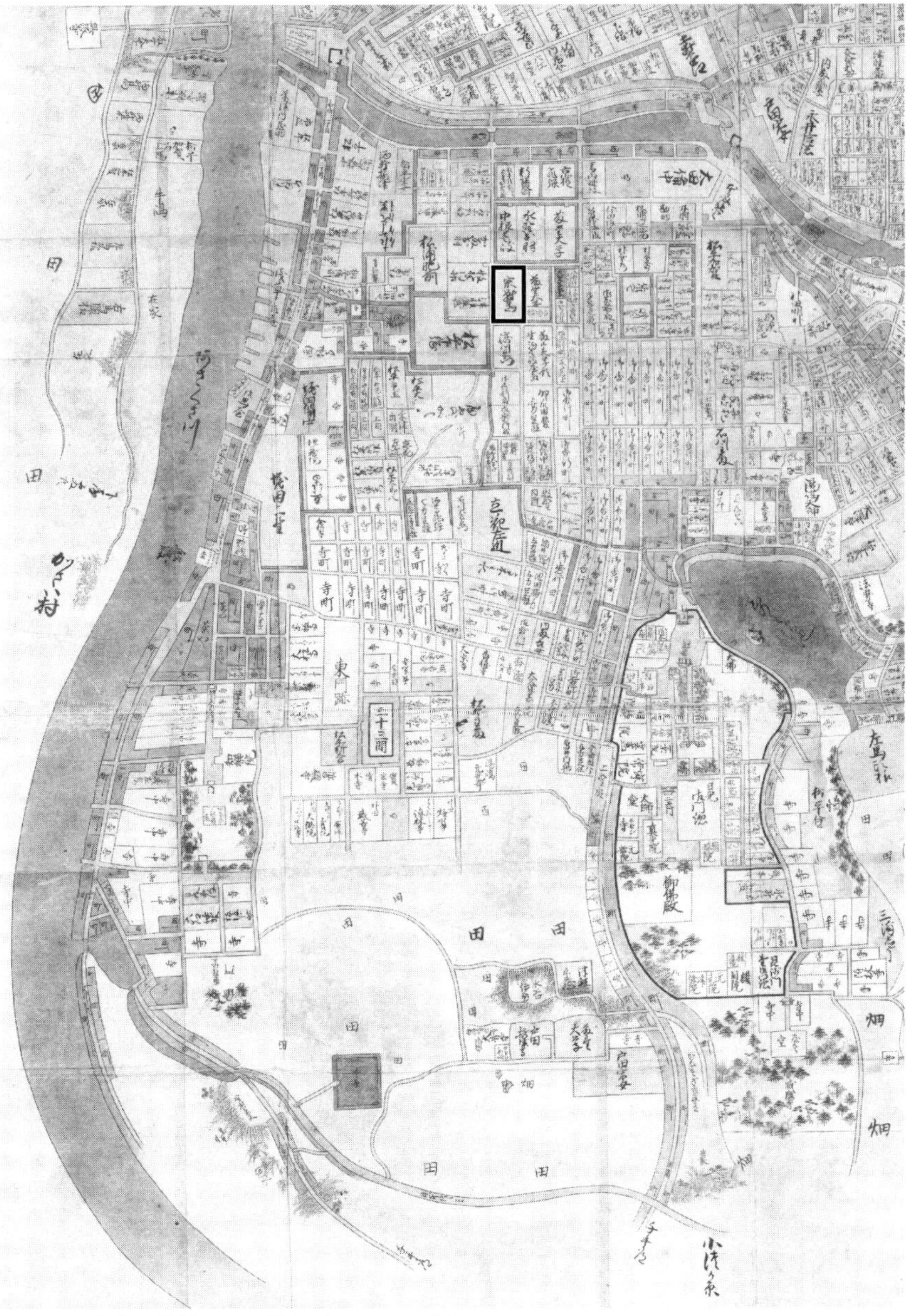

図 1-1　宗家上屋敷とその周辺（三井文庫所蔵）

小林信也の解説によれば，明暦の大火後，明暦3年（1657）10月から同4年2月頃の景観を，その時期に描いたものと推定されている．上が南．

鷹匠a・b・cには別の御鷹匠d・e・fの屋敷をそれぞれ半分ずつ渡し、d・e・fには小日向《こひなた》で宗家が買った屋敷を渡すとしている。八月、両家からそれぞれ懇意の旗本を通じて月番老中の許可をうけ、幕府屋敷奉行《やしきぶぎょう》（普請《ふしん》奉行）へ報告した。ただし大久保へは二三〇〇両を支払っており、「小日向で購入した屋敷をd・e・fに渡す」というのは形式上・書類上のことで（宗家が調達した記録はない）、幕府の御鷹匠らは大久保へ売るスペースを捻出して屋敷をシェアし、代金を受け取ったのであろう。幕臣の拝領屋敷も公的には売ることはできなかったが、彼らは幕府草創期にゆとりのある屋敷を拝領しており、実際にはそれを切り売りしたのである。

宗家は翌年その買った屋敷を、北に隣接する幕府御《お》徒組《かちぐみ》の組屋敷《くみやしき》（三〇間×一〇〇間余）と交換することにした。認められれば、内証で引料《ひきりょう》（引越料）金一七五〇両を支払うという条件である。結局、上記と同様の手続きで「振替」（交換）が許可され、上屋敷を拡張した。元禄八年（一六九五）八月には別の御徒衆の屋敷を年季で借りている（同十四年八月まで）。御徒衆はやはり屋敷に余裕があり、貸すことによっても「地代」収入をえられた。

浅草黒船町中屋敷

延宝四年（一六七六）、宗家は江戸の川筋辺に売屋敷を探していたところ、浅草に町家の物件が見つかった。黒船町という年貢を負担する町並屋敷《まちなみやしき》（年貢町家《ねんぐまちや》）である。代金一三〇〇両、ほかに諸費用で一〇〇両ほど掛かるが家賃収入も年に八〇両ほどある。当時、屋敷の売買が非常に活発で年を追って高値になっているので早めに買ったほうがよいとして購入が決まった。表屋敷は岡田善兵衛なる者を屋主《やぬし》にして家賃などを収納させ、裏屋敷に藩士の一部を住まわせることにした。実際に（宗対馬守内）岡田善兵衛宛ての手形をとって買得された。

岡田善兵衛はもと他町の町人で宗家の用達、「日用頭」を勤めていた（寛文十年〈一六七〇〉十月三日条）。名義を町人にしておいたほうがトラブルが生じた際に面倒に巻き込まれないなど、御家の名前を出すことによるデメリット回避の意味もあった。例えば翌延宝五年四月に、この屋敷の表借屋《おもてかしや》から出火した際、親類の松平正信は「宗家の中屋敷は類火だから、公儀向は別に問題ない」と述べている。この出火事件の際には、南町奉行宮崎重成《みやざきしげなり》の同心小頭《どうしんこがしら》・間米弥太夫《まごめやだゆう》という者が、宗家の家来と懇意で、「善兵衛の借屋の内より出火した」と書類を作成し万端に配慮してくれた。町奉行所でも問題が生じなかったので、間米に礼を贈った。

同年十月には神田明神《かんだみょうじん》の能を藩主が見物したが、町年寄《まちどしより》奈良屋市右衛門《ならやいちえもん》の桟敷《さじき》（見物席）を間米の世話で借りることができた。延宝八年以降は、毎年歳暮を贈るようになり、間米も頻りに挨拶に来るようになる。

橋場屋敷

元禄三年（一六九〇）には浅草の北・橋場村に三四〇坪の屋敷を岡田与八郎の名義で買得した。ここも正徳三年（一七一三）に町並屋敷となるが、当時はまだ単なる村で、町家建築を許されていなかった。元禄十三年、代官の細井九左衛門から屋敷主の名を書き上げるよう名主に指示があった。家守《やもり》の久左衛門が、購入時は岡田与八郎の名義にしていたが、身代が潰れたので「殿様御抱屋敷」と御帳面の名義を改めたと記憶している、と述べたので、そう報告させた。藩邸では名義が替わっているか不安だったが、代官は、生類に関する事件や行倒れ・死人などがあった際に持主がわからないと困るから調査したままであり、名義の変更は屋敷改《やしきあらため》に届け出るべきだと助言してくれた。

留守居が屋敷改の細井左次右衛門へ出向いて事情を説明すると「右御屋敷の名義人は町人ですか？」と聴かれた。留守居が「はっきり覚えておりません。岡田与八郎という者です」と申し上げると、代官は「名字をつけているので、きっと町人ではないでしょう。その通りなら話は簡単です」と言った。留守居が「岡田与八郎は対馬守より相応の扶持なども与えられて出入し用事を達していました。時には刀も差していたかと覚えています」と言うと、代官は「それなら町人ではないので簡単です。もし名義が町人で対馬守殿の名に改めるには、藩と町中より願い出て、許可されたら見分を受けるなど、何段階かの決まりを経る必要があります」と言った。

後日、屋敷改が帳面を確認したところ「宗次郎抱屋敷」と記載されていたので「宗対馬守抱屋敷」と改めることにして、それが認められた。この屋敷は宝永四年（一七〇七）に当分、用もなく費用がかかるとして売却された。

神田久右衛門町町屋敷

延宝三年（一六七五）、宗家は神田久右衛門町一丁目に八〇坪弱の町屋敷を三〇〇両で買って、岡田久兵衛の名義とした。久兵衛が「借家に住んで宗家から家賃を出してもらっているが、相応の町屋敷が見つかったので、お求めになり私を置いてほしい。炭薪の調達や御川遊びの御船着きにもふさわしい。毎年、家賃を二〇両も差し上げる」と願い上げたことによる。河岸《かし》のある町で、もとは材木商人が多く住んでいた地域である。

ところが元禄十二年（一六九九）の年末になって久兵衛が欠落した。手代《てだい》の仁兵衛が多額の金銀を借り込み欠落したのでそれが若年の久兵衛に降りかかり、訴えられて町奉行から御差紙《さしがみ》（召喚状）が届いていたという。久兵衛は書置を残していた。それによると祖父与左衛門・親久兵衛と三代にわたって宗家に奉公して扶持米をいただいてきた。欠落した手代の仁兵衛は、御公儀様の御用御材木を請け負い、諸方面より借金して那須山《なすやま》の材木伐り出しに出かけたが、今年四月に急に材木の御用が取り消され困窮したという。

三日ほど経って久右衛門町の名主村田平右衛門と五人組の町人らがやってきた。そろそろ奉行所へ御案内（届け出）するが、久兵衛は五人組に属していたものの御屋敷様より扶持をうけていた御扶持人なのでまず宗家へ連絡したという。「町人の屋敷だと届け出ると闕所《けっしょ》となり家屋敷は召し上げられるでしょう」というので、留守居の加城狩野之助《かしろかのうのすけ》は「御当地（江戸）町方の御法」でどう対応すべきか知らないのでしばらく待ってほしいと頼み、間米弥太夫を呼んだ。

「御当地町方の御法」

間米は名主の平右衛門に相談するよう言った。平右衛門は「地借《じがり》の借金は出入になれば地主が引き受けないわけにはいかない。藩邸で引き受ければ、多くの者が来て弁済を求め、解決しなければ町奉行所に御訴訟をするでしょう。藩邸も催促をうけるでしょう。そうすれば公儀立って、御名前も出てご面倒になるでしょう。私にお任せください。返済額も減らせます」と言った。間米もし問題がおきれば、私が平右衛門や金主《きんしゅ》のいる町の名主らと相談して解決すると請け合ったので、平右衛門に任せたが、債務の減額は思うように進まず、結局、宗家も一九二両余を支払うことになった。こうして町方に屋敷を持てば否応なく「江戸町方の御法」に拘束された。

岡田久兵衛家も、実は宗家の「日用頭」であり、藩邸に奉公人を斡旋・供給する商人であった（日用頭については、吉田伸之『近世都市社会の身分構造』）。祖父与左衛門は寛文三年（一六六三）の日光社参の際の日用（六三人）も請け負っていた。寛文八年十二月に子久兵衛に「日用頭」を交替し、引き続き一〇人扶持（年五〇俵）をもらっている。久兵衛も宗家へ「足軽・仲間《ちゅうげん》の入れ口（斡旋）」をしていた。寛文十年三月、浅草祭礼（三社祭《さんじゃまつり》）で渡り物が屋敷の側を通るように取り次いだのも久兵衛である。こうした商人に扶持や格式を与えるほどに依存して、大名ははじめて藩邸・御家の勤めを果たすことができた。黒船町の「日用頭」岡田善兵衛、橋場屋敷の岡田与八郎とも同名字であって、関係があった蓋然性は高い。

久右衛門町の屋敷は、その後、たびたび火災があり、辻番の組合に入るよう求められたので正徳五年（一七一五）に手放し、亀戸村に屋敷を買った。ただし本所新地奉行《ほんじょしんちぶぎょう》（屋敷改）から「年貢地は、難しい（規制が厳しい）ので、少しの事でも指図をうけないと処罰される」と注意をうけた。享保期（一七一六～三六）になると吉宗《よしむね》政権のもとで復活した鷹場《たかば》に編入され、いっそう厳しい規制に翻弄されることになり、享保十七年（一七三二）にこれも売り払った。

宗家はこのほかにもとくに一七世紀後半に多くの町屋敷や百姓地の屋敷を購入して中・下屋敷としていたが、火災・番人・辻番ほか管理コストなどを理由に、遠くなくいずれも売却している。上屋敷の代替施設・避難所という実用のほか、不動産投資としての側面があったからだろう。

4　藩邸社会と町人社会

町人が欠落者を匿う

藩邸と町方との関係、とくに事件やトラブルについてさらに検討を深めよう。寛文九年（一六六九）十一月二十九日、家臣の又者二人が主人の金銀その他を取り逃げした。二人は、柄巻屋《つかまきや》市左衛門という店借《たながり》の商人の所に逃げていたので、それを召し捕った。市左衛門の家主は、実は町奉行所の同心井川杢右衛門《いがわもくえもん》であった。おそらく八丁堀《はっちょうぼり》にある町奉行同心大《おお》縄《なわ》拝領町屋敷（北島町《きたじまちょう》・亀島町《かめじまちょう》）のどこかだったのだろう。欠落者が盗品を市左衛門に預けたと言うので、それを出すように、また市左衛門が欠落しないようにしてほしいと井川に頼んだ。

数日後、井川のもとに岡田久兵衛らを派遣して盗品の詮議《せんぎ》がどうなったか聞くと、盗品は預かっていないと言う。宗家は井川に、「町奉行へ訴えれば貴殿の名前も出て恰好も悪い。見せしめのため、不調法の多い市左衛門を江戸払いに命じてほしい」と申し入れた。井川はこれを承知し、宗家は市左衛門の店請人《たなうけにん》を呼び出し、彼を江戸に住居させない旨、誓約する手形を出させた。十二月二十一日、欠落した二人を三ノ輪の屋敷（小塚原下屋敷）で成敗に申し付け、御腰物を試させた（藩主の刀で試し斬りをさせた）。

欠落者はその後も頻発した。延宝三年（一六七五）十一月、成瀬三郎右衛門の家来大庭五右衛門が欠落して捕まった。藩主義真に披露すると、「欠落者は御慈悲と思って助けてきたが、たびたびのことで御行規《ぎょうき》も締りがつかず、五右衛門を江戸で斬罪に処す」と命令された。よって翌年三月十六日の晩、斬り場に遣わし成敗を申し付けた。この時も日用頭の岡田久兵衛を派遣し、斬り場の差し引きを申し付けた。

欠落者の宥免

延宝四年（一六七六）五月、内山郷左衛門内の者が欠落したので捜索させたが見つけられなかった。その者は江戸で所々に渡り奉公して江戸のことに巧みな者なので、捕らえられないようだ。とくに取り逃げはしていないので明日から捜索は無用だと申し渡している。延宝六年七月十三日、夫の者が欠落して逮捕されたが、盂蘭盆《うらぼん》なので成敗は申し付けず、許して追放とし、請人に引き渡した。この頃には捕らえようとしていないケースも多くなる。

延宝七年十月十二日には、欠落した上原松之助内の者を、千住《せんじゅ》で斬罪に処した。しかし、これ以降、欠落者を死刑に処している例はみられなくなり、多くは逮捕にも行かなくなる。天和三年（一六八三）、大塩全庵《おおしおぜんあん》の家来が欠落したが、逆に、流浪しているかもしれないとして捜索している。貞享元年（一六八四）九月、下馬屋の者二人が酒に酔って口論し、脇差《わきざし》を抜いて暴れた。かねて無調法が多く不行儀で、御成敗に処すべきところだが、御慈悲をもって許し二人の人代りを差し出すようにと岡田久兵衛を呼んで、請人へ申し渡すように指示している。

元禄十年（一六九七）九月二十七日の晩、屋敷の裏門へ、先頃欠落した御弓の者平山半六がやってきて「御弓の半六です。御屋敷を出て方々へ流浪しましたが、住居成り難く、やむをえず帰りました」と述べた。彼は国許の出身で長く御弓の者を勤めたが、師匠の所へ能の稽古に行き、他の御屋敷で能がある時にも出かけるようになった。衣装などに費用がかさみ、父も亡くなって借金を返済するあてもなくなり、ふと御屋敷を立ち出た。その後、本所三ツ目の古物店《こぶつだな》久右衛門で衣類を換金して三日滞在、以降、品川→川崎→神奈川→川崎→品川→新橋《しんばし》五丁目裏店《うらだな》六兵衛→日本橋（通）二丁目裏店七兵衛→千住などの茶屋《ちゃや》→京橋《きょうばし》五丁目裏店八郎兵衛→本郷追分《ほんごうおいわけ》裏店五左衛門と、数日ずつ滞在し、中橋《なかばし》西中通裏店能道具仕立屋の六兵衛を頼り弟子になっていたが、金銭を使い切り御屋敷へ帰ってきたという。藩邸で吟味をうけ「乱心」と判断され、はがい締め・手錠・足錠で国許へ護送された。

江戸での仕置の慣行

こうして欠落者を捜し出しても、成敗するのは憚るようになったが、ほかにも犯罪はあり、領国へ送還するにもコストがかかった。萩藩（外桜田《そとさくらだ》に上屋敷、麻布《あざぶ》に下屋敷を有した）では、一八世紀はじめ、品川の非人頭《ひにんがしら》松右衛門に頼んで銭を添えて引き渡している例が二例知られている（松本良太『武家奉公人と都市社会』）。

元禄二年（一六八九）、幕府の代官・太田弥太夫に仕えていた奉公人が、不届をしたとして江戸等追放を命じられていたものの、他の武家に奉公して、古主弥太夫に斬りつけたが、斬り殺されたという事件があった（『御仕置裁許帳』七六・二六、『厳牆集《げんしょうしゅう》』一二四）。事件現場の本所を管轄する代官伊奈半左衛門《いなはんざえしん》が死骸を塩詰めにして浅草（小塚原）の斬罪場へ持参すると、「役人」が一〇文を受け取って磔《はりつけ》に処したという。役人は非人頭車善七《くるまぜんしち》配下の非人身分の者か、それを監督する弾左《だんざ》衛門《えもん》配下のえた身分の者であろう。

会津藩《あいづはん》の例もみよう（『会津藩家世実紀』第三巻・第七巻、氏家幹人『江戸藩邸物語』）。延宝五年（一六七七）三月五日、三田《みた》の会津藩下屋敷で聞番の抱える郷中間《ごうちゅうげん》の庄吉が、傍輩の下女を殺害して自害した。この郷中間・下女の屍を請人に見せ、郷中間の死骸は海へ捨て、下女は江戸者なので人主《ひとぬし》・請人へ渡した。享保十四年（一七二九）十二月、中間の喜左衛門が上屋敷で、相部屋の中間の林治を負傷させ、やがて林治は死亡し、喜左衛門を打首《うちくび》に処すことに決まった。このとき元禄十六年の先例が参照されており、会津藩では久しぶりの死罪だったようだ。藩主は「仕置者の死骸は三田の西蓮寺《さいれんじ》に前々より送ってきたか。ただ寺地も狭く困るだろう。品川浦へ捨てさせることはできないか吟味し、問題ない場合は品川浦へ捨てるように、享保三年にそうした例があったはず」と言ったが、結局、以前より鈴《すず》ヶ森《もり》伝吉方（非人小屋頭か）から乞食（非人）に命じて切り捨てにしたという先例があったため、それに従って鈴ヶ森で打首を命じた。幕末近い時期だが、熊本藩《くまもとはん》も浅草（＝千住＝小塚原）の刑場を借りて打首を行っている（『藤岡屋《ふじおかや》日記《にっき》』第四巻、嘉永三年（一八五〇）三月）。

町方での喧嘩

承応三年（一六五四）十一月、宗家の御中間が浅草辺の茶屋で喧嘩をして人を傷つけた。代官野村彦太夫によって召し捕らえられ、町奉行から連絡が来たので家来を出すと御中間を引き渡された。明暦二年（一六五六）七月には家中の奉公人が、酒に酔って町中を荒らしたので「籠屋の御奉行」石出帯刀《いしだしたてわき》（囚獄方《しゅうごくかた》）が逮捕し、宗家へ内々に知らせたので、岡田与左衛門らを派遣して受け取った。「縄銭」は与左衛門が交渉して出さなかった。

町奉行所が小伝馬町《こでんまちょう》の牢屋収監者の判例を記録した牢帳から編集された『御仕置裁許帳』によって、大名家来が町方でおこした傷害事件を探してみよう。貞享三年（一六八六）、水戸家家中の忰《せがれ》の草履取が、湯島天神《ゆしまてんじん》門前で主人を切り殺し、町人の女房も傷害した。自害を図ったが町人に捕らえられ、訴えて（報告して）きたので、検使を遣わして呼び寄せ、右の通りだったので牢舎にし、のち浅草で磔に処した。水戸家にどう連絡したかは不明である。

一方、延宝九年（一六八一）、松平市正《まつだいらいちのかみ》（豊後杵築藩《ぶんごきつきはん》）の足軽が、浅草猿屋町《さるやちょう》の町家で町人の女房を突き殺した。牢舎にしたが、松平市正方より断りがあったので渡している。延宝六年、尾張《おわり》家家来の若党が、市谷左《いちがやさ》内坂上《ないさかうえ》の寺院門前の町人と口論し傷害させた。老中土屋《つちや》数直《かずなお》の指示で尾張家へ引き渡したが、「重ねての例にはならない」と指示された。御目見《おめみえ》以下の御家人と陪臣《ばいしん》については、町奉行が手限で吟味・仕置できるが（平松前掲書）、大名へ配慮することもあったことがわかる。

宗家に戻るが、延宝八年六月、又者二人が横山町一丁目で喧嘩をしたようだという報せがあった。同町では木戸を打って人の出入りを止めたが、一人は岡田久兵衛の所に逃げてきたという。もう一人は町中《ちょうじゅう》によって取り押さえられ、町奉行所へ報告し公儀の牢に入れられた。町奉行所から同心が来たので、藩邸ではちょうど居合わせた間米弥太夫に返答を相談した。その結果、欠落者にしたので、藩に構いはなく解決したという。このように「欠落者にする」という方便は、のちの時期の他藩の事件でも確認される（『律令政要録《りつりょうせいようろく》』、東京大学法制史資料室所蔵）。こうした方便によって家同士の対立や町方との対立を回避し、江戸という社会で共存するシステムを成熟させていた。

ちなみに、江戸時代前期の判例集として貴重な『御仕置裁許帳』の異本として『厳牆集』と呼ばれるものが知られてきた（石井良助編『近世法制史料叢書1』、対馬宗家文庫）。実はこれは、元禄十一年（一六九八）に対馬藩邸の者が間米弥太夫から借りて写したものなのである。おそらく巌牆《がんしょう》（巌《けわ》しい牆《かきね》）が正しく、高い石垣やくずれそうな土塀など危険な場所を指すようだ。辞書によれば「巌牆の下《もと》に立たず」で「命を大事にするものは、危険な場所を避ける」意である。対馬藩にとって、江戸という巨大都市は、衝突の絶えない危険な巌牆とみなされていたのかもしれない。

欠落・義絶帳に付ける

さて、トラブルをおこした者を藩邸が欠落人として処理し、関わり合いを避ける方便が用いられたことを述べたが、町方でも欠落人などが犯罪を犯せば、家主・五人組に連帯責任が及ぶ可能性があった。町人はそれを免れるため、また奉行所にとっては欠落人らの財産の管理責任を負わせるため、欠落などの事実を町奉行所へ届け出させ、与力《よりき》が言上帳《ごんじょうちょう》に記載（＝公証）することになっていた。武家の場合にも一八世紀後半にはこうした手続きが行われることがあったが（坂本忠久『近世江戸の行政と法の世界』）、それ以前についてはどうだろうか。宗家では一七世紀には欠落を幕府へ届けている形跡はほとんどないが、元禄十三年（一七〇〇）以降、届けている例が散見される。

元禄十四年正月、宗家は欠落した国足軽二名について北町奉行所に「見合次第捕らえさせます。もし異議に及べば討ち捨てにも申し付けます」と届け出た。与力が記載した帳面の写しの発給をうけて持参し、南町奉行所の御帳面にも記載された。同年四月にも欠落した又者（中間）について届け出ている。いずれも藩邸日記に手続きを詳細に記しており、こうした届け出をするのにまだ慣れていなかったことを物語っている。

その前年、元禄十三年七月、家中の高津文蔵（黒船町中屋敷番）の弟佐々木伝吉が四、五年以前から江戸へ出てきていたが、国許へ帰る途中、大坂で欠落した。日頃、不行跡なのでどのような不調法を仕出し親類に難儀をかけるかもしれない、として公儀義絶帳《ぎぜつちょう》に付けたいと文蔵が申し出た。留守居が間米弥太夫に問い合わせると、「書類には詳しい事情を書く必要はない。御当地で刀を差さず徘徊していたのなら町人と申告しても構わない」と言われたので、南北の町奉行所に届け出、御帳面に「町人になって商売をしていたが久離《きゅうり》を切りたい（親族関係を断ちたい）と届け出た」と記載された。このように藩士の子弟は身分的に曖昧な存在であり、藩邸にはしばしばそうした者が出入・滞在していた。

同年八月、町奉行所の同心が浅草三間町《さんげんちょう》の町人を連れて高津文蔵に対する訴状を差し出した。侍の一腰を質に取って伝吉に金を貸したが返済せず、文蔵はそれを知っていながら国許に帰したと訴えた。しかし伝吉の借用手形に（文蔵も含め）請人の記載はなく、文蔵には関わりがないと判断された。欠落（義絶）者のことなので、対馬藩の者ではなく、伝吉も住居していたとみられる黒船町の役人を呼んで、見当たり次第、相対で解決するよう命じている。

保証人関係の錯綜

元禄十五年（一七〇二）六月、火消《ひけし》道具の虫干しのため担当者が御蔵《おくら》へ行くと、革羽織《かわばおり》が一七もなくなっていた。担当者が町へ出て探すと、本郷春木町《ほんごうはるきちょう》の大屋《おおや》三左衛門店にその革羽織が一つあるのを見つけて買い戻した。三左衛門は店子《たなこ》の大工市兵衛から買ったという。市兵衛は、赤坂表伝馬町《あかさかおもててんまちょう》の尾張屋四郎左衛門の店子伝兵衛から買ったと言った。市兵衛を四郎左衛門方へ遣わし伝兵衛の身柄を預けたと通告したが、伝兵衛は居合わせず、その夜、欠落したので奉行所の帳に付けたと、四郎左衛門から三左衛門へ連絡があった。対馬藩は町奉行所へ訴えるつもりであったが、伝兵衛を預けた際に、三左衛門・市兵衛が口頭だけで済まし、手形（預り証文）を取らなかったので致し方ないということで、やむをえず、あきらめることにした。「町方の御法」を前にして、取られ損に甘んじたのである。

元禄二年九月、宗家の足軽浅田十右衛門が、壬生《みぶ》藩主三浦明敬《みうらあきひろ》の御馬屋（中間）与四右衛門という者の下請に立ち、新《しん》小田原町《おだわらちょう》三丁目の弥左衛門が本請となっていたが、与四右衛門が欠落したので先様から付届けに預かったと弥左衛門が宗家屋敷にやってきた。与四右衛門を預かっているが、十右衛門へ引き渡したいと述べた。

藩邸では岡田久兵衛を召し寄せて相談したところ、十右衛門を雇った際、宿（請人）から「奉公人の上請・下請に立たせない。問題が生じればその者を請け取って解決する。御屋敷様へは代替《しろかえ》・立替する」と手形を出しているので、十右衛門を宿に引き渡せばよい、と助言され、そうさせた。翌日、与四右衛門を引き渡しに来たが、これも請人方にいる十右衛門に渡した。なお、浅田十右衛門は一年季の足軽であったが、請人の大屋が、欠落による損害分を立て替えて弁済し、請人が詫び言をしたので、そのまま継続雇用することにした。

このような複雑な保証人関係は『御仕置裁許帳』にも例が多い。寛文七年（一六六七）、神田紺屋町《こんやちょう》の角右衛門が上請に立ち、伊達《だて》宮内《くない》家中の下人《げにん》与五兵衛が下請に立って、惣郎兵衛という者を、酒井《さかい》雅楽守《うたのかみ》家中石田弥右衛門へ奉公に出した。角右衛門は、惣郎兵衛に弥右衛門所を欠落させ、別の武家へまた奉公に出し、下請人へは「（主人へ）金を出した」と言って目安《めやす》をつけた（請求した）。貞享二年（一六八五）、磐井町《いわいちょう》の惣兵衛が請に立って、八助という中間を堀田下総守《ほったしもうさのかみ》方へ給金（の一部）を受け取って奉公に出し、すぐに欠落した。その八助を角兵衛と名を改め、自分の寄子《よりこ》三平を人主として、自分が請に立って喜多見《きたみ》若狭守《わかさのかみ》へ中間奉公に出した。ところが若狭守方をも欠落させた。「日用頭」はある藩邸の意向をうけて奉公人を口入・供給する商人であったが、彼らの別の貌は、別の藩邸に奉公人を口入してすぐに欠落させ、藩邸から給金を詐取する人宿でもあった。

おわりに

当初、武士とともに国許から江戸へ召し連れられた又者や、徒（歩行）・足軽（御鉄砲之者など）・中間（御道具之者など）など、広義の奉公人は、江戸で欠落することも多く、次第に江戸で雇用されることも多くなった。

対馬藩は欠落者を探索・捕縛して、江戸で斬罪に処すことも多かったが、一六八〇年代に入ると死刑はほとんど行わず、探索・捕縛にも熱心でなくなる。請人や人宿に弁償か代人を要求すれば済むからだろうが、綱吉《つなよし》政権期の「生類憐み」の政策や風潮とも軌を一にしていた。さらにいえば、「奉公人すなわち家中の者」という段階から、「奉公人は江戸の町人並」という認識へ転換したともいえる。藩邸には家来の子弟など身分的に曖昧な者も寄留しており、大名も町方とのトラブルを避けたい場合に、町奉行所に欠落・義絶したと届け出て関わり合いを避けるという方便を用いるようになった。これはもともと町方の法であって、藩邸はそれを取り込んで利用していった。

藩邸の家来が町人との間でおこした喧嘩・傷害は、町奉行所が吟味・仕置を行った。町奉行が大名に配慮して吟味や仕置を避け、藩邸に引き渡すことも（とくに初期には）あったが、次第に法制度が整備され、町人の治安維持機構の監視のなかで、藩邸関係者であっても町奉行所の吟味・仕置をうけるようになった。藩邸側では出入の町奉行所同心と日頃から関係を結んで指南を求め、また日用頭など出入の商人・扶持人をトラブルの処理に当たらせた。そうした有利な地位を活かして江戸町方の法慣習を摂取した藩邸側が、町人に対して有利に、強硬に事を運ぶ例もあったが、江戸の法に通じた町人どうしが結託して、藩邸側が盗難や欠落・取逃の被害・損失に甘んじることもあった。

藩邸勤番の武士は一握りのエリートであり、町方でトラブルをおこす家来のほとんどは徒・足軽以下、又者など奉公人層であって、彼らは実質的には江戸の住人と呼ぶべき人びとで占められるようになっていた。こうして江戸に勤番する大名家中は、発達した町方社会に深く拘束されつつ、そこで有利に共存を図る方法を模索したのである。

〔参考文献〕

石井良助編『近世法制史料叢書1御仕置裁許帳・厳牆集・元禄御法式』創文社、一九五九年
岩淵令治『江戸武家地の研究』塙書房、二〇〇四年
氏家幹人『江戸藩邸物語』中央公論社、一九八八年
笠谷和比古「近世武家屋敷駈込慣行」『史料館研究紀要』一二、一九八〇年（のち圧縮して、『近世武家社会の政治構造』〈吉川弘文館、一九九三年〉所収）
坂本忠久『近世江戸の行政と法の世界』塙書房、二〇二一年

鈴木棠三・小池章太郎編『藤岡屋日記』第四巻、三一書房、一九八八年
谷口眞子『武士道考』角川学芸出版、二〇〇七年
長崎県史編纂委員会編『長崎県史　藩政編』吉川弘文館、一九七三年
中野達哉『江戸の武家社会と百姓・町人』岩田書院、二〇一四年
平松義郎『近世刑事訴訟法の研究』創文社、一九六〇年
牧原成征「下級幕臣団の江戸城下集住」木村直樹・牧原成征編『十七世紀日本の秩序形成』吉川弘文館、二〇一八年
松本良太『武家奉公人と都市社会』校倉書房、二〇一七年
宮崎勝美「江戸の土地―大名・幕臣の土地問題―」吉田伸之編『日本の近世9　都市の時代』中央公論社、一九九二年
森下　徹『武士という身分』吉川弘文館、二〇一二年
森下　徹『近世都市の労働社会』吉川弘文館、二〇一四年
山本博文『江戸お留守居役の日記』読売新聞社、一九九一年（のち講談社学術文庫、二〇〇三年）
吉田伸之『近世都市社会の身分構造』東京大学出版会、一九九八年

※本章はＪＳＰＳ科研費18K00956、19K00955の助成を受けています。

第2章　百姓と商人の間

多和田雅保

はじめに

江戸時代、百姓は本業・家職《かしょく》として農耕に専念し、年貢米を上納するのが本来あるべき姿だという考え方があった。商業を含む諸稼ぎはあくまでも余業であって、家計をささえるために、農業の間に副次的に営むべきものとみなされていた。以上はこれまでの研究で指摘されてきたことだが（深谷克己・川鍋定男『江戸時代の諸稼ぎ』）、実態はどうだったのだろうか。特定の地方に焦点を合わせて、百姓と商人の間に広がる世界を見つめてみたい。

本章でとりあげるのは、信州高井《たかい》郡《ぐん》の陣屋《じんや》元《もと》である中野《なかの》村《むら》（長野県中野市）と周辺村々に展開した香具《や》師《し》集団である。香具師（的屋《てきや》とも）といえば、祭礼や縁日《えんにち》など市の立つ場所で物売りや興行をしていた人びとをイメージすることが多いと思われる。宮地正人は近世農村の芸能民を論じるなかで香具師をとりあげ、一例としてこの中野組香具《こうぐ》仲間に注目した（宮地正人「芸能と芸能民」）。宮地は香具師について、本来的には行商行為に附属していた芸能が独自に発展したが、身分的には幕末まで行商人として把握された存在だとしている。そして、香具師も含めた芸能民は、村落共同体内への入り込みを規制されており、百姓・町人などの「平民」の下に身分的に位置づけられていたという。以上によると、宮地は香具

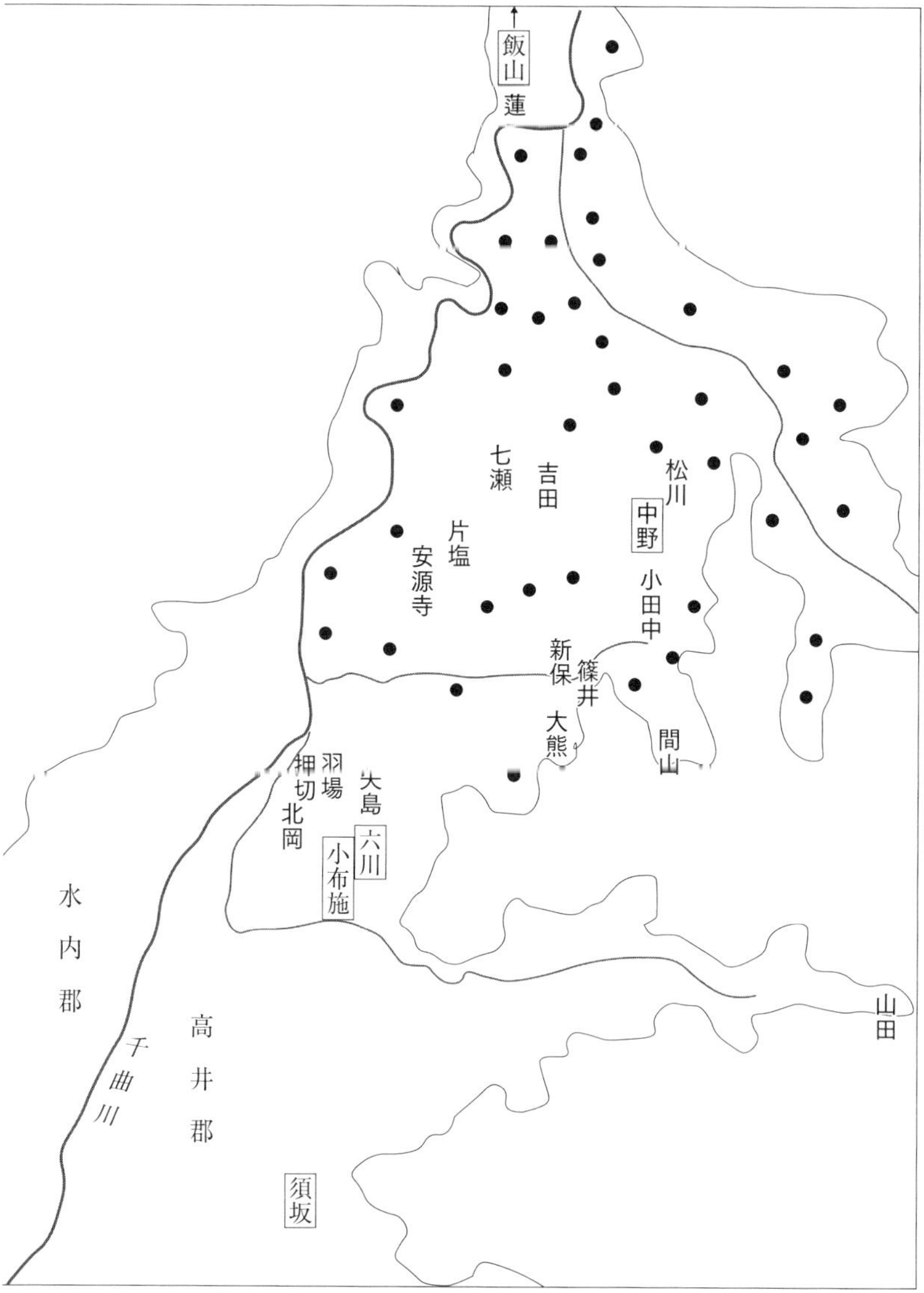

具師仲間の構成員が住んでいた村，明朝体表記の地名がそうでない村（町），□で囲ったところが

図2-1　中野組香具仲間が展開した地域
●印をつけたところとゴシック体表記の地名が中野組香
中野組および近隣の香具師仲間の拠点となった村（町）.

師を村落共同体の外側に位置する人間として描いているようである。

これに対し、吉田伸之は香具師集団について検討し、その職分が①香具・売薬商人、②興行者・芸能者、③小商人―中世商人の被疎《ひそ》外態《がいたい》、④小商人―農間商渡世《のうかんしょうとせい》など、少なくとも四つに分岐しており、香具師集団がこれらの異質な小身分集団の複合から成り立つとの仮説を立てた（吉田伸之「芸能と身分的周縁」）。そのうえで、職分④について、ほかの三つ（都市型の香具師集団）とくらべて「かなり異質」な農村型の香具師集団ではないかとの問題を提起した。宮地の紹介した中野の香具師集団については④に位置づくものとしている。

吉田は④についてさらに別の論文で検討しているが（吉田伸之「複合する職分」）、まだ論じ尽くされていないと思われる。

中野組香具仲間が展開したのは農村地帯ではあるが、中心にあった中野村は幕府代官所が設置されており、統治の拠点であっただけでなく、実質的には小規模な都市であり、さらにいえば定期市の開かれる市町《いちまち》でもあった。

本章では特定の地域に注目することで、地方小都市と農村に生きた香具師集団の動向を検討しつつ、地域における人びとの「生き方」についても論じてみたい。登場する地名は図1に示した。検討対象とする時期はおもに幕末維新期だが、話の都合上、明治初期も含み、また、仮説を含むことをおことわりしておきたい。

1　香具師集団の構造

商人仲間帳

この地方の香具師は『中野市誌』でもとりあげられている。それによると、従来活動していた香具師商人が、嘉永二年(一八四九)に中野組香具師商人仲間をつくったとされているが、宮地も指摘するように、弘化四年(一八四七)正月の時点で、中野組香具仲間七一五名の帳元《ちょうもと》与吉と年行司《ねんぎょうじ》四名、世話人惣代《そうだい》六名が中野代官所に対して中野鈴泉寺《れいせんじ》の寄合に足軽《あしがる》の派遣を依頼しており、「先年より香具見世仲間商人と唱え」と述べていることから、この時点ですでに香具師の仲間が結成されていたことは確実である。

また、『中野市誌』によれば、文久三年(一八六三)正月、中野組香具師商人仲間は、香具渡世人以外の小間物《こまもの》・青物《あおもの》・菓子・荒物《あらもの》商人や振り売りなどの未組織部分を加え、「中野組商人仲間」と改称し、仲間規定を改正したとされている。このこと(品目、改称、改正)の当否はあとで検討することとして、記述のもととなった史料をていねいに検討したい。表紙に「中野組商人仲間帳」と書かれた竪帳《たてちょう》である(長野県立歴史館所蔵の写真版を閲覧。以下、仲間帳と略す)。表紙に続いて冒頭に「中野組商人掟之事」との表題のついた、文久三年正月付の掟書《おきてがき》が記されている。その内容検討はあとにまわし、ここでは続いて記載されている仲間の成員の名簿からみていく。閲覧できたデータが写真版であるため、一部欠損の可能性も否定できないものの、一四二〇名の名前が確認できる。

名前の表記方法から、中野組香具仲間の構造をうかがうことができる。名簿の冒頭は以下の記載である。

松田屋

近山　与吉㊞

与吉に続く一七名が同じ表記方法をとっている。すなわち一五名に山屋《やまや》、升屋《ますや》といった屋号《やごう》表記がある。残り二名（小《こ》町《まち》・青木《あおき》）も屋号であろう。近山は名字であり、一七名全員に記載がみられる。このうち一六名には押印がある。

一七名の居所は記載されていないが、続く九名は西町、一五名は東町、一〇名は松川《まつかわ》となっている。松川村は中野村に北で接しており、実質的に町場化していた。西町・東町は中野村の個別町であり、冒頭の一七名は中野村でもうひとつの主要な町であった中町に属していたことは確実である。以上、五一名の表記方法は、屋号＋名字＋名前という点で一致しており、そのうち四七名に押印が認められるが、そのことは以下に続く人びととの間での決定的な違いだといえる。

身内の記載

以上の五一名に続いて、この史料は再び中町から人名の記載が始まる。表記方法は随所に例外があるが、おおむね

治郎右衛門身内　繁七

のとおりである。冒頭の五一名のような屋号・名字・押印はみられず、あったとしてもごく少数であり、ほとんどの場合、事例のような「誰々身内　人名」といった表記となっている。冒頭五一名に「身内」の表記がいっさいないのと対照的である。この表記は、中町の五一名、西町の一一三名、東町の九六名、松川の一二五名と続き、さらに同じ表記方法で五一ヵ村（一部、「組」を含む）ごとに人名を書き上げている。

これらの村はほとんどすべて、千《ち》曲川《くまがわ》右岸にあって高井郡に属し、中野村の周囲に面的に連続していた。現在の中野市

および山《やま》ノ内町《うちまち》である。また、ほとんどが幕領で中野代官所の支配をうけていた。ただし、大熊村《おおくまむら》（松代藩《まつしろはん》領と越後椎谷藩《しいやはん》領の相給《あいきゅう》）や蓮村《はちすむら》（飯山藩《いいやまはん》領）のように、他領の村も一部であるがみられる。蓮村は千曲川左岸にあって、水内《みのち》郡《ぐん》に属していた（現飯山市）。仲間帳では以上の書き上げに続いて、「小布施《おぶせ》十四郷《ごう》」（現小布施町）三七名、山田村《やまだむら》（現高山村）一二名、川西柏原宿《かわにしかしわばらじゅく》（現信濃町）三名について、同様に「誰々身内　人名」の形式で表記がなされている。これらは中野から地理的に離れた場所にある点でやや特異である。

「身内」表記がある分については、わずかの例外を含めて一三六九名の名前を確認できるが、「寒沢《さむさわ》出」「大熊出」などのもとの居村の名を記した例や、紙片を貼り付けて「西町江越」「行方しれず」などと記した例が散見され、人の移動を反映している。こうした表記も冒頭五一名にはみられない。紙片には「乙亥」「丙子」という表記もみられ、それぞれ明治八・九年（一八七五・七六）を意味する可能性が高い。この頃まで、帳簿が人の移動の把握のために使用されたのであろう。

それゆえ、一三六九名という仲間の人数はやや不正確である。『中野市誌』は仲間帳を用いて、文久二年（三年の間違いか）と明治十年頃の仲間の人数を村ごとに比較した表を載せている。作表の手順は明記されていないが、文久二（三）年の人数は後述する世話人の「当時何人」の数字をそのまま書き、明治十年頃の人数が名簿の人数から貼り紙などによる移動の結果を反映した数のようにみえる。ただし、総数はあまり変化していないため、本章では便宜的に仲間帳で確認できる総人数をもとに考察を進める。

以上の記載方法は、冒頭五一名とそれに続く一三六九名の間に明確な階層差があることを意味している。『中野市誌』は冒頭の与吉を帳元、つづく五〇名を行司としており、とりあえずそれに従っておきたい。

世話人

それでは、この仲間はいかなる機能を持っていたのであろうか。掟書の署名の箇所は「時之帳元・行事《（行司）》」とある。第七条に、中野組の加入者は帳元や行事（司）の指図をうけるべきこととある。このうち帳元についていうと、第四条には、「香具渡世に限らず、小間物・青物・菓子・荒物の類、其の外天秤棒《ほかてんびんぼう》にて商いたし候者は、一同仲間に加わり、時の帳元より印札相渡し候事」とあり、商売をする者への鑑札《かんさつ》の発行主体であった。さらに第六条をみると、毎年春彼岸前に開かれる会合に世話人が出向いて、「名前札」を出役《しゅつやく》である足軽に差し上げ、帰村を命令されたあとで退出すべきことが規定されている。そして全箇条のあとに、「向後違論これ無きがため、連中惣代として村々世話人印形いたし置」くとされている。

世話人とは何だろうか。仲間帳をみると、名簿は村ごとにまとめて書かれ、ほぼすべての村ごとの人物冒頭一人（まれに二人）に「世話人」の肩書が記されている。例えば新保《しんぼ》村《むら》冒頭の勘兵衛については「安右衛門身内」の記載とならんで、「当時十三人世話人」とも書かれており、名前の下に押印がある。彼は安右衛門の身内であり、かつ新保村の世話人である。そして、村の人間のなかで唯一押印している。この表記方法と押印は、ほぼすべての村に共通する。

以上から、毎年の会合において、各村の世話人は鑑札を預かり、村を代表して中野での会合に参加し、足軽の改めをうけたことが考えられる。これによって仲間が村ごとの事情を把握することができる。こうした結果は仲間帳に付記される。全体としての把握は世話人を置いて村ごとに行った。そして札の管理を行う。このことが仲間の役割のひとつとしてあったということになる。中野三町と松川には世話人がいないが、会合の際、個々の構成員が直接改めをうけた可能性がある。

仲間帳では帳元・行司・世話人が押印しているが、先にも述べたとおり、弘化の史料で帳元・行司・世話人惣代が連記しており、この時点ですでに彼らが仲間の運営の核になっていたことがうかがえる。

親分と身内

次に仲間帳にみえる「誰々身内」といった表記の意味について検討する。片塩村《かたしおむら》の清蔵に関する表記をみると、名前を記載した上に紙片が貼り付けてあり、「清蔵義　丙子三月　親分九蔵より申出　篠井《しのい》村《むら》　改　中村米蔵と差替ル」と書かれている。紙片がかぶさっているため、清蔵が誰の身内か確認できないが、前後の多くの人物が「九蔵身内」であり、清蔵もその可能性が高い。以上から、人名＋身内という場合の人名が、親分を示すことは確実である。

結論からいえば、仲間帳の冒頭に記載されている一名の帳元と五〇名の行司が、それに続く人びとの親分になっている事例が非常に多く、これが基本的なあり方だったとみることができる。例えば、吉田《よしだ》村《むら》の庄作は「与吉身内」とされているが、与吉とは先にも述べたとおり仲間帳筆頭にあって帳元を務める、中町の松田屋（近山）与吉である。与吉の身内は中町二名、西町三名、東町一名、松川一名、宇木《うき》村《むら》一名、横倉組《よこくらぐみ》一名、吉田村一名、越《こし》村《むら》一名、深沢《ふかさわ》村《むら》四名、山田村二名の合計一七名認められ、与吉を親分とする者が、町や村を超えて広くみられた。与吉は仲間組織にあっては帳元を務めたが、これらの人びとに対しては親分であった。帳元や行司とは異なる次元で、冒頭の五一名がそれぞれ親分として広く身内と関係を取り結んでいたのである。

親分―身内関係の連鎖

なお、仲間帳をみていると、対象とする範囲が広く人数も多いことから、別々の村や町で同名の人間が存在することがある。「誰々身内」という表記がある場合、「誰々」の部分で親分の居所が書かれていないことがほとんどであり、親分の候補が二人以上いる場合は判断に迷う。候補の名が冒頭五一名に含まれているとき、本章ではとりあえず五一名のほうを優先しておく。

ただし、このことは仲間における親分が冒頭の五一名に独占されていたことを意味しない。仲間帳全体を見渡すと、村部に親分がいる事例も多く検出できる。この場合、その人物は誰かの親分であり、しかも誰かの身内である。例えば、先にみた片塩村清蔵の親分は九蔵だが、仲間帳によれば同じ片塩村内に九蔵という人物がいて、彼を指す可能性が高い。そして九蔵は、惣八の身内とされている。親分―身内関係が仲間のなかで重層的に連鎖しているのである。

名前帳の記載人名は数が多いこともあって、あちこちで同じ名前がみられるが、一方で親分（誰々身内の誰々）にあたる者の名が名前帳にみられない場合もままある。そのため、親分―身内の連鎖関係を完全に確定することは困難である。ただし、こうした連鎖関係は町や村を超えて展開し、最終的には仲間帳冒頭の五一名に行きつくと思われる。片塩村は、二六名の仲間のうち一一名が九蔵身内、六名が隣村の安源寺村《あんげんじむら》代吉身内など、六人の親分の配下にあった。このようにひとつの村の仲間が複数の親分の配下にあるという形態は、すべての村に共通していた。世話人はこうした状態をふまえて仲間が村ごとに仲間の把握を行うために設置されたのであろう。

それでは親分と身内はどのような関係があったのだろうか。それを知るためには、彼らの実態を探ることが必要である。以下ではもっとも基本的な関係と思われる、仲間帳冒頭の五一名＝親分と身内との関係に限定して探っていく。

2　香具師の家業

町方における親分の家業

「中野組商人掟之事」第四条には、「香具渡世に限らず、小間物・青物・菓子・荒物など、そのほか天秤棒で商売をしている者は、全員仲間に加入し、帳元から印札を渡す」と書かれており、これら四つの品目が注目される。そのことも前提としつつ、慶応三年（一八六七）付の史料である「中野町軒並名前順帖《のきなみなまえじゅんちょう》」を参照してみよう（長野県立歴史館所蔵の写真史料を閲覧。以下、名前順帖と略す）。この史料は、作成の目的や作成した人物など不明な点も多いが、中野村の中町・西町・東町の順に、四〇八名について、「あら物渡世　吉左衛門」、「古着渡世　利助」などといったように、家業とみられる項目が記載してある（松川の分は含まれていない）。

名前順帖の作成年代は仲間帳と近く、完全ではないにしてもある程度、同一の人名を見出すことができる。仲間帳に登

小間物・菓子屋を営む者

渡　世	身内総数	身内分布
質屋小間物生糸蚕種	17	中町 2，西町 3，東町 1，松川 1，宇木村 1，横倉組 1，吉田村 1，越村 1，深沢村 4，山田村 2
小間物生糸渡世	17	中町 1，栗和田組 1，宇木村 3，間山村 1，小沼村 1，新保村 1，岩松村 1，一本木村 2，若宮村 3，金井村 1，上笠原村 1，赤岩村 1
水車あら物渡世	16	中町 2，東町 3，松川 1，須ヶ川村 3，間山村 1，篠井村 2，立ヶ花村・牛出・栗林 1，新井村 1，深沢村 1，柳沢村 1
郷宿あら物小間物	17	東町 1，前坂村 1，須ヶ川村 1，菅村 1，小田中村 3，更科村 2，新野村 1，西条村 6，江部村 1
あら物渡世	14	中町 3，西町 2，東町 1，宇木村 1，横倉組 1，小田中村 2，間山村 1，篠井村 1，桜沢村 1，西条村 1
煎茶渡世（「あら物渡世」ミセケチ）	11	中町 3，西町 1，篠井村 1，新保村 1，七瀬村 4，小布施十四郷 1
あら物渡世	49	中町 3，西町 1，東町 3，宇木村 1，戸狩村 16，菅村 9，寒沢村 10，新保村 1（押金表記あり），西条村 1，西間村 3，壁田村腰巻 1
菓子屋渡世	13	東町 6，小田中村 2，西条村 1，岩松村 1，上笠原村 1，運村 2
小間物渡世	4	中町 1，松川 1，戸狩村 1，若宮村 1
あら物渡世	20	西町 2，東町 6，松川 2，前坂村 1，寒沢村 1，間山村 1，岩松村 1，江部村 1，立ヶ花村・牛出・栗林 3，金井村 1，山田村 1
あら物渡世	3[※]	東町 1，松川 1，大熊村 1
あら物渡世	3	若宮村 1，壁田村腰巻 1，越村 1
菓子屋渡世	1	新保村 1
あら物渡世	6	中町 1，東町 4，西条村 1
菓子屋渡世	95	中町 1，西町 9，東町 9，松川 3，竹原村 3，宇木村 5，横倉組 1[#]，夜間瀬村 2，上条村 2，戸狩村 1，小田中村 7，更科村 1，高遠村 1，間山村 6，新野村 3[#]，篠井村 1，大熊村 2，桜沢村 1，新保村 3，西条村 14，岩松村 2，江部村 7，金井村 2，下笠原村 1，間長瀬村 1，壁田村腰巻 1，越村 1，深沢村 1，赤岩村 1，柳沢村 2，小布施十四郷 1

多く含む．
物・小間物・菓子屋にあたる親分を見出すことはできない．
とが確実な者．松川にも安右衛門がおり，あわせると安右衛門身内は 34 名．
倉組の 1 名は「善光寺ゑびや三十郎身内」．

表2-1　中野村三町の親分で荒物・

町	屋号・名字・名前
（中町）	松田屋・近山・与吉
（中町）	升屋・金井・重左衛門
（中町）	指物屋・飯沼・与兵衛
（中町）	高野屋・畔上・民左衛門
（中町）	升田屋・高橋・利兵衛
（中町）	青木・寺沢・源之丞
東町	新保屋・押金・又吉
東町	蔦屋・寺沢・兵八
東町	原野屋・北岡・佐兵衛
東町	横田屋・土屋・平八
東町	丸屋・丸山・安右衛門
東町	かゝ屋・西山・佐助
東町	土屋・西山・吉三郎
東町	小池屋・西山・冨右衛門
東町	熊田屋・渡辺・和吉

・在方に親分と同一名がある場合を
・西町については名前順帖から荒
・※は丸山安右衛門の身内であるこ
・#は1名ずつ「和吉預り」．うち横

場する三町の帳元・行司クラス（親分クラス）と身内クラスをあわせた三一一名について、名前順帖で確認すると、一三八名の照合が可能である。内訳は親分／帳元・行司クラスが三四名、身内クラスが一〇四名である。まず、二つの史料で一致する親分三四名の家業について、先ほど述べた小間物・青物・菓子・荒物を念頭に置いて探ってみよう。なお、名前順帖でまれに同一名の者が複数登場し、それぞれ別の家業を書き上げている例がある。その人物が仲間の構成員であることが明らかな場合、荒物・小間物・菓子の商売を営む事例を優先したい。この仮定は完全に正確とはいえないが、傾向としては間違ってはいないであろう。こうしてつくったのが表2-1であり、三つの業種に携わる親分として、中町と東町で一五名を確認することができる（西町で三つの業種に携わる親分は不在）。

このうち「あら物渡世」など荒物を扱っているとみられる者は九名であり、もっとも多い。なかには「水車・あら物渡世」「郷宿《ごうやど》・あら物・小間物」のような兼業表記がみられる。

小間物を扱うとみられる者は四名である。うち一名は、先述したとおり郷宿・あら物との兼業である。帳元の松田屋与吉は「質屋・小間物・生糸《きいと》・蚕種《さんしゅ》」を扱っており、升屋重左衛門も小間物と生糸を兼業しているとみられる。菓子を扱う者は三名であり、兼業表記はみられない。なお、青物を扱う者は名前順帖には二名いるが、仲間帳のなかで対応する名前は、親分クラスにも身内クラスにも見出すことはできない（青物については後述）。

ほかの親分は農業や古着、魚類などさまざまな家業表記となっているが、香具や荒物・小間物・菓子の売買にまったく関与していなかったと断定することはできないだろう。

以上の親分は、多くが一〇名以上の身内を抱えており、分布の内訳は、三町はもちろん、周辺の広範囲の村々に展開していた。なかには熊田屋和吉（菓子屋）九五名や新保屋又吉（荒物渡世と推定）四九名のように、多くの身内を抱える者も存在した。

間山村の商人仲間

このような町に属する親分は、周辺の村々との間でどのような関係を取り結んでいたのだろうか。長野県では明治初年、県域全体にわたって、村々から地理的特徴や沿革・地名・道路や河川などに関するインフラ・土地の利用状況・人口・税額・名所旧跡などを県庁に報告させた。そのなかに、村の物産と職業従事の様子に関する報告が含まれている。これらのデータはのちに『長野県町村誌』として出版され、明治初年の県内の様子を詳しく知ることができる。

『長野県町村誌』から産業の動向を見渡すと、中野組商人仲間の構成員が存在した中野を取り巻くほとんどの村の主要産業は、穀物を中心とする農業である。繭《まゆ》や蚕種紙、生糸など絹製品の生産も目立つが、地理的条件に応じて多様な農産物や手工業品がつくられている。そして、それらのうち剰余分は、中野村を中心に近隣の小都市に向けて積極的に輸出されていた。

このうち、間山村《まやまむら》の明治十年（一八七七）の様子をうかがっておきたい。それによると間山村は二二町余の田、五五町余の畑だけでなく、二三八町余の山林と三九町余の草野を抱える山がちの村であった。戸数は一六一戸、人口は男三五八

表 2-2　明治 10 年（1877）の間山村における物産の状況

品目	数　量	用　途
蚕種紙	240 枚	189 枚海外輸出，51 枚国内用
鶏	280 羽	本村用
鶏卵	4200 顆	3382 顆中野町へ輸出
繭	427.6 貫	350 貫須坂町へ輸出，60 貫中野町へ輸出
米	320.23 石	村用に供す
大麦	161.73 石	村用に供す
小麦	172.68 石	村用に供す
小豆	5.26 石	村用に供す
粟	259.25 石	村用に供す
稗	218.624 石	村用に供す
蕎麦	52.64 石	村用に供す
蘿蔔	5000 貫	村用に供す
菘子	116.435 石	皆中野町へ輸出
豌豆	40 石	36.5 石飯山町へ輸出，2.5 石中野町へ輸出
大豆	189.038 石	122.3 石須坂町へ輸出
屋根茅	285 駄（1 駄 36 貫）	118 駄近村へ輸出
戸	130 本	中野町へ輸出
障子	110 本	中野町へ輸出
簞笥	5 棹	中野町へ輸出
下駄	150 足	中野町へ輸出
手桶	100 個	中野町へ輸出
荷桶	60 個	52 個中野町へ輸出
清酒	95 石	83 石近村へ輸出
乾柿	100 連（1 連 60 個）	35 連中野町へ輸出
生糸	18 貫	15.5 貫海外輸出，1.73 貫中野町へ輸出
出殻蛹	3.46 石	2.5 石中野町へ輸出
白紬	50 反	皆中野町へ輸出
杉柱	300 本（長 2 間・1 尺角）	150 本小布施村へ輸出，100 本安源寺村へ輸出，30 本中野町へ輸出
杉貫	24000 枚	9400 枚中野町へ輸出，5100 枚須坂町へ輸出，5600 枚小布施村へ輸出，3000 枚近村へ輸出
杉板	700 坪	500 坪中野町へ輸出，182 坪小布施村へ輸出
屋根板	80000 枚	25000 枚浅野村へ輸出，29000 枚中野町へ輸出，23000 枚須坂町へ輸出
杉皮	2000 坪	1100 坪中野町へ輸出，600 坪近村へ輸出
薪	2060 駄（1 駄 36 貫）	1050 駄中野町へ輸出
木炭	100 俵	50 俵近村へ輸出

親分の身内総数（内訳）
12名（東町1，竹原村1，間山村1，大熊村1，桜沢村3，金井村1，厚貝村2，赤岩村1，更科村1）
20名（西町2，東町6，松川2，前坂村1，寒沢村1，間山村1，岩松村1，江部村1，立ヶ花村・牛出・栗林3，金井村1，山田村1）
15名（中町1，西町1，東町4，栗和田組1，宇木村1，更科村3，間山村2，新野村2）
14名（西町2，松川8，栗和田組1，間山村1，西条村1，金井村1）
17名（中町1，栗和田組1，宇木村3，間山村1，小沼村1，新保村1，岩松村1，一本木村2，若宮村3，金井村1，上笠原村1，赤岩村1）
—
「安右衛門」は東町にも親分クラスで存在．身内がどちらに属するか確定困難．
24名（中町1，西町12，間山村2，吉田村1，大俣村4，深沢村3，川西柏原宿1）
3名（間山村3）
8名（東町1，松川3，間山村3，七瀬村1）
16名（中町2，東町3，松川1，須ヶ川村3，間山村1，篠井村2，立ヶ花村・牛出・栗林1，新井村1，深沢村1，柳沢村1）
14名（中町3，西町2，東町1，宇木村1，横倉組1，小田中村2，間山村1，篠井村1，桜沢村1，西条村1）
95名（中町1，西町9，東町9，松川3，竹原村3，宇木村5，横倉組1[#]，夜間瀬村2，上条村2，戸狩村1，小田中村7，更科村1，高遠村1，間山村6，新野村3[#]，篠井村1，大熊村2，桜沢村1，新保村3，西条村14，岩松村2，江部村7，金井村2，下笠原村1，間長瀬村1，壁田村腰巻1，越村1，深沢村1，赤岩村1，柳沢村2，小布施十四郷1）

郎身内」．

人、女三六四人を数えた。表2−2に間山村における物産の状況を示した。農業生産物のほかに山林資源を原料とするさまざまな木工品がつくられ、また、蚕種紙や繭といった絹に関する製品もつくられていたことがうかがえる。

仲間帳によれば、間山村には二七名の商人がいたとされる。仲間帳から彼らの親分の名前を探り、名前順帖の情報と組み合わせてみたのが表2−3である。これによると、ひとつの村内の仲間が複数の親分の身内に分かれていたこと、一部

表2-3　間山村における商人仲間の加盟状況

親分名前	村内の身内人数	親分の情報（可能性の高い者含む）
大平	1	不明
平八	1	東町・横田屋（土屋）平八*．あら物渡世．
千代作	2	東町・山本屋（土屋）千代作．魚類渡世．
久松	1	松川・館屋（米津）久松．家業不明．
升重	1	中町・升屋（金井）重左衛門．小間物生糸渡世（推定）．
又蔵	4	東町（利兵衛身内），小田中村（和吉身内），川西柏原宿（権右衛門身内）のいずれか．
松川　安右衛門	1	松川・柳屋（山上）安右衛門．家業不明．
八十吉	2	西町・大坂屋（関）八十吉．家業不明．
八十八	3	間山村．世話人．弥之助身内．
弥之助	3	松川・東松川（横田）弥之助．家業不明．
与兵衛	1	中町・指物屋（飯沼）与兵衛*．水車あら物渡世．
利兵衛	1	中町・升田屋（高橋）利兵衛*．あら物渡世．
和吉	6	東町・熊田屋（渡辺）和吉*．菓子屋渡世．

・＊は同名の者が村部にもいるが三町・松川の者を親分とみなした．
・大平・又蔵以外はすべて三町および松川の親分クラス．
・＃は1名ずつ「和吉預り」．うち横倉組の1名は「善光寺ゑびや三十

の親分—身内関係が間山村内でみられるものの、多くの者は中野村の三町、そして松川の親分の身内となっていたことがわかる。その親分のなかには、三町で荒物・小間物・菓子屋を営むとみられる者も含まれていたのである。

郷宿を兼ねる荒物屋・小間物屋

親分と身内の関係を具体的にうかがわせる史料を見出すことはできないが、注目すべきことがある。中野の親分のなかに、郷宿渡世（中町・芝屋《しばや》仁兵衛）や諸国商人宿渡世（西町・越後屋甚助改め安兵衛）、そして荒物・小間物・郷宿を兼ねる者（中町・高野屋民左衛門）がみられたことである。

また、仲間の構成員であることは確認できないが、名前順帖によれば、中町には郷宿にして荒物渡世を行う店が二件存在した（七左衛門・弥五左衛門）。仲間かそうでないかにかかわらず、名前順帖には郷宿が七軒みられるが、そのうち三軒が荒物か小間物の渡世を兼ねていた。また、名前順帖では郷宿として出てこないが、親分のなかでは、小間物を扱う帳元の松田屋（近山）与吉も郷宿だったことが指摘されている（高橋達男編『あきないと人』）。

郷宿とは、江戸時代、村役人や百姓が訴訟やその他の公用で、城下または代官所へ出向く場合に宿泊する宿屋のことを指す。中野村は幕領代官所があり、複数の郷宿が立ち並んでいた。郷宿は周辺村から百姓が到来し、宿泊することによって経営を成り立たせていた。そのうちの多くが荒物屋や小間物屋を兼ねていたのである。

後で詳しく述べるが、荒物や小間物は日用雑貨であり、多くの種類の物品を取り交ぜて販売できることに荒物屋や小間物屋の存在意義があった。こうした商品は農村で生産される物でなく、菓子も含めて、常に都市を起点として農村にもたらされたということができる。こうしてみると、農村と都市との人の往復に依拠して経営を成り立たせていた郷宿が荒物屋や小間物屋を兼ねるのは、自然なことだったといえるだろう。

そのこともふまえて、表2-1をみると、中野村三町における荒物屋・小間物屋・菓子屋の親分がそれぞれ、広範囲の村々に身内を持っていたことが注目される。これらの物資は中野からそれぞれの村に親分—身内関係を通じてもたらされたのではないだろうか。中野において荒物・小間物・菓子を扱う店が、親分・身内の関係を取り結ぶことで、中野周辺の広範囲の村に商品を供給した可能性がある。

百姓の余業としての商人

先に表2-2で間山村の生産物が多く輸出されていたことをみた。『間山区史』によれば、江戸時代末期、穀物や材木、生糸の商いを渡世としたり、冬稼ぎに山中で切り出した薪《まき》を中野村の九斎市《くさいいち》で売るなどの動きがみられたりしたことが紹介されている。村の生産物を売って貨幣を獲得する動きが出始めていたのである。

『長野県町村誌』によると、間山村の民業は「男　農桑を業とする者百三十七戸、木炭焼一戸、工業十六戸、医業一戸、商業二戸。女　農業或は養蚕或は繭、真綿木綿等を紡績し、及び組織を行とする者百五十名」とあり、男性のほとんどは農業と桑《くわ》の栽培、次いで工業（木工であろう）に従事し、女性は絹などの繊維業に多くが従事していたという。家内で性別に基づく分担をしながら、農業を中心にさまざまな生業を組み合わせていた。

間山村は寛政五年（一七九三）、全体で一七一軒あるなかで、持ち高一一五石台が一軒、七〇石台が一軒ある一方、一石以下の家は五八軒、二石以下だと九〇軒を占めていた（『間山区史』）。幕末期になっても多くの農家はわずかな農地しか持たず、農業だけでは生活が成り立たなかったと考えられる。商業への参加が家計を助けるうえで重要な意味を持っていたとみられ、その状況にあっても幕末期には、荒物や小間物、菓子を買う動きがあったことがうかがえる。

これらの品物を村にもたらす商業もまた農家の余業としてなされていた。荒物・小間物・菓子の村内での売り方はよくわからないが、中野の親分クラスの商家から仕入れた品物を、小さな店舗を構えるか振り売りをして村内で売っていたのではないか。本章冒頭で紹介した宮地正人の提示するイメージとは異なり、香具師は村に組み込まれた存在だったといえるだろう。間山村と同じような動きがほかの村々でもみられたと考えられる。

町方における身内の家業

続いて三町における身内の家業をみておきたい。三町の身内クラスの人びとで、仲間帳と名前順帖の両方に名前がみられるのは一〇四名である。そのうち、荒物を扱うのは六名、小間物を扱うのは二名、菓子を扱うのは六名といずれも複数いるが、全体のなかで多いとはいえない。親分と彼に従属する身内の両方の家業が明らかな場合、荒物から平八、小間物から与吉、菓子屋から和吉の事例をみると、いずれも身内が荒物や小間物、菓子屋を家業としているとは表記上から読み取ることはできず、むしろ他業が目立つ。その意味としては、他の業種（例えば左官《さかん》渡世）に従事していた者の本人、あるいは家族が、家計を補助するために鑑札を手に入れ、商品の売買に従事していたのではないだろうか。つまり、農村で農業を本業とする者と同じ状況だった可能性がある。

もうひとつ目につくのは、家業が記載されていない者の存在である。仲間帳と名前順帖の両方に登場する身内クラスの人びとのうち、親分との対応関係を確定することが可能な者も含めて、家業の記載位置が空白となっている者が三五名ほどいて、実は一番多い。彼らは特定の生業を持っていなかったのではないか。

仲間帳によれば、仲間のなかに二四名の女性の名前をみることができる。すべて身内クラスであり、そのうち町方は中町四名、西町二名、東町五名、松川五名の一六名であり、残り八名が七ヵ村に一名ずつ（七瀬村だけ二名）であった。町方の比重が大きかったことがわかる。

なお、名前順帖には一五名の女性の存在が認められる。そのうち八名が家業未記載、二名が「賃仕事日雇稼《ひやといかせぎ》」であり、あとは一名ずつ「賃仕事」「髪結《かみゆい》渡世」「小間物渡世」とある（あとの二名は「中町江出ス」「中町後家《ごけ》より出ス」とあり、家業は不明）。仲間帳と名前順帖の両方に名前が載る女性は一名も確認できないが、町方で商人仲間に属する女性も同様の傾向だったことがうかがえる。男性の家業未記載の者も含めて、こうした人びとは乏しい資力のなか、その時の状況に応じて収入の方法を替えており、その手段のひとつとして仲間の鑑札を入手していたと推定される。

中野村の三町における身内クラスの者は、親分の店から商品を仕入れて、中野の町方や周辺の村々で販売していたと考えられる。なお、その場合、自分の親分の店だけから仕入れたのか、複数の店から仕入れたのかは明らかにすることができない。

青物の流通

これまで触れてこなかった中野村の近郊にあった小田中村《こだなかむら》の事例を確認してみたい。仲間帳によれば小田中村は六四名と、ほかの村に比べても多くの仲間加入者がいたが、『小田中区史』はその理由について、町方である中野村に隣接していたからだと述べ、とくに生鮮野菜商の振り売りが含まれていたのではないかと指摘している。同村の明治十四年（一八八一）の記録によると、小田中村全体一二五軒のうち、商いをしている家は四七軒であり、そのうち二五軒が野菜の小売を行っていたという。『小田中区史』では村で栽培された野菜が中野村の町方に売られていたと指摘している。『長野県町村誌』によれば、明治十一年の時点で小田中村では茄子《なす》三万五〇〇〇個を生産し、そのうち二万三〇〇〇個を中野町へ輸出していたという。以上の記述に従うと、小間物・荒物・菓子が中野村の町方から周辺農村に売られるのとは逆の動きであり、これらの職分を内包した中野組商人仲間の複雑な性格をうかがうことができる。

3　定期市と香具師仲間

商人仲間と市場

先述した弘化四年（一八四七）の足軽派遣嘆願書で、帳元の与吉たちは「近辺の善光寺《ぜんこうじ》・須坂《すざか》・飯山《いいやま》などでも、以上のようにそれぞれで組を立て、寄合がある」と述べている。中野と同じような商人仲間が北信地方に複数あったことがわかる。善光寺・須坂・飯山はいずれも都市であり、そこを中心に、周辺の村々の人びとに展開していた。

それではなぜ都市ごとに仲間が存在したのだろうか。信濃国北部地帯はさまざまな領主の支配が錯綜しており、これらの都市はいずれも、幕府代官所が置かれた中野と並んで、善光寺・須坂藩・飯山藩といった領主による統治の拠点として共通性を持っていた。だとすると、香具師仲間は領主の意向をうけて編成されたということになるが、次の事例をみると、必ずしも正しい理解とはいえない。

元治元年（一八六四）三月、小布施村の名主《なぬし》たちが、領主である松代藩 預 所《あずかりどころ》役所に嘆願書を出した。小布施村は谷街《たにかい》道《どう》沿いの町場があり、六斎市《ろくさいいち》が設けられるなど商業の中心であった。そして中野組とは別に商人仲間を結成していたが、仲間のうち六川村《ろくがわむら》（越後椎谷藩領の飛び地であり、陣屋が置かれていた）を中心とした人びとが別組の結成をもくろみ、領主である椎谷藩主の堀氏《ほりし》にはたらきかけて、堀氏から近くにある須坂藩主の堀氏に相談があった。こうした動きを阻止しようとした嘆願書である。そのなかで小布施村の名主たちは、

往古より市場故小布施在一統仲間取究、万端談事方之義茂小布施組・須坂組・中野組・善光寺組、其在分も大々《それぞれ》其組ニ相泥《あいなじ》ミ

と述べた。昔から「市場」ということで、小布施村と周辺の村々一同で仲間を結成して、あらゆる相談事も小布施組・須坂組・中野組・善光寺組で行い、それぞれの周辺の村々も組になれ親しんできたというのである。

これは、先にみた弘化四年の足軽派遣嘆願書と同じことをいっているようでも、やや意味が異なる。これらの都市や町場は、飯山城下町も含め、六斎市や十二斎市といった定期市が立てられる市町でもあった。小布施に至っては、領主による統治の拠点としての性格は弱く、市町としての性格が強かった。なお、六川村も町場であり、小布施の市は一七世紀に六川から移されたといわれている。香具師仲間は市場ごとに立っていたとみるべきであろう。

仲間と商圏の流動性

仲間帳の最後のほうに「小布施十四郷」三七名の記載があることは先に述べた。小布施村は、中野村の南西に八キロあま

り離れた村である。「十四郷」の意味は取りにくいが、仲間帳を仔細にみると、三七名のなかには押切村《おしきりむら》の者一四名、羽場村《はばむら》の者一二名、北岡村《きたおかむら》の者五名が含まれ、この三ヵ村に集中していたことがわかる。あとは六川村の者一名、熊堂《くまどう》（場所不明）の者一名である。先述したように、小布施では六斎市が開かれ、独自の商人仲間を形成していた。押切・羽場・北岡は小布施村に近く、小布施の市場の商圏に含まれていた。本来であれば、彼らは小布施組の商人仲間に属していたと考えるほうが自然である。

ところで、仲間帳作成と同年の文久三年（一八六三）十一月、「拾ヶ村惣代」を名乗る押切村の嘉左衛門、矢島村《やじまむら》の要五兵衛、北岡村の兵左衛門が、中野の行司である伝左衛門に願書を差し出している。「私共拾ヶ村」はこれまで、「小布施市場へ諸事売買」をしてきたが、非常に納得できないことがあるので、今回、「其御地商人衆、当村方へ入組に相成」りたいと願っているのである。

宛所の行司伝左衛門については、仲間帳には確認できないが、先述した弘化四年の足軽派遣嘆願書に行司伝左衛門の名があり、中野組商人仲間の人物とみてよいであろう。一方、願人の三名は仲間帳に登場せず、商人ではなく村を代表する立場だとみられる。

押切・羽場・北岡は小布施村からみて北側、すなわち中野村側にあった。「十四郷」と「拾ヶ村」は数字が合わず、この願書と仲間に小布施十四郷の人名があることとの関連性は不明だが、これら三ヵ村の動向や先にみた六川村の別組結成などをうかがうと、本来、市町を中核として構成される商圏や香具師仲間の枠組みには流動的な側面もあったといえそうである。押切村などの願書には、願いが聞き届けられたあかつきには、「其御地商人衆」がこちらに出張してきたときに「幾重にも御取り持ち」をすると書かれている。仲間の構成は商圏のあり方に影響を与えるものだったのであり、それゆえ別組や組の移動は仲間にとって警戒される動きだったということができよう。

領主による支配と仲間

小布施組から中野組に移った村のうち、押切村と北岡村は幕領中野代官所支配だったが、羽場村は六川村と同じく越後椎谷藩の支配にあった。先にも述べたとおり、中野組商人仲間の構成員はほとんど幕領中野代官所支配だが、大熊村や蓮村など他領の村も含まれており、商人仲間は領主支配の枠組みとずれていたということができる。

そもそも、六川村の商人が小布施と別組をつくろうとして揉めた一件も、別組結成は商人の側が立案しており、領主である堀氏にはたらきかけたものである。領主の動向が影響力を持つことは当然ありえ、ゆえに、はたらきかけを行ったとみるべきだが、領主の許可を必要とするものではなく、組の枠組みの決定は仲間の側が行っていた。

これは中野組商人仲間についても同様である。鑑札の発行は代官所ではなく仲間が独自に行っていた。『中野市誌』によれば、帳元の松田屋与吉は村取締役の肩書をもつ治安の責任者でもあったとされている。仲間の運営が中野代官所の意向を反映して行われていた可能性は高く、治安を維持するために仲間による鑑札の確認が大きな意味を持っていたと考えることも自然であろう。それゆえ代官所は仲間の会合に足軽を派遣し、名前札の確認を行わせたのであろうが、足軽はあくまでも仲間が嘆願を行って初めて派遣されたのである。

由緒の意味

さまざまな所領が錯綜している信濃国北部地帯にあって、いかなる商業であれ、所領を超えて展開していた。結節点としてそれぞれの都市の市場が中心であり、都市は領主による統治の拠点でもあったが、所領から所領へと移動する商人の動向を取り締まるには限界があった。むしろ、商業行為が所領を超えて円滑に行われることは、都市機能の維持という点で必要であった。

岩井弘融は香具師の由緒を紹介したが（岩井弘融『病理集団の構造』）、これを改めて検討した吉田伸之は、香具師が、①聖徳太子の時代の千葉京咏という人物の双子の子どもをルーツとするという由緒や、②日光輪王寺《にっこうりんのうじ》門跡《もんぜき》召し抱えの百姓だという由緒、③大岡越前守の尋問に答えて十三香具の取り扱いを公認された由緒など、いくつもの由緒が複合していたことを指摘している（吉田伸之「芸能と身分的周縁」）。

ここで注目されるのは、これらの由緒がいずれも香具師の移動の自由の根拠となっているということである。例えば①や②に関しては、由緒があることによって「日本国中関所番所、並に横川の渡場等構いこれ無く通」ることが可能となったとされている。③も香具師が大岡から、いったいなぜ江戸の香具師は遠方まで出かけて商いをするのかと尋問され、それに答える内容となっている。

こうした由緒は荒唐無稽にみえるが、商人が個別の領主の枠組みを超えて自由に移動する論理をえるためには有効に作用したのではないだろうか。中野組商人仲間も、掟書で自分たちが大岡による法令を順守すべきことを誓うことで、個別領主ではなく幕府の影響を直接うける存在だったことを主張していたと考えられる。

親分と身内が結びつく意味

北信地方では、定期市は都市ごとに設けられ、自由な売買を成り立たせるための場として機能した。ただし、その内実は近世を通じて変化していった。小布施村の市は三と八を市日《いちび》とする六斎市だったが、もともと市日に他所から到来した商人が、村を貫通する谷街道の路上に敷いた莚《むしろ》で売買を行っていた。道路の両側には商品ごとに宿が建ち並び、売買の前に商人が利用していたが、宿の内部での卸売《おろしうり》は禁止され、商品は必ず路上に持ち出す必要があった（多和田雅保「十八世紀前半期における市町の展開」）。

しかし、一八世紀の前半から次第に卸売の場が宿《しゅく》のなかに吸収されていき、その過程で商人が宿の主人に卸売を委託する場合も出てきたと考えられる。文化期（一八〇四～一八）になると小布施村の魚を扱う宿が魚問屋《うおどいや》として経営を成立させ、越後方面から到来する魚荷物を独占し、路上で売られるものについてももれなく口銭《くちせん》を取る動きを強めていった。小布施村に多く存在する魚商売たちは魚問屋から商品を仕入れ、周辺の村々に売り歩くことになったのである。こうした変化は、北信地方のほかの市場でも共通してみられたであろう。

先に中野村の三町において、商人仲間の親分に郷宿渡世や諸国商人宿渡世が混じっていたこと、郷宿と荒物屋や小間物屋を兼任する店があったことを述べた。そのことの意味はこうした市場の変遷をふまえるとよく理解できる。中野の町方や周辺村々にいた身内クラスの人びとは、小布施で魚問屋から商品を仕入れる魚商売のような役割を果たしていたのではないだろうか。こうした人びとは、売り歩く商品を獲得するために、市場を利用する必要があった。個別に親分と関係を取り結ぶことが商売を行ううえで重要な意味を持った。

仲間帳には、身内の立場に関して「預り」という注記がなされている場合が、わずかだが含まれている。例えば横倉組の九兵衛は「善光寺ゑびや三十郎身内」としたうえで「和吉預り」とされている。本来であれば他者（この場合は善光寺町のゑびや）の身内であったが、何らかの事情により別の者（東町の親分である熊田屋和吉）に身内としての立場を預けられたということになろう。仲間が組織化される前提として、個々の商人が個別に親分―身内関係を取り結んでいることが必要であったのである。

組織編成の論理

仲間の組織としての編成は、こうした個々の親分―身内関係を村ごとに束ねる形で進められた。「中野組商人掟之事」第四条では、小間物・青物・菓子・荒物を扱う者は、仲間に加わって帳元から鑑札をうけねばならないとされている。掟書の最後には、規定に背いた場合は商売を差し止められたとしても言い訳できないとあり、強制力の強さを物語る。これらの商売をする者は必ず仲間に加入しなければならず、さもないと商売することはできなかったことがわかる。仲間の機能は、帳元が鑑札を交付して村ごとに身元を把握することそのものにあった。仲間の数は制限されておらず、中野の市場を利用して小間物その他の商売をわずかでも行おうとする者をもれなく把握しようとしていた。

幕末期になって組織編成が進められた事情を確定することは困難だが、「中野組商人掟之事」第七条で、組の分割を厳しく制限していることからうかがうことができる。小布施や六川の事例でみたように、組の分割や移動などは当時近隣で実際にありえたことであり、商圏のあり方にも影響を与えかねなかった。こうした動きを阻止しようとしたことが考えられる。

今回の分析から、中野と同じような香具師仲間が、北信地方のほかの都市でも広範囲に存在していたことがうかがえる。研究がほとんど進んでおらず、よその都市でこうした存在を見出すことは困難だが、やはり幕末期に善光寺町の西町にいた一九名の「在羅商《ざいぜりあきない》」と呼ばれる人びとは、中野の町方における身内に相当する存在だと考えられる。彼らは善光寺町周辺の村々で売買を行っていたとみることができる。一九名は西町における家業としては最多であった（多和田雅保「幕末期における善光寺町の家作形態と生業」）。

4　荒物と小間物

女性の生活を支える品々

最後に、中野の商人仲間が取り扱う商品のうち、荒物と小間物が含まれていたことの意味について探っていきたい。百科事典などから意味を探ってみると、「荒物」とは、家庭で用いる日用雑貨のうち、作りの粗い嵩《かさ》の張る商品のことを指すのが一般的であった。なかでもちり取り・ほうき・ざるなど、主に台所などで使う品物を意味した。一方、「小間物」は、紅《べに》や白粉《おしろい》、髪飾りなど女性の化粧用品や、楊枝《ようじ》・歯ブラシなど日用のこまごました品物を指した。小間物は主に女性の生活用品を扱っていたから、小間物屋の顧客は女性が多く、地方の都市では、そのほかに玩具なども商っていた（『日本国語大辞典』第二版、『世界大百科事典』、『日本生活史辞典』の説明による）。

以上の説明によれば、荒物も小間物も家庭で使う生活雑貨であり、とくに小間物は主に女性によって使われるものであったことがわかる。小間物は女性が身だしなみを整えるための用具といった性格が強く、『江戸町触《まちぶれ》集成』などをみても香具と抱き合わせて登場することが多い。天保改革ではぜいたく品として規制の対象ともなっていたが、幕末期の信州農村では、家を維持するための荒物とあわせて、膨大な量が購入されていたと考えられる。菓子もあわせて、これらは生活必需品とみなされ、需要が高まっていたのであろう。

農村型の香具師集団について、吉田伸之は農間商渡世とほぼ同義ではないかと述べている（吉田伸之「芸能と身分的周縁」）。おおむね首肯できるが、本章でとりあげた地域の場合、農村で売買される物すべてを指すのではなく、荒物・小間物・菓子が中心となっていたとみられる。取り扱う商品に即していえば、荒物屋は今でいうホームセンター、小間物屋はドラッグストアに近い存在ということができる。これらの商品が中野と松川の町方で卸売りされ、商人によって農村に運ばれて小売されたと考えられるのである。

巨大都市とのつながり

荒物屋は一般的に「よろず屋」ともいわれていた。名前からもうかがえるように、よろず屋では生活にまつわるあらゆる物が販売されており、特定の品物を扱う専門店と対照的であった。かつての日本列島では、各地の農山漁村によろず屋が存在していた。また、小間物屋については、元禄三年（一六九〇）に刊行された生活図版百科である『人倫訓蒙図彙《じんりんきんもうずい》』に、「一切の具此《こ》の所にあり、都鄙《とひ》において重宝の商人なり」とされている。荒物屋も小間物屋も、多くの品物を幅広くそろえていたことに特徴があり、それゆえ村の人びとはこれらを利用したということができる。

品物が多種類に及ぶ場合、生産地は各地に散らばっており、それらを集荷することは簡単ではなかったとみられる。モノが集中的に出入りする都市や市場が、多様な商品をそろえるうえで効果的な機能を果たしたということができる。中野の町場に小間物屋や荒物屋が置かれていたのは以上の理由にもとづくに違いないが、それでは中野の町場にはどのようにして物資がもたらされたのであろうか。

文政十年（一八二七）、星雲堂を版元として『諸国道中商人鑑《かがみ》　中仙道・善光寺之部』という書物が出版された。板橋《いたばし》宿《じゅく》から中山道《なかせんどう》を通り、信州追分宿《おいわけじゅく》から分岐して善光寺道に入り、善光寺まで至る道中の旅籠屋《はたごや》や商家などの様子を記した、商業名鑑ともいうべき書物である。多くの図版が含まれており興味深いが、荒物や小間物を扱う店が多く含まれていることが注目される。浦和中宿《うらわなかじゅく》の中田屋弥太郎は「粕干鰯《ほしか》類・水油塩・荒物類・紙類品々・雑穀」を扱い、高崎連雀町《たかさきれんじゃくちょう》の磯田平兵衛は「万小間物・荒物・妙薬取次所」となっている。信州上田《うえだ》原町《はらまち》二丁目の鼠屋《ねずみや》九右衛門は「砂糖・染草類・荒物・小間物・紙類・和漢諸流筆墨硯」を、善光寺新町《しんまち》の小松屋《こまつや》惣右衛門は「小間物・太物《ふともの》・荒物・紙類」を扱うといった具合である。

このように、江戸から信州にかけて、小間物や荒物をほかの物資と混じえて取り扱う店が連続して存在しており、これらの物資が江戸→地方都市→農村と流れていったことを想起させる。中野には日本海経由で越後から商品がもたらされたことも考えられるが、地方都市における品揃えは巨大都市と結びつくことで初めて維持されたのではないか。

おわりに

以上みたように、農村で活躍した香具師集団は、地方都市を中心として組織化されており、都市のネットワークと結びつくことによって活動を行うことができた。北信地方にはこうした地方都市が多く存在し、それぞれを中心としながら香具師集団が活動して、自らの生活を維持しつつ、農村で暮らす人びとの日常生活も支えたのである。

香具師の多くは、農村や都市に暮らすさまざまな立場の人びととの副業としての性格も持っており、史料に現れることは少ない。今回検証した事柄も、わずかに残された史料を組み合わせて論じたものである。それゆえ今後の検討によって塗り替えられていく事柄も多いと思われるが、このことは逆に、香具師の存在がこれまでほとんど確認されてこなかった地域でも、その活動によって地域の人びとの生活が初めて成り立っていたことを推測させる。今後の研究の進展が期待される。

〔参考文献〕

岩井弘融『病理集団の構造―親分乾分集団研究―』誠信書房、一九六三年
高橋達男編『あきないと人』湯本軍一監修、北信ローカル社、一九九一年
多和田雅保「十八世紀前半期における市町の展開―信州小布施―」『都市史研究』二、二〇一五年
多和田雅保「幕末期における善光寺町の家作形態と生業」『横浜国立大学教育学部紀要 Ⅲ社会科学』二、二〇一九年
深谷克己・川鍋定男『江戸時代の諸稼ぎ―地域経済と農家経営―』農山漁村文化協会、一九八八年
宮地正人「芸能と芸能民―地域の視座から―」『幕末維新期の文化と情報』名著刊行会、一九九四年
吉田伸之『芸能と身分的周縁』『身分的周縁と社会＝文化構造』部落問題研究所、二〇〇三年
吉田伸之「複合する職分」（同前）

※本章はＪＳＰＳ科研費 20K00934 の助成を受けています。

第3章

房総の山稼ぎと江戸

後藤雅知

はじめに

江戸時代の山間村落で生きる人びとは、田畑の耕作だけで生活を成り立たせていたわけではなく、周囲の山林を利用した林産物の生産からも収入をえていた。本章で扱う房総半島の山間部（岩槻藩《いわつきはん》房総分領）は標高の高い山がない丘陵地帯であるが、そうした地域の一つであった。江戸時代の初めから、伊豆《いず》を含めた江戸周辺地域は、江戸という巨大都市で利用される真木《まき》（薪）や炭などの膨大な燃料需要を支えるべく、江戸と緊密に結びつけられ、それによって生業のあり方も大きく規定されていた。この地域を支配する大名や旗本などもそうした山林資源に注目しており、例えば岩槻藩では、百姓に年貢真木を上納させるだけでなく、御林《おはやし》（岩槻藩が所持する山林）を設定して林守《はやしもり》に管理させ、特定の請負人を選定して運上《うんじょう》を上納させる代わりに、年限を定めて御林での山林資源の独占的な利用を認めるなどの政策をとった。

本章では、岩槻藩房総分領の百姓たちが、山林資源の状態などに左右されつつ、岩槻藩の政策や規制とせめぎあい、どのように生業を営んだのか、地域に残された史料を用いて描き出すことにしたい。結論を先取りするようだが、この地域では一八世紀の終わりに、岩槻藩が真木生産を優先して炭焼きを禁止したが、百姓たちがより大きな収入に結びつく炭焼

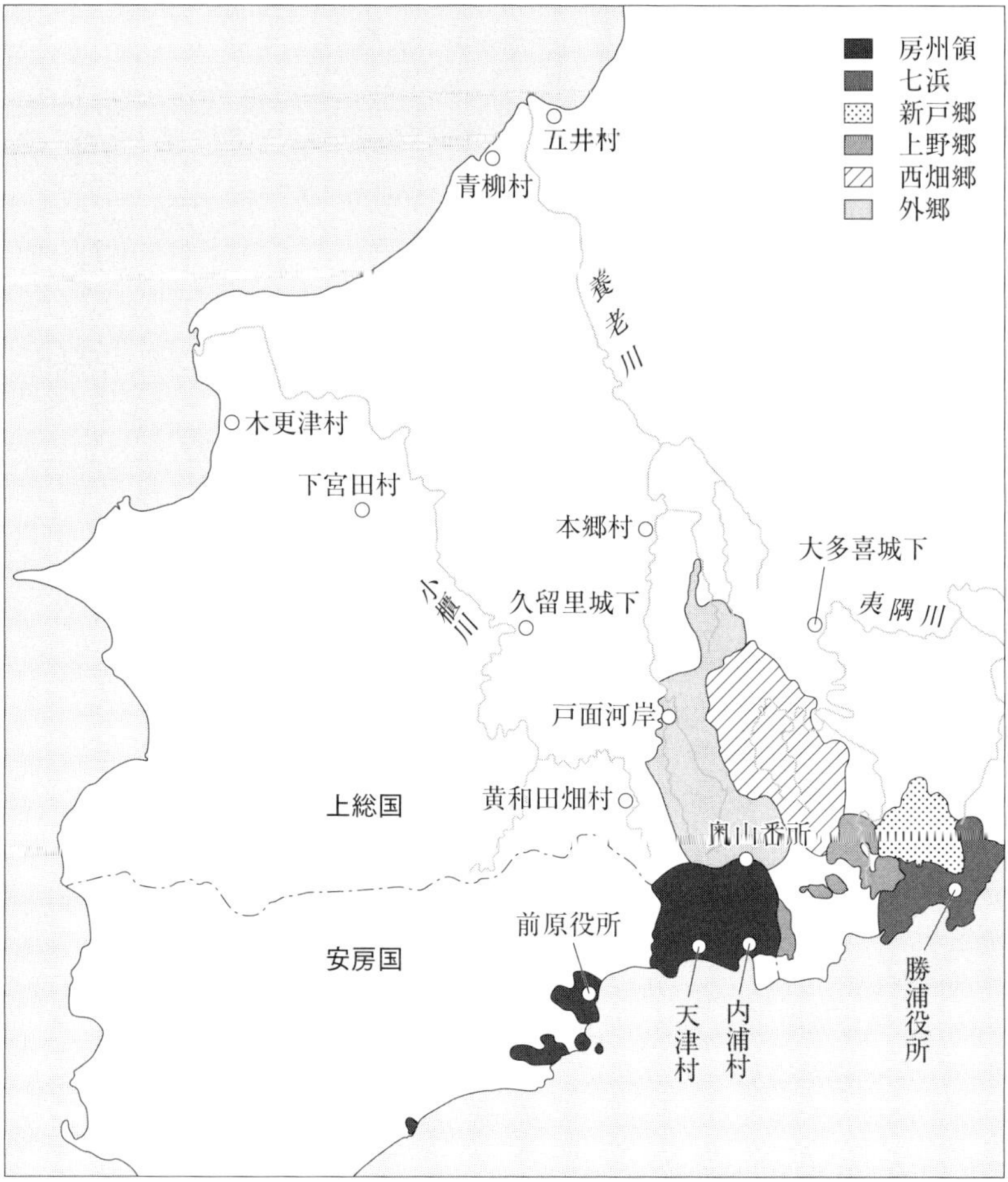

図 3-1　岩槻藩房総分領とその周辺

表３-１　文久３年（1863）岩槻藩房総分領村々一覧

	村　名	村　高	家数
房州領	内浦村	291.45	271
	天津村	612.18	961
	浜荻村	225.944	282
	横渚村	713.426	200
	前原村		352
	貝渚村	955.645	576
	磯村	15.975	52
	浜波太村	56.6836	87
	天面村	212.249	83
	和田村	50.235	218
七浜	勝浦町	53.8652	225
	浜勝浦村	123.388	125
	新官郷新官村	936.8034	97
	新官郷沢倉村		33
	新官郷部原村		?
	七本村	119.6623	33
	墨名村	207.4412	45
	串浜村	414.3498	107
	松部村	528.9533	136
	鵜原村	421.7674	166
新戸郷	中谷村	102.5745	27
	関谷村	189.9217	27
	平田村	102.5466	15
	新戸村	145.8856	36
	宿戸村	169.263	55
	白木村	156.5228	42
	白井久保村	80.1733	25
	芳賀村	118.0071	32
	大楠村	369.3653	78
上野郷	山田村	136.1837	32
	小羽戸村	83.3848	41
	法花村	69.9343	26
	荒川村	112.8925	27
	中島村	214.8182	40
	宮田村	102.5175	12
	中里村	193.1676	23
	名木村	159.5224	21
	台宿村	66.0295	24
西畑郷	川安戸村	16.623	8
	南畑村	7.643	7
	笛倉村	84.9066	29
	押沼村	26.1633	9
	小内村	46.3193	15
	宇筒原村	21.882	12
	平沢村	68.0559	33
	百鉾村	30.1222	10
	弥喜用村	91.004	13
	馬場内村	47.383	14
	原内村	29.509	10
	湯倉村	40.713	14
	小苗村	39.942	19
	紙敷村	39.108	69
	松尾村	60.2906	17
	庄司村	34.204	16
	三条村	47.4585	13
	田代村	73.9901	30
	弓木村	41.5112	39
	中野村	59.6441	20
	堀切村	28.273	15
	市野川村	39.8293	16
	伊保田村	21.1323	21
	板谷村	64.3003	39
外郷	小田代村	95.972	44
	大田代村	84.9948	41
	面白村	79.5025	35
	小沢又村	106.3357	41
	粟又村	81.5217	42
	筒森村	105.9105	52
	葛藤村	127.6819	38
	戸面村	103.5532	40
	黒川村	64.6653	15
	石神村	141.3369	38
	朝生原村	218.4058	35
	月出村	55.8605	65

・文久３年「総房村々高家数人数取調帳」（吉野家文書），文久３年「西畑外郷村々家数人数取調帳」（吉野家文書）より作成．
・？は記載がなく不明．

表 3-2　西畑郷・外郷真木・薯蕷上納数一覧

村　　名	山役真木（束）	薯蕷（本）	図 3-2 の番号
板谷	500	3	14
伊保田	340	1	23
紙敷	243	2	13
中野	120	3	18
市野川	22	2	19
堀切	50	1	20
松尾	58	3	17
小苗	50	2	15
庄司	150	2	21
田代	300	3	24
弓木	100	2	25
湯倉	15	2	16
弥喜用	90	5	26
百鉾	5	2	32
馬場内	30	2	28
原内	15	1	27
笛倉	60	4	29
押沼	29	1	30
小内	32	2	31
平沢	24	3	34
宇筒原		1	33
三条		2	22
川安戸		1	35
南畑		1	36
西畑郷合計	2233	51	

村　　名	家別真木（束）	薯蕷（本）	図 3-2 の番号
朝生原	648	7	3
戸面	792	5	5
黒川	612	3	4
石神	972	7	2
月出	600	2	1
葛藤	912	5	6
大田代	696	3	9
小田代	860	3	7
粟又	926	3	12
筒森	818	4	10
面白	536	3	8
小沢又	926	4	11
外郷合計	9298	49	

文政五年「御役用記録」『千葉県の歴史 資料編 近世 3（上総 1）』346 号文書

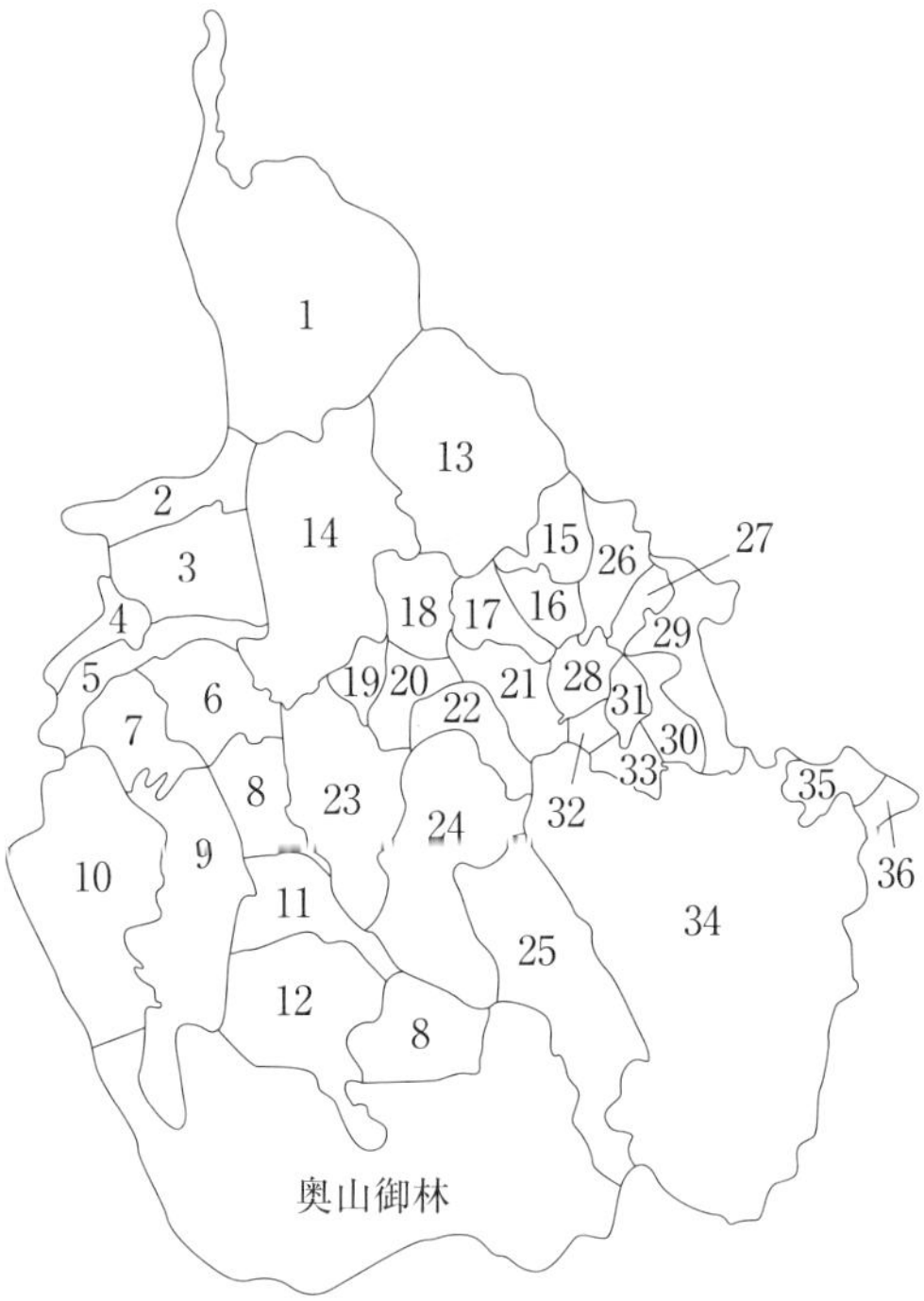

図 3-2　西畑郷・外郷村々の位置

・実際の村境はかなり入り組んでいるので，上記の村境は便宜的に簡略化している．
・図の番号は表 3-2 と対応している．

きを求めたことで、林産物生産の主軸が、真木生産から炭焼きへと大きく転換したことが確認できる。本章ではこの過程を確認していきたい。

最初に岩槻藩房総分領の概要を示しておこう。図3―1は幕末期の岩槻藩房総分領を示したものである。この地域はもともと勝浦藩植村家《かつうらはんうえむらけ》が支配していたが、藩主植村恒朝《つねとも》が寛延四年（一七五一）に改易されたことをうけて、将軍徳川家重《とくがわいえしげ》の側用人《そばようにん》であった大岡忠光《おおおかただみつ》が勝浦藩一万石を引き継いだ。大岡家は宝暦六年（一七五六）に二万石に加増され、本拠地を岩槻城（さいたま市岩槻区）に移し、房総半島の領地をそのまま岩槻藩の飛び地とした。この飛び地は、海沿いの七浜《ななはま》・房州《ぼうしゅう》領、内陸部の上野《うえの》郷《ごう》・新戸《しんど》郷《ごう》・西畑郷《にしのはたごう》・外郷の六つの地域に分かれる（図3―1および表3―1参照）。とくに西畑郷と外郷には村高が少ない山間村落が多く（図3―2）、真木・材木などの切り出しや炭焼きなどによって収入をえる百姓が多数存在した。この地域は養老川《ようろうがわ》舟運を利用できたことで、一七世紀前半から江戸との結びつきが強かった。

岩槻藩は西畑郷と外郷の村々に対して、先述した年貢真木（西畑郷には山役《やまやく》真木、外郷には家別真木）や薯蕷《しょよ》（山芋）の現物上納を義務づけた（表3―2）。真木は長さ二尺（約六〇・六センチ）、一回り二尺五寸（約七五・三センチ）が一束とされた。この寸法は第1節で触れる買留《かいどめ》真木でもほぼ同様である。以下、本章ではこの西畑郷と外郷の村々を素材として、林産物生産のありようを検討したい。

1　真木生産と運上請負

奥山御林とは

外郷内の筒森村《つつもりむら》名主《なぬし》を世襲し、西畑郷と外郷に存在する御林の管理を命じられた林守であった永島家《ながしまけ》の当主が、文政五年（一八二二）に記した「御役用記録」（『千葉県の歴史　資料編近世3（上総1）』三四六号文書）によると、西畑郷と外郷には合計八ヵ所の御林が存在し、なかでも最大の面積を占めたのが奥山《おくやま》御林であった。奥山御林は図3―1にあるように外郷の南側に位置し、端から端まで八キロ程度の距離があったという。そこには松・栂《つが》・樅《もみ》という伐採が禁止された御用木《ごようぼく》三木のほかに、杉や雑木が繁茂していた。御用木と杉の伐採は通常は禁止され、岩槻藩が実施する入札《いれふだ》で区画を限って払い下げられた。例えば文政七年には、奥山御林内の部名沢《へなさわ》という地字のうち一五ヵ所の御用木三木が、江戸鉄炮洲本湊町《てっぽうずほんみなとちょう》須原屋角兵衛《はらやかくべえ》という材木問屋に四二五両で払い下げられた。このように、江戸の商人や奥山御林周辺村々の有力百姓などが立木を買い取ったことが史料から確認できる（後藤雅知「近世房総の山間村落における林産物生産」）。江戸商人らは御用木の払下げをうけた後、木挽《こびき》職人などを奥山御林に入山させ、必要な樹木を伐採し運び出した。

こうした御用木の払下げのほかに奥山御林では、①奥山真木買留運上請負、②堅炭《かたずみ》運上請負、③樒抹香《しきみまっこう》買留運上請負、④上野郷村々からの山札利用による入山のうえでの真木生産、という四通りの山の利用方法があった。④はおそらく小規模であり、かつ一九世紀には確認できないので省略し、以下では①〜③に触れておく。これらはいずれも岩槻藩から賦課された特定の運上（金）を上納することを請け負う代わりに、請負人が独占的にその利用を認められたものである。①では、奥山真木買留運上金を岩槻藩に上納する代わりに、奥山御林（のみならず西畑郷と外郷全体、後述）で生産された真木を独占的に買い付けることができた。ここで運上上納請負人が独占的に買い付けた真木を買留真木と呼ぶ。②は、奥山御林で生産された炭荷物の一部を運上として岩槻藩に現物上納する代わりに、奥山御林内での炭焼きを独占できたことを示す。炭焼きには奥山御林内の雑木が主として利用された。③は奥山御林内の樒（線香の原料となる樹木）のみを独占的に伐採する権利をえるための運上金であり、幕末に至るまで奥山御林に隣接する村々が主としてこれを上納し続けた。このように奥山御林内では、樹種によって運上金や利用方法が個別に設定されていた（後藤雅知「十八世紀中期岩槻藩房総分領における堅炭生産の構造」）。このうち①と②について、以下では具体的に検討していきたい。

買留真木

先述した「御役用記録」によれば、宝暦二年（一七五二）から五年季で江戸八丁堀《はっちょうぼり》の伏見屋彦四郎《ふしみやひこしろう》という人物が、一年あたり金三八両の奥山真木買留運上を上納する代わりに、西畑郷と外郷村々の百姓が奥山御林に入り込んで伐採した真木を、養老川沿いの戸面村《とづらむら》の河岸で独占的に買い付けた（これが「買留」という行為）ことがわかる。運上金の上納は三年季もしくは五年季で設定され、運上金額は適宜見直された。伏見屋は江戸商人と推定され、戸面村の会所に手代《てだい》を派遣して、河岸で真木荷物を川船に積み込み、養老川の河口まで輸送した。そして養老川の河口にある江戸内湾沿いの五井村《ごいむら》の河岸などでいったん水揚げし、そこから海船に積み替えて江戸に輸送した。真木の原料は御用木三木や杉を除いた樹木、具体的には炭の原料と同じ雑木が中心であった。つまり真木と炭の生産とは原料をめぐって競合する関係にあった。

「御役用記録」では、買留真木とは奥山御林内で生産された真木に限定されているように読み取れるが、寛政十年（一七九八）七月に外郷の葛藤《くずふじ》・小田代《こただい》・面白《おもじろ》・小沢又《こざわまた》・粟又《あわまた》・筒森・大田代村《おおただいむら》が勝浦役所（岩槻藩の現地支配役所）に提出した書付（大多喜町《おおたきちょう》筒森永島家文書一一―五二「御吟味付奉申上候」）によれば、西畑郷と外郷の領域内で生産された真木のすべてが対象となったことが読み取れる。

この史料では月出村《つきでむら》を除く外郷一一ヵ村を上七ヵ村（書付を提出した七ヵ村）と下四ヵ村（石神《いしがみ》・黒川《くろかわ》・戸面・朝生原村《あそうばらむら》）とに分けて、奥山御林との関係について次のように記述している。①上七ヵ村は奥山御林内に入り込んで真木を生産し、請負人に金一両あたり真木七六〇束で売却した。②下四ヵ村は奥山御林に入る場合もあるが、郷林《ごうばやし》（入会《いりあい》の山林）や百姓個人が所持する山林もあるので、そこからも真木を切り出して、上七ヵ村と同じ値段で請負人に売却した。さらに一一ヵ村すべてにおいて、百姓は郷林や個人が所持する山林で炭焼きを行うことは禁止であり、真木のみを生産しなければならなかった。このように各村共有の入会山や百姓が所持する山で生産された真木であっても、戸面河岸で請負人に販売することが義務づけられていた。これは外郷一一ヵ村がいずれも「御運上場」であったこと、すなわち奥山真木買留運上の上納による真木の独占的買い取り対象地であったためであろう。なお外郷全体で炭焼きが禁止されたことについては、奥山御林内での炭焼きと関連して後述する。

さらに③西畑郷のなかで戸面村に近接する八ヵ村（伊保田《いほた》・板谷《いたや》・市野川《いちのがわ》・中野《なかの》・堀切《ほりきり》・庄司《しょうじ》・三条《さんじょう》・松尾村《まつおむら》）は、「御運上場」ではなく「買添え場」、すなわち「御運上場」に準ずる買い取り対象地であった。ここでは、真木の大きさが小さくとも金一両につき真木六〇〇束という外郷よりも高い値段で、請負人が真木を買い取ることになっており、外郷よりは優遇されていた。またこの村々の百姓は奥山御林には入らなかった。なおここでも炭焼きは外郷同様に禁止された。

真木は重い荷物であり、江戸内湾まで陸路を輸送するのには向かず、したがって川船による輸送に頼らざるをえなかった。西畑郷と外郷村々にとって、津出し（港や河岸まで荷物を陸上輸送すること）が可能な近場の河岸場は養老川に面した戸面河岸しか存在せず、真木は奥山真木買留運上請負人に売却せざるをえなかった。請負人は西畑郷八ヵ村と外郷で生産された真木のすべてを独占的に買い付けることができたのである。

奥山真木買留運上請負人の変遷

宝暦二年（一七五二）から請負人となった伏見屋彦四郎の年季は、宝暦七年以降も更新されたが、翌八年に伏見屋が亡くなると請負人が不在となった。その後、宝暦十年から江戸鉄炮洲の商人である加藤屋《かとうや》幸七《こうしち》が請負人となった。加藤屋は奥山真木買留運上の請負に加えて、明和六年（一七六九）から奥山御林の樅と松の伐採を十年季で請け負うことになったが、翌七年に不埒《ふらち》な行いがあった（詳細は不明）ために、奥山真木買留運上の請負についても停止された。そして同年八月十七日に、新たに五年季で江戸霊岸島湊町《れいがんじまみなとちょう》の山路善蔵《やまじぜんぞう》が請負人となった。この後、天明年間（一七八一～八九）までは山路による請負が確認され、その後は田尾村《たびむら》弥右衛門、戸面村茂兵衛が請負人となった。弥右衛門と茂兵衛はそれぞれ名主を務める有力な百姓であり、とくに茂兵衛は白木屋の屋号で養老川舟運に従事する川船を所持する商人でもあった。養老川沿いの村々の有力な百姓が、江戸の問屋商人と組んで、真木の独占的買い取りを狙ったのではないかと想定される。

寛政九年（一七九七）には、筒森・大田代・小田代・面白・粟又・小沢又の六ヵ村が戸面河岸まで津出しした真木に対する支払いを、請負人である茂兵衛が滞納した。その原因の一つとして真木の出荷不足により、茂兵衛家の収支が悪化したことが想定される。先述した寛政十年の書付には、この時期、外郷のうち下四ヵ村や西畑郷八ヵ村での真木出荷量が極端に減少し、請負人が購入できる真木の量が、運上金額と見比べて十分ではなかったと記される。茂兵衛による真木代の支払いはその後も改善されず、外郷のうち上七ヵ村は、下四ヵ村・西畑郷八ヵ村と共同で奥山真木買留運上の「所請」（地元村々による運上請負）を企図するが、下四ヵ村および西畑郷八ヵ村の反対をうけて、上七ヵ村のみでの「所請」を寛政十年に願い出ることになった。このときの請負金額は一年あたり一九両となっており、伏見屋彦四郎が宝暦期（一七五一〜六四）に納めた金三八両の半額であった。山路善蔵が請負人であった時期には、一時的に運上金額は五一両にもなったので、真木の生産高は寛政期（一七八九〜一八〇一）に急速に減少したことがわかる。

しかし寛政十一年から始まった「所請」は長続きせず、その後、いつの段階かは不明だが、養老川中流域にある牛久村《うしくむら》の茶花屋半兵衛という商人が請負人となった。茶花屋は文化七年（一八一〇）の春に奥山真木買留運上請負の免除を岩槻藩に願い出ており、この年に上納すべき運上金一九両も未納となった。岩槻藩は茶花屋の見込み違いによる請負免除は承知したものの、請負途中での中断であるので、未納分の運上金一九両について葛藤村を除く上六ヵ村で納めるように命じ、もし村方の困窮が原因で未納分の穴埋めが無理ならば、そのことを書面で提出するようにと、文化九年四月に命じた。この未納分はおそらく上納されずに終わり、以後、奥山真木買留運上の上納そのものが途絶したと考えられる（後藤雅知「近世後期岩槻藩房総分領における真木生産と炭焼立」）。

ここまで岩槻藩房総分領での真木生産の実態とそのしくみについてみてきた。続けて、林産物生産のもう一つの柱である領内での炭焼きについてみていくことにしたい。

2 炭焼きと林守

奥山御林での炭焼き

勝浦藩植村家のもとで奥山御林を管理したと推定される筒森村名主永島家と大田代村名主菅野家《すげのけ》は、奥山御林内で生産した炭の一割を勝浦藩に現物上納することで、残り九割を自由に販売することができた。これも炭という産物を運上として現物上納することで、両名主が奥山御林内での炭焼きを独占するという請負の方法が適用された事例である。ただし勝浦藩植村家が改易された寛延四年（一七五一）十月には、炭焼きの原料となる雑木が減少したことを理由にこうした請負関係は中断され、勝浦藩による御手竈《おてがま》（藩直営の炭焼き）となっていた。大岡家支配に替わったことをうけて、両家は請負による炭焼きの再開を大岡家に働きかけ、宝暦二年（一七五二）九月に両家が林守に任命されると同時に、炭竈一つにつき年二〇〇俵の御用炭を藩に上納する対価として、両家に二竈ずつ合計四竈の炭焼き操業の再開が認められることになった。

こうした請負による両家の炭焼き独占体制が崩れるのは、明和三年（一七六六）のことである。岩槻藩は同年六月三日に林守両名を江戸藩邸に呼び出し、今後は奥山御林での炭焼きを御手竈化すると命じた。炭竈五竈を新たに設けて、その管理を林守とその下世話人が行うように命じたのである。林守にはこの管理料が藩から支払われることになったが、奥山御林内での自由な炭焼きは禁止されることになった。炭竈でけそれぞれ二人ずつの炭焼人が雇用され、一年間あたり一九四四俵の炭荷物の生産が計画された。炭焼人には岩槻藩から、八〇俵につき金一両の炭焼賃が下付された。

こうして生産された御用炭は、奥山御林内から大田代村を経由して戸面河岸まで陸送されて川船に積み込まれ、養老川の河口にある五井村まで輸送され、さらに五井河岸で五大力船《ごだいりきせん》のような海船に積み替えられて江戸に運ばれることになった。江戸の岩槻藩邸もしくは岩槻藩が指定した商人のもとへ納入されたのであろう。

御手竈と炭焼き制限

明和三年（一七六六）の御手竈化にあたって、林守両名らが岩槻藩に提出した請証文（承諾書、永島家文書二六―一八―一「差上申御請証文之事」）には次のような一文がある。

御手釜に仰せ付けられ候上は、外郷中にて私焼きの炭紛らわしく候につき、決してお願いなく焼かせ申すまじく候、もっとも御釜炭たとえ半俵・壱俵にても他へ出し申すまじく候、もし万一他所へ売買等仕《つかまつ》り候て後日露顕においては、私ども何分越度にも仰せ付けらるべく候

右からわかるように、奥山御林での炭焼きが岩槻藩の御手竈となったことをうけて、外郷村々では入会山や百姓持山の木を利用した炭焼きを勝手には実施できなくなり、必ず事前に藩に願い出てから行うことになった。その理由は奥山御林で生産された御用炭と紛らわしくならないようにするためである。もちろん御用炭を他のルートで売却することはせず、もしそうしたことが露見した場合には、林守らが処罰をうけても仕方がないという内容である。

梱包された炭荷物そのものは、奥山御林で生産された御用炭なのか、各村々で生産された炭荷物なのか判別ができないため、岩槻藩は村々での炭焼きにあたっては、勝浦役所への事前の申請を義務づけることにした。村々からの申請は林守である永島家と菅野家とが受け付けて、それにもとづき林守および藩役人による実地見分が行われ、その許可のもとで各村々での炭焼きがようやく実施できる体制が構築されたのである。明和三年の奥山御林における炭焼きの御手竈化によって、村々の百姓がそれぞれの持山や入会山などで炭焼きを行うことが大きく制限されることになった。そして第1節で説明したとおり、岩槻藩によるこの炭焼き制限政策が厳格化され、西畑郷八ヵ村・外郷での炭焼きは、事実上禁止されることになる。

炭焼き制限と林守永島勘左衛門

岩槻藩が西畑郷八ヵ村と外郷での炭焼き禁止を厳しく命じるのは寛政九年（一七九七）であり（永島家文書一六―四七「以書中上候」）、その背景には寛政期（一七八九〜一八〇一）の急激な真木生産量の減少があったと考えられる。原料が競合する真木生産と炭焼きのうち、岩槻藩は真木生産を優先して炭焼きを禁止する政策を採用したといえよう。以下では、筒森村名主で林守でもあった永島家の動向から、炭焼き禁止政策の影響をみておきたい。

文化三年（一八〇六）十一月に八代目当主とされる永島勘左衛門《かんざえもん》が勝浦役所に提出した願書（永島家文書一一―一八「乍恐以書付奉願上候」）によれば、永島家は、その先祖が養老川での川船運送をめぐる筒森・葛藤・朝生原村などと本郷村《ほんごうむら》との争論に尽力して勝訴し、その際の幕府評定所《ひょうじょうしょ》裁許を今まで所持してきたという由緒があるため、代々自由に炭焼きや真木伐採を行ってきたという。この川船運送をめぐる争論とは、筒森村などの養老川上流村々の川船が中流の本郷村で荷物の付け替えをしなければならないか否かを争ったもので、裁許の結果、上流村々の川船が五井村まで直接運送できることが認められた。これを示す貞享四年（一六八七）三月六日の幕府評定所裁許が残されている（『市原市史 資料集 近世編3上』）。こうした事実を由緒として記したうえで、願書には次のように記される。

その節より私所持雑木山の儀は炭木に焼き立て候儀はもちろん真木ともに薪請負人構い御座なく、祖父友右衛門代迄は勝手次第江戸問屋え積み送り候えども、父七左衛門代に罷り成り、明和三戌年・安永五申年・天明二寅年所持山炭焼き立て自由仕り候えども、真木の儀は値段下直、殊に召仕いの男女人少なきゆえ日雇い仕立てにては仕当に相成り兼ね申し候につき暫く中絶仕り候えども、時節をもって右両様とも稼ぎ仕りたく願い上げ奉り候

かつては永島家が所持する雑木山で炭・真木ともに自由に生産できた。父親の代になって、明和三年（一七六六）・安永五年（一七七六）・天明二年（一七八二）の三度にわたり炭焼きは自由に行えたが、真木は売却値段が安いため奉公人を使用して生産しても利益が出ず、真木生産は中絶した。しかし今後も炭・真木両方を自由に生産したいと記される。これを

ふまえて、奥山真木買留運上請負人の有無にかかわらず、炭・真木を自由に生産できることを明記した岩槻藩からの「書下げ」（許可書）がほしいと願い出た。真木生産も含めて、山林を自由に利用できることを確認したかったのであろう。しかし岩槻藩からこれに対応した「書下げ」は発給されなかった（後述）。

ここからは、炭と比較して真木は販売値段が安く利益にならないこと、そのため永島家でも真木生産は中断していること、永島家は炭焼き制限をうけても自由に炭焼きを行っていたことが読み取れる。明和三年の炭焼き制限は、藩に申請したうえでの炭焼きを禁じてはおらず、永島家はこれにそって炭焼きを実施できた。そもそも永島家と菅野家は林守に任命されるにあたり、岩槻藩から苗字帯刀を許され、最初から二人扶持《ににんぶち》を与えられた特権的な名主であった。岩槻藩房総分領には同様に扶持人とされた百姓が一〇名程度はおり、扶持人グループから毎年一人が代表として江戸藩邸の藩主に年頭お礼に出かけることができた。

炭焼き制限と林守永島勝之助

文政四年（一八二一）五月には、名主・林守となった九代目勝之助《かつのすけ》（後藤雅知「林守・名主家の家督相続と分家」）からも、炭・真木稼ぎ方を勝手次第に認めるという「書下げ」を求める願書（永島家文書七―四二「乍恐以書付奉願上候」）が、勝浦役所の郡奉行（勝浦役所詰め役人のトップ）平松孫四郎《ひらまつまごしろう》（『勝浦市史　資料編近世』）に対して出された。勝之助自筆の下書きしか残されていないが、文政五年九月、平松孫四郎が永島勝之助に「永島家は由緒があるので、今後は所持する山林竹木を勝手次第に使用してよい」と明記した「書下げ」を出している（大多喜町図書館架蔵永島家文書コピー）ので、勝之助の願書が勝浦役所に提出されたことは確実である。

願書では最初に、永島家は特別な由緒があるので炭・真木ともに勝手次第に稼いできたが、明和年中に外郷村々すべての炭焼きが差止めになってから、徐々に厳重になり、自然と永島家でも持山での炭焼きには申請が必要になったと説明し、その改善を藩に願い出たところ、藩役人から申し渡された内容が次のように記される。

その方（永島家）持山の儀は外々とは格別由緒もこれある儀につき、前々の通り勝手次第炭焼き出し候ても苦しからざる筋に候えども、当時村々え厳しく申し付け候みぎりにつき、その方儀も炭焼き致したき旨一通り願書差し出し焼き出し申すべき段仰せ渡され候

永島家には由緒もあるので勝手次第に炭焼きを行っても問題はないが、村々には炭焼き制限を厳しく申し付けているので、永島家といえども願書を提出するようにと藩役人が命じたという。村々への厳しい申付とは、実質的にこれが炭焼きの制限ではなく禁止であることを物語っていよう。西畑郷・外郷での炭焼きは、永島家による炭焼きを除いて、事実上禁止されていたことになる。

さらに願書では、父勘左衛門がたびたび由緒について藩に申し上げ、前々の通り勝手次第の炭焼きが永続できるように「書下げ」の下付を願い出たが、そのたびに藩からは、もっともな申し出ではあるが、すぐに「書下げ」は下付できないので時節を待つようにと言い渡され、「書下げ」下付の嘆願を差し控えていたと主張する。八代目勘左衛門の願いは実現しなかったことが確認できる。

続けて願書では、永島家は文政四年春までに持山での炭焼きを終えており、次は約二十余年後でないと炭焼きはできないが、七九歳になった祖父（前項で引用した史料中の「父七左衛門」）が病の床で炭焼き制限の変化に心を痛めており、また山中の村では山稼ぎのほかに収入がなく、農間に自由に炭焼きができれば奉公人の稼ぎにもなり、これは畑年貢上納の助けにもなるので、「書下げ」を渡してほしいと記される。この結果、文政五年の「書下げ」下付が実現したのであろう。また、いったん炭焼きのために伐採した立木が生長して再度の炭焼きが可能となるには、二〇年以上の歳月が必要とされたことも読み取れる。

明和三年（一七六六）の炭焼き制限のもとでは、藩に事前申請したうえでの炭焼きは認可されていたが、寛政期（一七八九～一八〇一）の真木生産量の減少とともに制限が厳格化され、由緒を認められた永島家を除き、西畑郷八ヵ村・外郷で

の炭焼きは、事実上禁止されたのである。

3　真木生産と炭焼きとの相克

炭焼き再開の欲求

真木生産量の減少を少しでも食い止めたい岩槻藩は、寛政十年（一七九八）に「買添え場」である西畑郷八ヵ村に真木を生産するよう督励する。しかし八ヵ村は、いずれも小村であり、田畑が荒れている現状では真木稼ぎも不可能であるので、逆に他の西畑郷村々と同様に「買添え場」から除外してほしいと嘆願し、戸面河岸に林産物を津出ししないことを確約して、真木の生産を中止した。

一方で、炭焼きが禁止されているにもかかわらず、八ヵ村のうちの伊保田村の者が許可をうけないままに炭竈二ヵ所を設置して炭焼きを行ったことが、寛政十年二月に発覚する。さらに同年四月に、西畑郷八ヵ村の名主が炭焼き禁止の解除を、勝浦役所のみならず江戸藩邸にまで出願する事態になった（後藤雅知「近世後期岩槻藩房総分領における真木生産と炭焼立」）。こうした背景には、村々の百姓が真木生産を忌避する一方で、炭焼き再開を強く要求したことがあったと推定される。販売値段が安く労力が収入に見合わない真木ではなく、一定の値段が期待でき、かつ軽量で津出し先も選択できる炭焼きの再開を実現したいという強い欲求が西畑郷と外郷村々には潜在したのであろう。これに対して岩槻藩は、藩への申請のうえできわめて限定的に炭焼きを許可するという対応をとり続けたと考えられる。

炭焼き再開への転換点

こうした状況は、天保九年（一八三八）に、朝生原郷四ヵ村（石神・黒川・戸面・朝生原村、外郷の下四ヵ村）の入会山である五郎津山《ごろうつやま》の雑木が、岩槻藩の許可をうけずに炭焼きの原料として売却される事件がおきたことで大きく変容する。岩槻藩はこの一件が発覚すると、炭焼き禁止というルールに違反したとして、四ヵ村の名主を処罰した。そのうえで同年十二月に、月出村を含む外郷一二ヵ村の村役人から林守である永島家・菅野家に宛てて、次のような請書《うけしょ》を提出させた。

差し上げ申す一札の事

私ども村々百姓持山ならびに郷林に至る迄、前々より炭焼立の義、御林守衆え申し出で願書え奥書印形相願い、右願書をもって勝浦御役所御願い済みの上にこれなく候ては、炭焼出し候義御停止のところ、なおまた急度《きつと》相守り心得違いこれなき様什るべき旨、小前《こまえ》末々えも洩れざる様申し聞くべき旨仰せ渡され承知畏み奉り候（以下略）

内容は、百姓持山・郷林での炭焼きにあたって、林守の奥書をもらった願書を勝浦役所に提出して藩の許可をうけたうえで実施することの徹底を求めたもので、明和三年（一七六六）以来の手続きを確認したにすぎず目新しさはない。しかしこの後の状況に鑑みると、この請書の提出は、藩の許可さえうければ自由な炭焼きが可能であると、外郷村々が確認する契機となったと考えられる。実際、天保十年を皮切りに、膨大な数の炭焼き願いが林守宛てに提出され、それらがいずれも許可された。事実上は禁止されていた炭焼きが、勝浦役所への申請さえ済ませば実施可能であると明示されたことで、百姓が抱く潜在的な炭焼き再開への欲望が解き放たれたのではなかろうか。

炭焼き願いを提出したのは、各村の小前百姓（村役人クラスではなく一般の百姓）であり、その村内での階層は不明であるが、複数の百姓が連名で提出している場合があることから、小規模な土地を所持する百姓が含まれたものと考えられる。また彼らが実際に炭焼きに従事したのか、あるいは立木を売却して利益をえただけで、別に炭焼人がいたのかなど、個々の事例からは読み取れない。しかし筒森村には、村内で炭焼きに従事するのみならず、名主である永島家に断りを入れて、炭焼きのために他村に頻繁に出かける百姓が存在したので、農間の炭焼きを専業的に行う百姓が存在したことは確実である。あるいは戸主とは別にその子どもや兄弟が炭焼きに従事して家計を補助した事例もある。炭焼きに従事する百姓はかなり多かったのではないかと推定される（後藤雅知「十八世紀中期岩槻藩房総分領における堅炭生産の構造」）。天保十年からの申請数の急増は、外郷村々が上納すべき家別真木の原料である雑木が不足するのではないかと林守が危惧するほどであった（後藤雅知「近世房総の山間村落における林産物生産」）。

年貢真木の代銀納化と炭焼きの拡大

「はじめに」で触れたように、西畑郷と外郷村々では、買留真木の生産とは別に、岩槻藩に年貢真木を上納する必要があったが、安政四年（一八五七）になると、西畑郷のうち市野川・堀切・中野・庄司・弥喜用《やきよう》・松尾・紙敷《かみしき》・小苗《こみよう》・湯倉《ゆぐら》・百鉾《もふく》・原内《はらうち》・馬場内《ばばうち》・笛倉《ふえぐら》・小内《こうち》・押沼《おしぬま》・平沢《ひらさわ》・弓木《ゆみぎ》・田代村という「買添え場」の村々を含む一八ヵ村は、雑木を伐り荒らしており、真木となる雑木が育たず難渋している窮状を訴え、今後一〇年にわたって、山役真木二五〇束を金一両に換算して代銀納したいと、勝浦役所へ願い出た。これは認められ、少なくとも慶応三年（一八六七）頃までは、代銀納化された。

外郷でも安政七年正月に石神・月出村が、同じ理由で慶応三年までの八年間にわたって、同じ条件での代銀納化を嘆願した。さらに同年三月には朝生原村も八年間にわたって、文久三年（一八六三）二月には葛藤村も五年間にわたって、家別真木の代銀納化を願い出た。幕末期、奥山御林に近い外郷の上六ヵ村を除くと、ほとんどの村が年貢真木を代銀で納めたのである。

こうして西畑郷と外郷村々の多くは、買留真木の生産を行わないのみならず、年貢真木の生産も忌避し、雑木を炭焼きに振り向け、より多くの収入をえようと画策した。岩槻藩もこうした動向を押しとどめることはできず、また藩の方針としても、真木の生産よりも炭焼きを重視するようになった。それは奥山御林で御用木三木を払い下げた際に、小木でも切り払い、悪木でも炭に焼くなどして枯木とするように命じたことからもうかがえる。藩はその跡地に雑木を仕立てることを企図したのである。こうした雑木は藩による直営の炭焼きに振り向けられたと考えられる。

なお岩槻藩は、天保十五年（一八四四）八月から弘化四年（一八四七）三月まで、奥山御林での炭焼きを御手竈化したが、その間、奥山御林内には、最短で三ヵ月、最長で三一ヵ月（平均すると約一年強）にわたり、四五ヵ所の炭竈が設置されて、合計三万五〇〇〇俵弱の炭荷物が生産された。これに雇用された炭焼人の所在村をみると、粟又村七人、大田代村六人、筒森村五人、面白村四人、戸面村二人と、外郷だけで二四人、馬場内村一人、紙敷村一人で西畑郷が合計二人、上野郷の台宿村《だいじゆくむら》一人、その他小糸村《こいとむら》など他領村々が五人であった（尾崎晃・渡邊高弘「千葉県南部における木炭生産」）。外郷には炭焼きの担い手が多数存在したことがわかる。

4　林産物の輸送

養老川舟運

西畑郷・外郷村々は、年貢米や材木・真木・炭荷物の輸送に養老川舟運を利用した。養老川の上流部分は水流が少なく、川船が遡上できる限界は戸面村あたりであった。そのため多くの荷物が戸面河岸に津出しされ、この河岸にある郷蔵《ごうぐら》で一時的に保管されるなどして、川船に積み込まれた。水量が十分ではない上流では川上から順に、葛藤・根向《ねむこう》・川崎《かわさき》・折津《おりづ》村《むら》に水門が設置され、各水門ごとに川水を貯めておき、水門を開いたときの川水の勢いを利用して川船は下流へと荷物を運んだ（後藤雅知「林産物の生産と輸送」）。

一八世紀後半には、多いときで一四〜五艘の川船が岩槻藩領内には存在した（奥山真木買留運上請負人が管理する戸面会所に付属する川船六〜七艘を含む）が、慶応元年（一八六五）から明治四年（一八七一）には、五〜七艘程度しか確認できず、川船数が減少し、十分な輸送能力を備えていなかったと考えられる。慶応三年の場合、筒森村重五郎・黒川村市郎左衛門・朝生原村勘兵衛・戸面村善兵衛・戸面村茂兵衛・小田代村太左衛門・小田代村藤左衛門の七名が川船所持者として確認できる（永島家文書七―五八―一八「（高瀧川船役金他受取覚）」）。川船には一年あたり金一分二朱の船役金が賦課されていた。

戸面村茂兵衛が名主であったことは先述したが、ほかにも筒森村重五郎や小田代村太左衛門は村役人を務める上層百姓であった。長期にわたり川船所持者として確認できる名前があるので、多くは上層の百姓であろうと思われる。岩槻藩はその実態について、川船所持者は領内百姓であるが、彼らが雇用する船頭は他領の百姓であり、そのため御用荷物を乱雑に扱っていると把握している。実際の船頭には、下層あるいは無高《むたか》の百姓が雇用されたのであろう。

文化七年（一八一〇）十一月には、川船に積み入れられた年貢米が十四、五日も戸面河岸から輸送されずに滞留し、そのあげく破船して年貢米が流失する事態となった（永島家文書二八—二二「御廻状留帳」）。また天保五年（一八三四）九月までに戸面河岸に津出しされた葛藤・石神・戸面村の家別真木が、養老川の渇水で川船が通船できず、翌年の二月末まで輸送できなかった（永島家文書二八—二五「（林守御用日記）」）。養老川舟運は川船不足に加えて水量不足のため、輸送能力に限界があった。そのため一九世紀には、年貢米や年貢真木、御用炭などの御用荷物輸送に支障が生じた。

五井村「御荷宿」村田長右衛門

岩槻藩は年貢米や真木、御用炭などを養老川河口の五井村から江戸まで運ぶ「御荷宿」として五井村の村田長右衛門を指定した。長右衛門は五井村で川船の積荷物をいったん水揚げし、海船に積み替えて岩槻藩江戸藩邸などに輸送することを請け負った。長右衛門は川船や江戸藩邸と受取手形・送手形などを取り交わしており、これによって岩槻藩は荷物の数量を把握したので、五井村の「御荷宿」はつねに一軒だけしか設定されなかった。そのため「御荷宿」が運賃の値上げを求めた際には、他の商人に「御荷宿」を引き換えることが村々で検討されることもあった。一九世紀は、おそらく長右衛門が一貫して「御荷宿」であったと考えられる。

このように江戸への御用荷物輸送ルートが限定されたために、御用荷物が五井村で滞留することもあった。例えば、安政二年（一八五五）一月に筒森村重五郎の川船が五井村まで真木二三七束を運んだが、風波が悪く長右衛門の河岸に着岸できず、向河岸に荷揚げしたが、置き場が洪水で崩れて真木が流失した。安政三年八月には、五井河岸に積み置いた江戸輸送予定の年貢真木三七一八束が、大風雨による津波のために流失。万延元年（一八六〇）七月には、大雨により養老川で洪水が発生し、五井河岸に積み置いた御用炭四三八俵のうち三五〇俵が流失、残り八八俵も大きな被害を受けた。加えて大田代・小田代・面白村の家別真木二〇九二束のうち一〇五〇束が流失した（後藤雅知「近世房総の山間村落と薪炭生産」）。

江戸内湾の各地には長右衛門と同様に、房総半島内陸部から舟運や陸送によって運ばれてきた年貢米などの御用荷物を受け取る荷宿が多数存在した（原直史『日本近世の地域と流通』）。養老川河口に近い五井村や青柳村《あおやぎむら》、小櫃川《おびつがわ》河口に近い木更津村《きさらづむら》にはとくに荷宿が集中したと考えられる（筑紫敏夫「江戸湾沿岸の湊と流通の構造」）。近世後期には河口から少し離れた村にも船持が簇生し、こうした荷宿となっていくこともあった（落合功「近世後期における「領主的流通」の展開と木更津湊」）。これらを介して江戸に林産物などが運び込まれたのである。

外房沿岸村々への津出し

御用炭については、すでに弘化三年（一八四六）にはその一部が岩槻藩領内の南岸、房州領に含まれる天津村《あまつむら》と内浦村《うちうらむら》に津出しされたことが確認できる。岩槻藩では安政六年（一八五九）十月から炭荷物の川船賃などを増額し、養老川舟運ルートでの荷物輸送を強化したが、御用炭荷物の扱いが乱雑であることに変化はなく、また輸送が江戸の炭相場が高いタイミングに間に合わない、さらには五井河岸で荷物が流失するなどの被害が重なったことをうけて、文久二年（一八六二）二月に、すべての御用炭荷物を天津・内浦村に津出しすることを決めた。この結果運賃はこれまでより炭荷物一俵につき銭五〇文の増額となったが、領内のみを通過して船積できること、したがって炭荷物のていねいな扱いが期待できることを重視して、このルートに切り替えた（尾崎晃「岩槻藩勝浦領における炭生産の管理とその推移」、勝浦市名木吉野家文書一九七「諸伺申上留」）。以後、御用炭荷物は、奥山御林の端に設置された奥山番所に集荷されたうえで南方へと山越えし、天津村と内浦村の「御荷宿」に任命された百姓のもとに陸送され、海船に積み替えられて江戸に送られた。

この後「御荷宿」が交代することはあったが、津出し先が天津村と内浦村であることは変わらなかった。村内の有力な商人が選定されたのであろう。例えば天津村では弘化三年から元治元年（一八六四）六月まで辰何右衛門という藩の調達金に何度も応じてきた有力百姓が「御荷宿」となった。また何右衛門の後任を天津村で探すにあたっては海船を所持する者が望ましかったが適切な者がすぐには見つからず、翌年四月に寺尾佐助が任命された（後藤雅知「近世房総の山間村落と薪炭生産」）。内浦村の「御荷宿」である守嘉助は永島家や菅野家と同様に岩槻藩の扶持人の一人であった。

慶応元年（一八六五）九月には「御荷宿」二人が海船を所持せず、雇船のみで御用炭などを輸送するのは不便であるため、岩槻藩が浜荻村《はまおぎむら》百姓から海船を買い取り、それを嘉助に預けることになった。嘉助は御用炭などの輸送によってえた利益から毎年藩に金子《きんす》を上納し、これが藩の経費に補塡されることで船代は相殺された。岩槻藩が購入した海船の代金は金一〇〇両で、船の大きさは、肩幅九尺六寸（船の最大横幅三メートル弱）、敷長五尋（長さ九メートル）であった（吉野家文書二二一「諸伺申上留」）。

永島家と五井村村田長右衛門とは相互にたびたび行き交い、年頭お礼を交わす親密な関係にあった。また詳細は不明だが、永島家は天津村辰何右衛門から、斉田塩《さいたじお》（阿波国撫養《むや》の塩田で生産された塩）や干瓢《かんぴょう》・篠巻《しのまき》・畳表・雪駄《せった》・蠟燭・油・昆布などを仕入れ、多額の金子を相互に融通しあう関係にあった（永島家文書二九—四六「金銀出入帳」）。内浦村守嘉助とは扶持人グループ内での交流があったと推定される。岩槻藩は領内の扶持人に代表される有力な百姓間のつながりを利用し、それに覆い被さるように、御用荷物の江戸廻送ルートを構築していた。年貢真木は旧来と変わらず養老川舟運を利用して運んだのに対し、輸送費が嵩《かさ》んでも御用炭を天津・内浦村を経由するルートで運んだのは、岩槻藩が真木よりも炭荷物の生産・出荷を重視する政策に舵を切ったものと評価することができよう。

おわりに

本章では、江戸周辺地域の一つとして、江戸のエネルギー源となる薪炭生産を支えた岩槻藩房総分領の動向を素描した。真木は販売値段が安く、かつ一束も重かったうえに、養老川舟運の輸送量に制約があった当該地域では、一九世紀の初頭に真木生産が急速に減少していく。岩槻藩は真木生産振興のために炭焼きを禁止するが、村々の百姓による炭焼きへの欲求は抑えきれず、天保期（一八三〇〜四四）を境にほぼすべての雑木が炭焼きに利用されることになった。御用炭以外の炭荷物は各村の百姓が出荷したと考えられ、他領の川船を利用して養老川舟運を利用するか、あるいは西側の久留里《くるり》城下へ陸送し、城下の河岸から小櫃川舟運を利用して木更津村経由で江戸に販売することもあった（後藤雅知「近世後期百姓持山における炭生産の構造」）。炭荷物は真木と違い輸送ルートを選択することができたのである。

一方、物資の集散地である木更津村まで八キロ弱の場所に位置する上総国望陀郡下宮田村《もうだぐんしもみやだむら》やその周辺も林産物生産が盛んであったが、この地域では幕末に至るまで、真木・炭ともに生産し、その多くを木更津村の荷宿に出荷して江戸に販売していた（『袖ケ浦市史 通史編2近世』）。炭焼きに傾斜しない理由は現段階では不明だが、津出しが岩槻藩房総分領よりも容易であったことも理由の一つだったのではなかろうか。真木・炭いずれを運ぶにせよ、木更津村まで日帰りで往復できたメリットは大きいであろう。

岩槻藩房総分領での林産物生産を支えたのは、農間の炭焼人や木挽《こびき》であったと想定される。他領の周辺村に筒森村から炭焼きに出向く百姓が存在した代わりに、川越藩《かわごえはん》領の黄和田畑村《きわだはんむら》などから炭焼人が筒森村に来ることもあった（武部愛子「川越藩の江戸城御用炭納入システム」）。また木挽職人を抱える川越藩領川俣村《かわまたむら》の源蔵が、奥山御林の御用木三木の伐採を引き受けることもあった（池田宏樹「上総山村の支配と村落」）。永島家の日記には、筒森村の木挽、蔵玉村《くらだまむら》の家根屋、小田代村・石神村・朝生原村・行川村《なめがわむら》・磯村《いそむら》の大工が筒森村で仕事をする姿が垣間見える。専業的な存在もみられるが、多くは農間の職人であったと推定される。川船を所持する上層百姓も含めて、農間の林産物生産・輸送にも携わるような、いくつかの生業を複合的に組み合わせた暮らしが広く展開したのであろう。こうした生業のありように迫るには、さらに詳細な分析が必要となろう。

〔参考文献〕

池田宏樹「上総山村の支配と村落」千葉歴史学会編『近世房総の社会と文化』高科書店、一九九四年
尾崎　晃「岩槻藩勝浦領における炭生産の管理とその推移」『白山史学』四〇、二〇〇四年
尾崎晃・渡邊高弘「千葉県南部における木炭生産」千葉県立房総のむら編『町と村調査研究』五、二〇〇三年
落合　功「近世後期における「領主的流通」の展開と木更津湊」『袖ケ浦市史研究』一〇、二〇〇二年
後藤雅知「十八世紀中期岩槻藩房総分領における堅炭生産の構造」後藤雅知・吉田伸之編『山里の社会史』山川出版社、二〇一〇年
後藤雅知「近世後期百姓持山における炭生産の構造」『歴史科学と教育』二八・二九合併号、二〇一二年
後藤雅知「近世後期岩槻藩房総分領における真木生産と炭焼立」『歴史学研究』八九三、二〇一二年
後藤雅知「林産物の生産と輸送」『史苑』七三―二、二〇一三年
後藤雅知「近世房総の山間村落における林産物生産」『メトロポリタン史学』一二、二〇一六年
後藤雅知「林守・名主家の家督相続と分家」『立教大学日本学研究所年報』一九、二〇二〇年
後藤雅知「近世房総の山間村落と薪炭生産」『学習院史学』六一、二〇二三年
袖ケ浦市史編さん委員会編『袖ケ浦市史　通史編2近世』二〇〇一年

武部愛子「川越藩の江戸城御用炭納入システム」後藤雅知・吉田伸之編『山里の社会史』山川出版社、二〇一〇年
筑紫敏夫「江戸湾沿岸の湊と流通の構造」『論集きんせい』二〇、一九九八年
原　直史『日本近世の地域と流通』山川出版社、一九九六年

column Ⅰ

廻　船

中安恵一

近世後期の日本海海運と廻船業

近世後期の日本では、地方の生産活動が活発になり、各地で特産品が生まれた。それに伴い物流量も増大し、当時の輸送の大動脈であった海運では、それらを輸送する地方廻船《かいせん》が台頭した。日本海海運では、蝦夷地《えぞち》産物を取り扱い箱館《はこだて》・松前《まつまえ》・江差《えさし》—大坂間を航行した北前船《きたまえぶね》がその代表的な存在であろう。北前船は、近世後期より明治前期にかけて隆盛をみせ、なかには米一〇〇〇石を積載可能な大型廻船も北陸地方（越中・能登・加賀）を中心に登場した。彼らは海難事故や経営的なリスクを負いつつ利潤追求した商船として知られ、船を複数所持する北前商人の豪商的性格が、これまでの研究で明らかにされてきた。

当時の日本海海運では、こうした大型廻船が登場する一方、多数の中・小型廻船もまた活発に活動していた（中安恵一「近世後期の小型廻船と生業・村落社会」『社会経済史学』八一—二、二〇一五年、同「寛政天保期における鉄商品の廻送と小型廻船」『歴史評論』八五二、二〇二一年）。彼らの商品流通上の役割や、村浦の生業における廻船業の位置とはいかなるものだったのか。以下、近世後期に活動を拡大させた石見国銀《ぎん》山附《ざんつき》幕領（以下、銀山料）の廻船を事例に述べてみたい。銀山料廻船は、寛政三年（一七九一）時点で総数六〇艘を数えたが、いずれも二〇〇石積（二～五人乗程度）以下の小型廻船で構成されていた。また、最盛期の明治初年にあってもその傾向は大きく変わらず、約一割を占めた二〇〇～五〇〇石積の中型廻船のほか大多数は、それに満たない小型廻船であった（「旧浜田県雑款《きゅうはまだけんざつかん》」島根県公文書センター所蔵）。

小型廻船による中・近距離輸送

近世後期、特産物をはじめとする農民的商品（農民らが市場向けに生産した商品）を輸送した民間輸送では、廻船規模の二極化が進み、大型廻船が遠隔地間輸送を、小型廻船が近距離輸送をそれぞれ担うという、重層性による機能分担関係

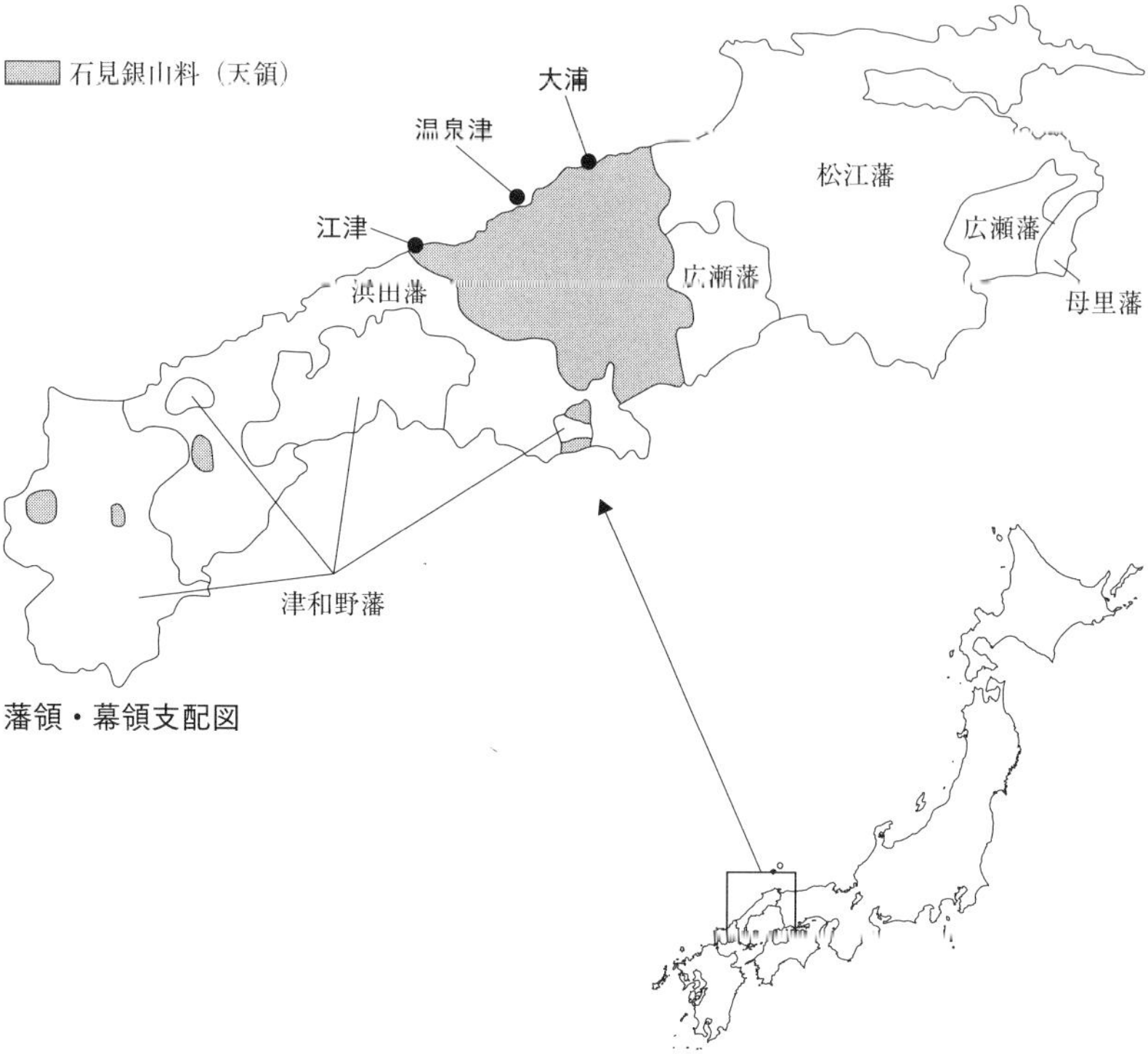

藩領・幕領支配図

があったという理解がある（斎藤善之「流通勢力の交代と市場構造の変容」『新しい近世史3 市場と民間社会』新人物往来社、一九九六年）。日本海海運の場合、全国的な流通を担う北前船が各寄港地へと商品を運び、寄港地間の局地間流通を小型廻船が担っていたとするものである。こうした重層性は新潟—酒田《さかた》間で確認されているが、実態としては必ずしも単純化できない多様な存在形態があった。

銀山料の小型廻船は、松前まで進出して遠隔地間輸送を行うことはなかったものの、局地的な近距離輸送に限らない広域活動を行っていた。彼らは主に、山陰地方の特産物である鉄や半紙《はんし》・瓦《かわら》・木綿・綿などを諸国へ輸送し、帰り荷として主に北国《ほっこく》（東北・北陸地方）や九州の米・大豆・小麦、あるいは瀬戸内の塩などを山陰地方へ運んだ。北国への輸送は一〇〇～二〇〇石積前後の廻船が中心であったが、九州や大坂、瀬戸内へは一〇〇石積（二一～三人乗）に満たない廻船の輸送記録も多く残っており、なかには五〇石積程度の廻船もみられた。また帰り荷の輸送では、山陰地方の北前船寄港地（浜田・温泉津《ゆのつ》・境港《さかいみなと》など）だけでなく料内浦々への直接輸送・販売をも行った。

近距離輸送では、伯耆地方との商品流通で特徴的な輸送がみられた。当時、銀山料では伯耆地方へ特産物の瓦を移出し、他方、たたら製鉄の原料となる砂鉄を同地方から移入する相互輸送が展開しており、小型廻船らはこの双方向のピストン輸送を担っていた。このように、彼らは山陰と北国・九州・上方《かみがた》を結ぶ中距離輸送から、近隣諸国間の局地的な需給関係を満たすための輸送、そして村浦への末端的な流通まで、幅広い輸送を担っていた。

小型廻船の特性が活かされた流通は、銀山料最大の特産物であった鉄の輸送でもみられた。寛政期（一七八九〜一八〇一）以降、銀山料の鉄山師《てつざんし》・商人らは、銑鉄《せんてつ》（鋳物や錬鉄の原料に用いられる高炭素の鉄）の大坂販売価格の下落を防ぐため、流通統制を実施する。これは価格設定を大坂問屋が行うという慣行と、受注前に輸送を行う送り荷形態が引きおこした出荷量過多による銑価下落への対策であった。彼らは、大坂への直送をやめ、下関《しものせき》へ一時荷揚げを行って、そこで大坂への出荷量を小まめに調整することにより、価格調整を図った。上方方面への小まめな廻送自体は流通統制のない時期でも行っており、産地問屋に残された鉄の仕入販売帳簿によれば、手船《てぶね》を含む一〇〇石積前後の小型廻船七艘で、年間のべ四〇回近く廻送している。こうした頻繁な輸送の姿は、北海道―大坂間を年間一〜二回往復していた北前船とは対照的といえよう。

近世後期の日本海海運では、新たな需給関係の創出や商品流通の複雑化と、それに伴う流通網の多様化・綿密化がみられた。海上を行き交った大小さまざまの廻船は、こうした流通状況と密接に関わりながら展開していった。

運賃積と買積

近世の廻船経営には大別すると、運賃積《うんちんづみ》（荷主より商品を積み受け、その輸送運賃を利益とする形態）と、買積《かいづみ》（船頭《せんどう》自らが商品を買い入れ自己荷物として販売し、その差額を利益とする形態）の二つの形態があった。これまでの研究では、買積は市場原理にもとづいて販売先や価格を決定する輸送形態であることから、新たな流通ルートを生み出しうるものと評価され、近世後期に台頭した北前船・内海船《うつみぶね》ら新興海運勢力の特徴とされてきた。

一方の運賃積は、大阪―江戸間の菱垣廻船《ひがきかいせん》にみられるような、限られた区間でなされる輸送形態とみなされがちであったが、近年、より多様な形態があったことが明らかになっている。銀山料でいえば、前述の大坂銑鉄市場を動揺させた鉄山師らによる流通統制は運賃積によるものであった。彼らの流通量調整という行動が大坂市場に直接影響を及ぼしたことをふまえれば、買積だけが従来の流通ルートを揺るがす形態であったわけでは必ずしもなかったと考えられる。

経営形態の多様性は各船の経営にもみられ、買積のイメージが強い北前船も、運賃積との併用により多様な輸送形態をとっていた点が指摘されている（中西聡『海の富豪の資本主義』名古屋大学出版会、二〇〇九年）。銀山料廻船もまた、大坂方面へは鉄山師荷物の運賃積を行い、復路では往路でえた鉄山師荷物の売上代銀を借り受け、それを原資として買積活動を行うという複合的な経営が確認できる。

買積行為が当時の流通構造に与えた影響の大きさに疑いはないものの、運賃積を単純にこの対極に位置づけることは、当該期の商品売買の多様なあり方、そして日本海海運における商品流通の実態を見落とすことになりかねない。

家業としての廻船業

村浦に暮らす人びとにとって、廻船業はどのような存在だったのか。廻船業への参入・撤退の実態がわかる事例を、村役人が残した文書（村人からの届書類）や、船主が残した自身の年代記などからみてみたい。

銀山料では、鉄山師や廻船問屋が複数の廻船を所持する事例が幕末頃にみられ始めるものの、多くは一〜二艘所持の零細経営者であった。船頭・水主《かこ》は家族・親族中心で構成され、また長期経営を行う者もいたが、一時的・断続的な経営体も多く、なかには一〜二年おきに廻船売買を繰り返す事例も確認できる。いくつか事例をあげよう。

①家内一〇人暮らしの福光下村《ふくみつしもむら》の常兵衛は、文政四年（一八二一）まで廻船を所有し、運賃積稼をしていた。廻船を手放した後は農業を渡世としていたが、同七年、紅花《べにばな》売のため下関へ向かった際に失踪した。

②田畑計二・七反を所持していた馬路村《まじむら》の惣八は、文政六年に七〇石積廻船の沖船頭（船主に雇われた船頭）となり翌年まで従事した後、同八年に一〇〇石積の廻船を新造し、直乗《じきのり》船頭（船主自ら船頭を務める者）として独立した。しかし借銀が嵩《かさ》み、翌年にはその廻船を村の者へ売却した。

③嘉永元年（一八四八）、大浦《おおうら》の藤兵衛は二二歳で備後地

方への魚類行商を開始。しかし、なかなか蓄財が進まなかった藤兵衛は、同四年に廻船業参入を決意し、兄とともに近村の船持《ふなもち》から廻船を購入して尾道《おのみち》・大坂・長崎・若狭の沿海で活動する。七年後、兄弟は廻船業から撤退し、藤兵衛は出雲・伯耆・備後地方を商圏とした雑貨商を始めるが、その二年後の万延元年（一八六〇）、本家復籍を機に再び海運業を開始。その後は船の新造も行い、明治十一年（一八七八）に五二歳で廃業するまで廻船経営を行った（太田家文書「世代伝記」島根県立古代出雲歴史博物館所蔵）。

右の事例からは、廻船業を含む複合的な生業のあり方がごく一般的であったこと、また家業の模索や家計の立て直しを図るなかで廻船業が選択されていたことが読み取れよう。海難事故という生死に関わるリスクを抱える廻船業は、その意味では簡単には参入できない生業であった（③の藤兵衛も何度か海難事故を経験している）。他方、当時は中古船の売買が活発に行われており、比較的低資本でかつ一時的・短期的な経営を可能にする基盤が形成されていた。

銀山料の沿岸部では、山勝ちな地形により農地を十分えられなかったにもかかわらず、近世後期から幕末にかけて人口の自然増加があったと考えられている。この時代、家から独立・分家した者たちにとって、廻船業は家業の選択肢の一つに十分なりえたのであった。村浦には、豪商とともに中小零細の商人が広く存在していたのである。

第4章 かわたと非人

三田智子

はじめに

近世のかわた（えた）身分は、死牛馬を無償で取得し、その処理を行うとともに生皮を剝ぎ、革へと加工した。この権利を斃牛馬《へいぎゅうば》処理権という。かわた村やかわた集落は、草場《くさば》などと呼ばれる死牛馬を無償でえられる範囲を、場として所有した。斃牛馬処理は、古代末期の触穢《しょくえ》思想の広がりをうけて、中世には死体などの「穢れ」を処理した「キヨメ」の職分に由来すると考えられる。えたは漢字では「穢多」と表記し、蔑称である。これに対し、かわたは「皮多」「皮田」などと表記し、とくに西日本では彼らの自称であることが多い。また近世を通じて各地のかわたは、領主から行刑役や掃除役、牢番役、また皮革製品の上納などの役を課された。

非人《ひにん》は、災害や病気などで生活が破綻し、居住していた村や町を離れて、乞食《こつじき》・貧人《ひんにん》となった人びとである。彼らは多くの場合、施しが期待できる都市部に流入し、次第に集団化を遂げ、非人仲間を形成した。非人仲間は独占的な物乞いの範囲（勧進場《かんじんば》）を確保し、大黒舞《だいこくまい》や節季候《せきぞろ》などの門付芸《かどづけげい》をして収入をえるようになった。都市部には恒常的に新しい非人が流入するが、非人仲間はこれを排除するか、仲間に組み入れた。新非人を排除・統制する機能は、領主にとって都市の治安維持上有効であり、非人は下級警察権などを付与される場合もあった。また、村や町においても乞食を排除するために、非人を番人として召し抱えるようになった。こうした存在を村方《むらかた》非人番と呼ぶ。

以上が、おおむね近世の日本において広く共通するかわたと非人のあり方である。しかし、呼称や領主から課される役、かわたと非人の組織編成などには、各地において差違が大きい。

例えば近世の大坂では、かわたと非人は次のような関係にあった（塚田孝「えた身分・非人身分」）。大坂に隣接して存在したかわた村である渡辺村《わたなべむら》は、大坂城の皮役（太鼓の張り替え）・幕府関連施設での行き倒れの死体片付け役・行刑役などを負担していた。渡辺村には複数の皮問屋《かわどんや》がおり、西日本各地から皮が集まり、皮革流通の中心的役割も果たしていた。村人の主要な生業は皮の加工で、村の人口は一八世紀初頭には二〇〇〇人ほど、一九世紀には四〇〇〇人台を維持した。

一方の非人は、大坂市中に垣外《かいと》と呼ばれる四ヶ所《しかしょ》の居住地があり、四ヶ所垣外仲間を形成した。各垣外は、長吏《ちょうり》と小頭《こがしら》と呼ばれる指導者層と、一般の小屋持非人である若き者から構成され、一七世紀後期から大坂町奉行所《まちぶぎょうしょ》のもと、新非人の取り締まりを担うようになり、一八世紀には町奉行所盗賊方のもとで下級警察権を与えられた。また市中の各町に垣外番として若き者が出入りし、番人として働き、町内から施しを受け取っていた。

大坂町奉行所の権限は摂津国・河内国に及ぶため、両国内のかわたはかわたの仲間式法によって行刑の下級雑役《ざつやく》を負担していた（朝尾直弘「幕藩制と畿内の「かわた」農民」）。また四ヶ所垣外仲間は、下級警察権を広域に及ぼすために、両国内の村方非人番を配下においていた。しかし、渡辺村と四ヶ所垣外仲間はまったくの別組織であった。

これに対して、江戸周辺ではかわたと非人は一体的な組織をなしており、関八州《かんはっしゅう》えた頭《がしら》の弾左衛門《だんざえもん》が、非人身分を支配していた。非人は江戸町奉行所のもとで行刑役の下役や囚人送迎、牢屋関係の御用を担い、警察関係の御用は担っていない。また江戸とその周辺では、長吏は多くの場合かわたを意味した（塚田孝『近世日本身分制の研究』）。

このような差異は、各地における中世以降の社会的分業の進展や、近世に入ってからの領主支配の変遷、役賦課のあり方などに起因すると考えられる。そのため、各地の事例を紹介しながら論じるには限界がある。そこで本章では、和泉国泉郡《いずみぐん》の信太《しのだ》地域（現大阪府和泉市）に対象を限定する。なお、摂津国・河内国とは異なり、和泉国では堺《さかい》奉行所が広域支配を担っていた。信太地域には百姓村のほかに、かわた村である南王子村《みなみおうじむら》があり、百姓村には非人番も置かれていた。南王子村の村落構造と非人番の存在形態、彼らの役負担のあり方や百姓村との関係、南王子村と堺四ヶ所仲間や非人番との関係を順に確認し、ある地域でのかわたと非人のあり方を具体的にみていくこととする。

1　和泉国におけるかわたと非人

堺奉行所と塩穴村、堺四ヶ所

ここでは、和泉国を考える際に前提となる、堺奉行所の持つ広域支配権やかわたと非人への役についてみておく。和泉国には、大鳥《おおとり》・泉・南・日根《ひね》の四郡があり、江戸時代初頭には岸和田藩《きしわだはん》三万石（のち六万石、南郡・日根郡の約七割）を除いては、ほぼ幕領であった。国内の幕領は一七世紀中期以降次第に私領となるが、多くは関東に拠点をおく藩の飛び地領であった。また、一八世紀中期以降には、幕領から御三卿《ごさんきょう》の田安家《たやすけ》・一橋家《ひとつばしけ》・清水家《しみずけ》の領知となった村々もある。信太地域も一橋領知となっている。広域支配を担う堺奉行所は幕領代官や私領主の支配を基礎に、それを広域に監督する立場にあり、国内の他領の村間の争いも管轄した。

堺奉行所のもと、行刑役を担ったのは、堺に隣接して存在した大鳥郡の舳松村《へのまつむら》内かわた（塩穴村《しおあなむら》）である。近世初頭にはこのほかに、泉郡の王子村内かわた（のちの南王子村）、南郡の嶋村《しまむら》、日根郡に三村のかわた村が国内に存在した。このうち嶋村と日根郡の三村は、一七世紀半ばまでに成立した岸和田藩領に含まれる。四村は岸和田藩から城中の掃除役や皮役・拷問や行刑役を賦課されており、岸和田城下に近い嶋村を中心にこれらを担っていた（藤本清二郎『近世賤民制と地域社会』)。塩穴村ものちの南王子村も、江戸時代初期にはともに幕領であったが、堺奉行所から行刑役を賦課されていたのは塩穴村のみである。南王子村が行刑役の下級雑役を負担することもなかった。こうした形になった事情は、おそらく塩穴村が堺に隣接したためと考えられる。南王子村は一七世紀後期から私領となる時期をはさみ、一八世紀半ばから一橋家領知となっている。そして幕末まで一橋家から行刑役を賦課されることもなかった。つまり、和泉国内では南王子村だけが行刑役などのかわた身分に特有の役を負担していない、かわた村であった。

堺にも、市中周辺に非人の居住地である四ヶ所（七道浜《しちどうはま》・悲田寺《ひでんじ》・北十万《きたじゅうまん》・湊村《みなとむら》）があった。堺でも四ヶ所の頭は長吏を名乗り、手下とともに居住していた。堺四ヶ所の非人は、一八世紀中は合計三〇〇人ほどである。堺四ヶ所も本来的には堺の町中で物乞いをし、新非人の立ち入りを排除していたようだが、堺奉行所のもと、警察関係の御用もつとめていた。堺奉行所の広域支配権に対応して、堺市中だけではなく、国内に堺奉行所役人が出役《しゅつやく》する際には堺長吏や手下が随行し、捕縛の手伝いなどをしていた。貞享二年（一六八五）には、堺四ヶ所長吏から国内の非人番にむけて法度書《はっとがき》が出されている。その内容は、堺奉行所の警察御用の際に長吏から非人番へ差し出す廻状《かいじょう》をすみやかにまわすことを求めるとともに、近隣の非人番で五人組をつくること、また非人番の村での日常の暮らし方などを定めている。この法度書や一八世紀の様子などもふまえると、一七世紀中期以降には、岸和田藩領を除く和泉国内の村方非人番は堺四ヶ所の組織下に置かれ、次第に堺奉行所による捜査や召捕に動員されるようになったようである（山本薫「泉州の堺「四ケ所」長吏と郡中非人番」）。

和泉国北部の村方非人番

村方非人番の基本的なあり方をみておこう（坂口由紀「和泉国在方非人番について」、塚田孝「堺長吏・非人番と村」「近世社会の仕組み」）。天保二年（一八三一）に一橋家は和泉国の領知について「和泉国大鳥郡泉郡村々様子大概書《たいがいがき》」を作成した（以下「大概書」とする。『和泉市史紀要第20集　和泉の村の明細帳Ⅰ』）。大鳥郡と泉郡の計四九村（無人別《むにんべつ》の村を除く）が書き上げられ、このうち一〇村に計三八名の非人番が存在している。非人番は男性が単身で居住する場合と、男女複数名が居住する場合がある。後者は非人番が家族で暮らしているものと考えられる。非人番を置かない村には近隣の非人番が通い、その役割を果たしていたようである。平均すると、非人番は五村程度を担当していたことになる。なお、非人番を置く村は近世中期以降ほぼ固定化する。

村が非人番を新しく抱え入れる際には、非人番の親類か堺長吏から請状《うけじょう》を取った。一橋領知の泉郡池田下村《いけだしもむら》には、天明二年（一七八二）に新しく抱えた非人番の兄（近隣の他領の村の非人番）が書いた請状が残っている。そこには、「村法と村からの申し渡しを守り、村方の意向に沿ってつとめさせる。取り逃げや悪事などをした場合には、自分が解決に努め、村に迷惑はかけない」という主旨のことが書かれている。非人番は乞食の排除以外にも、村から求められる事柄に応じる必要があったのである。池田下村に残された史料からは、非人番は日常的に村内を見廻り、変事を村に報告していたことや、各種の番などをつとめていたことがわかる。非人番への見返りは、年間に村内の家一軒が非人番に渡す米や麦の量が決められており、それを非人番が受け取りに廻っていたようである。

百姓村と堺四ヶ所

村方非人番は、村が抱え入れ、番をつとめさせる存在であるが、次第に堺四ヶ所の村方非人番への影響力が増し、百姓村との間でさまざまな問題が生じるようになった。次にこの局面を紹介しておく。

一つには、一八世紀後期以降、村方非人番を新しく抱え入れる際に、その人選に堺四ヶ所の意向が強く及ぶようになったことである。請状も堺四ヶ所が作成するようになり、そこには「非人番のつとめ方に問題があれば、四ヶ所がよい者に交代させる。四ヶ所側から不都合がある場合も、非人番を引き取る」などと書かれている。つまり、抱え主である村が非人番に不満を感じていなくとも、堺四ヶ所の意向で交代させることができるのである。堺四ヶ所としては、警察御用を担う村方非人番には、自らの意向を汲む者を派遣したい、ということだろう。しかし次の動きをみると、四ヶ所の思惑はそれだけとは考えにくい。

天明三年（一七八三）、泉州の一橋領知村々は、村方非人番への堺四ヶ所の支配を拒否したいと一橋家役所に願書を提出することを計画した。その文面では、①堺四ヶ所の者たちが来村しては施しをねだり、その際に村方非人番の元へ留まり、博奕《ばくち》を行うなど問題行動が多い、②堺四ヶ所は村方非人番にも出銀を要求し、支払えない非人番が村にねだる状況となっている、③堺四ヶ所の者たちは堺奉行所の御用を笠にきて、気に入らない百姓を捕縛して堺へ召し連れるなど、横暴な振る舞いをする、などと問題を挙げている。村方非人番が、堺四ヶ所に組織化されることで、村は過度の出銀を強いられ、また非人番が村の指示に従わない、風紀悪化の一因にもなっている、という状況がみてとれる。村々の要望は、領知村々の村方非人番を全員新しい者に入れ替え、新非人番は堺四ヶ所の支配下から離れることを一橋家役所から堺奉行所へ申し入れてほしい、というものである。

一橋領知の村々は、清水領知の村々にも同様の願書を清水家役所に提出するように声をかけた。領知を越えた運動にしようと目論んだのである。しかし清水領知の村々は「清水家役所に提出するべき内容ではない。堺四ヶ所や村方非人番の不埒《ふらち》な行為を改めるよう、取り計らうべきである」との返事をし、また清水家役所も「清水家は幕府と一体であり、堺奉行所を頼みとしている。堺奉行所に対立するような行為はできない」との意向を内々に清水領知村々に示した。御三卿は独自の家臣団をもたなかったため、泉州の領知支配においては堺奉行所に依拠する面が大きかったのである。こうした動きをうけ、一橋領知の村々は出願することを断念している。

この願書で示された堺四ヶ所や村方非人番の問題は、一九世紀にも継続した。一橋領知の村々では一九世紀以降、博奕が蔓延し、一橋家の役人が正月にその取り締まりを目的とした廻村を行うようになった。天保五年（一八三四）正月には、領知村々で計三〇〇人以上が処罰され、そのなかには泉郡今在家村《いまざいけむら》の非人番金助もいた。金助は今在家村だけでなく周辺村々（他領も含む）の百姓らと、合計四回の博奕を行ったと供述している。今在家村では、百姓九人と寺の住職までもが取り調べをうけた。村での博奕の広がりは、すべてが非人番に起因するとは考えにくいが、村にとって警戒すべき対象で

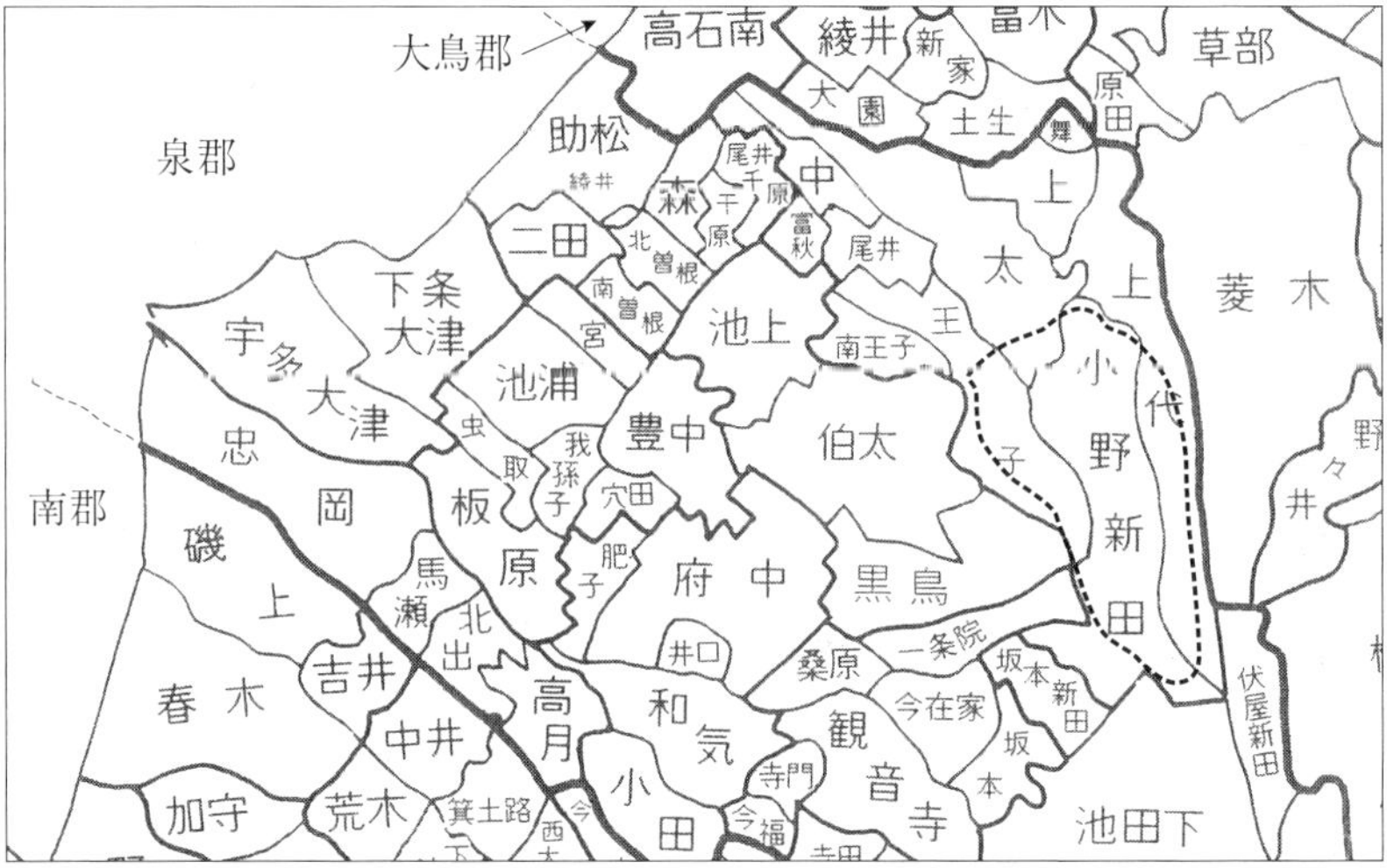

図4–1　信太地域周辺図（『大阪府史　第7巻』〈1989年〉の付図「市制町村制施行直前行政区画図」より作成）

破線で囲った範囲がおおよそ近世に除地であった信太山である．

あったことは確かだろう。また、天保十二年には、堺奉行所から泉州の村々に対して、堺四ヶ所への助成銭として毎月一軒一銭ずつを差し出すことが命じられた。先の願書もあわせて考えると、背景には堺四ヶ所の経済的窮乏も想定できる。堺奉行所からの指示であり、村々は受け入れざるをえなかった。

このように、一八世紀以降には、村と村方非人番・堺四ヶ所の間に複雑な緊張関係が存在したのである。

2　和泉国泉郡信太地域の概要

信太郷七ヶ村と南王子村・舞村

和泉国泉郡信太地域は、堺から南西に一〇キロほどの平野部に位置し、地域の南東側には信太山丘陵が広がっていた（図4―1）。近世に信太地域を構成した村々は、上代《うえだい》・上《かみ》・尾井《おのい》・太《たい》・中《なか》・富秋《とみあき》・王子の信太郷七ヶ村と、かわた村である南王子村、そして陰陽師《おんみょうじ》や舞太夫《まいたゆう》が住む舞村《まいむら》である。

いずれも一八世紀半ばから一橋家の領知であり、天保二年（一八三一）の「大概書」に記される概要は表4―1の通りである。七ヶ村は、いずれも村高が二〇〇～四〇〇石程度、戸口が

吉川

新刊ご案内　2023年9月

〒113-0033・東京都文京区本郷7丁目2番8号　振替 00100-5-244（表示価格は10％税込）
電話 03-3813-9151（代表）　ＦＡＸ 03-3812-3544　http://www.yoshikawa-k.co.jp/

源氏・北条氏から鎌倉府・上杉氏をへて、小田原北条氏とつながる四〇〇年！

対決の東国史 全7巻

四六判・平均二〇〇頁
各二二〇〇円　『内容案内』送呈

① 源頼朝と木曾義仲

長村祥知著

鎌倉に残った頼朝と上洛した義仲。ともに反平家の兵を挙げた両雄は異なる路線を進み、対決に至る。彼らは何を重視していたのか。京都との関係を視野に入れ、彼らをとりまく諸勢力の動向をその父親世代から描く。（第5回）

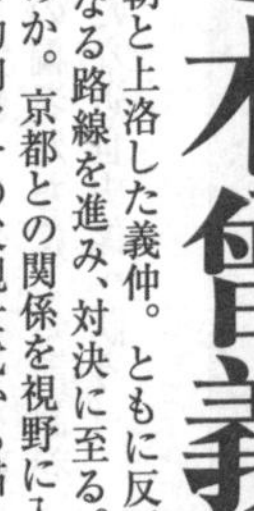

既刊5冊
＊は2刷

② 北条氏と三浦氏＊　高橋秀樹著
③ 足利氏と新田氏＊　田中大喜著
④ 鎌倉公方と関東管領　植田真平著
⑤ 山内上杉氏と扇谷上杉氏　木下　聡著
⑦ 小田原北条氏と越後上杉氏＊　簗瀬大輔著
〈続刊〉⑥ 古河公方と小田原北条氏…石橋一展著

戦国の城攻めと忍び　北条・上杉・豊臣の攻防

戦国の忍びを考える実行委員会
埼玉県立嵐山史跡の博物館　編

忍びの学術的検討は近世中心だったが、戦国期も深まりつつある。八王子城・岩付城・葛西城・羽生城などの攻防戦で行われた忍びの戦術を探り、独自の「忍器」を復元。新視点から戦の実像に迫り、謎多き忍びの世界へ誘う。

Ａ５判・二五六頁
二二〇〇円

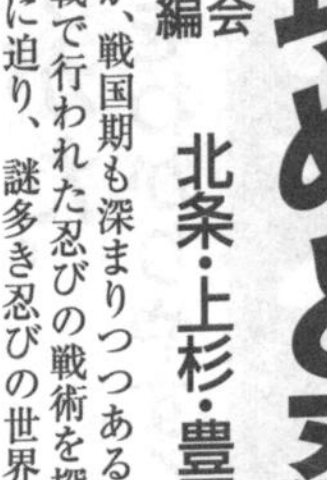

豊かで多様な〈近世〉のすがた。
最新の研究成果から、その全体像をわかりやすく描く！

日本近世史を見通す

『内容案内』送呈

全7巻 刊行開始

各三〇八〇円
A5判・平均二二四頁

近世とはいかなる時代だったのか。多様で豊かな研究成果を、各分野の第一線で活躍する気鋭の研究者が結集して、その到達点を分かりやすく描き出す。国際交流の視点も交え織豊期～幕末まで歴史の流れに迫る通史編、地域・身分・宗教・思想・文化を論じたテーマ編、そして各巻の編者たちによる討論巻からなる充実の編成で、新たな近世史像へ誘う。

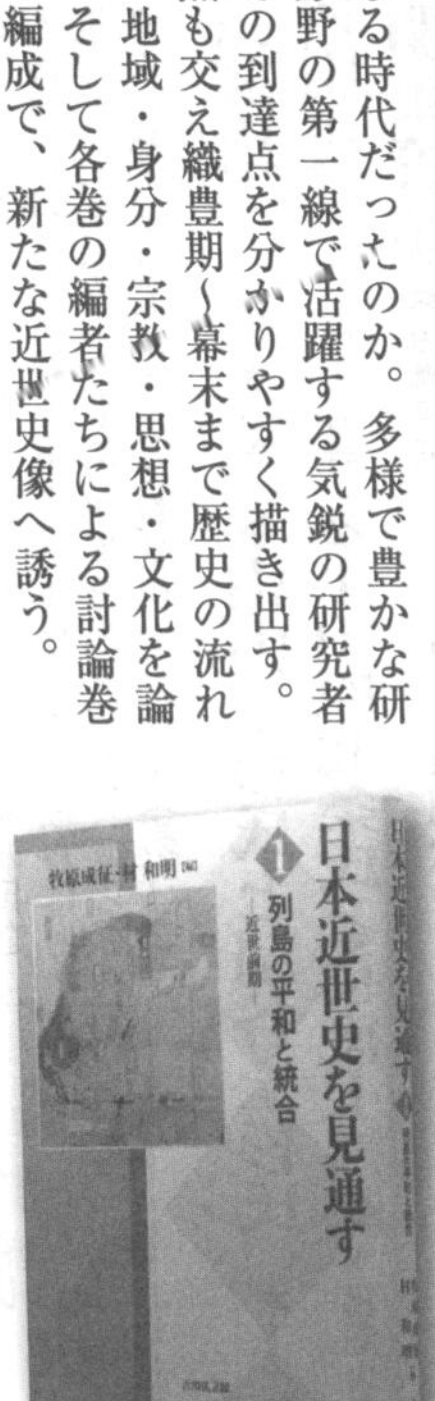

●第1回配本

列島の平和と統合 近世前期

牧原成征・村 和明編

二二二頁

戦国乱世から太平の世へ、いかにして平和が実現され、列島が統合されたのか。国際交易とキリスト教政策、幕府と藩、武家と朝廷の関係、北方や琉球などを視野に収め、徳川四代家綱期までをグローバルな視点で描き出す。

宗教・思想・文化

[?]野大輔・小林准士編　＊9月発売

江戸時代の多彩な文化は、人びとの生活や思想にいかに反映されたのか。寺社・学問・医療・旅・文芸・出版物などをめぐる新たな潮流を生み出し、身分と地域を超えた[?]との営みを描く。受けいれた社会に光をあて、

二〇〇頁

※書名は仮題のものもあります

2 伝統と改革の時代　近世中期

村　和明・吉村雅美編

3 体制危機の到来　近世後期

荒木裕行・小野　将編

4 地域からみる近世社会

岩淵令治・志[?]編

5 身分[?]生き方

多和田[?]編

7 [?]の課題　討論

推薦します

高埜利彦

（学習院大学名誉教授）

松本幸四郎

（歌舞伎俳優）

※敬称略、50音順

《本シリーズの特色》

◎時代や対象ごとに個別に深められていた学界の成果を紡ぎ直し、近世という時代をみる視角の総合化を目指すシリーズ

◎1〜3巻は前期・中期・後期からなる「通史編」、4〜6巻は地域社会・身分論・文化史全般からなる「テーマ編」として、近世史の流れと各分野の研究の最先端を整理したうえで、7巻でまとめの討論を行うラインナップ

◎第一線で活躍する気鋭の研究者を執筆陣に揃え、近世史研究の過去、現在、そして新たな視角と今後の展望を描き出す

◎近世のなかでも各時代の違いと特徴に着目し、かつそれぞれの時期における政治・経済・文化の展開にも目配り。タテ（時間軸）・ヨコ（社会の様相）双方向を意識した叙述

◎学校・公共図書館、博物館、研究機関はもちろん、織豊政権・江戸時代・幕末を知りたい、学びたい方には座右必携。わかりやすい記述で歴史の学び直しにも最適

家はいかに時代の苦難を乗り越えて存続したのか！

ワードに地域からの視点で近世日本を描く画期的シリーズ！

家からみる江戸大名 全7冊

刊行中

〈企画編集委員〉野口朋隆・兼平賢治

A5判・平均二〇八頁／各二四二〇円

『内容案内』送呈

江戸時代の大名家とは家
集団だった。太平の世、藩
藩主の個性と地域独自の文化・
を頂点に、
た大名は、
も着目。

その永続を図る世代を超えた組織であり、家臣や奉公人をも包み込んだ社会
いかに「家」と築き領地を支配したのか。代表的な大名家を取り上げ、歴代
「大名家」から豊かな江戸時代を描き出す。

最新刊の3冊

前田家 加賀藩

祖に「百万石」を領有した前田分家の創出や、婚姻・殿席・官による「徳川大名化」で「御家」する過程を辿り、相続問題、御を経て、混迷する幕末維新期で決断のプロセスを描く。

下和幸著
二二四頁

井伊家 彦根藩

戦国期にかずかずの武功をあげ、「御家人の長」と謳われた井伊家。溜詰大名としての政務の実態、「家」の意識とその継承の危機、幕末の徳川との主従関係の変化などを軸に、譜代筆頭として背負った使命とその変遷を描く。

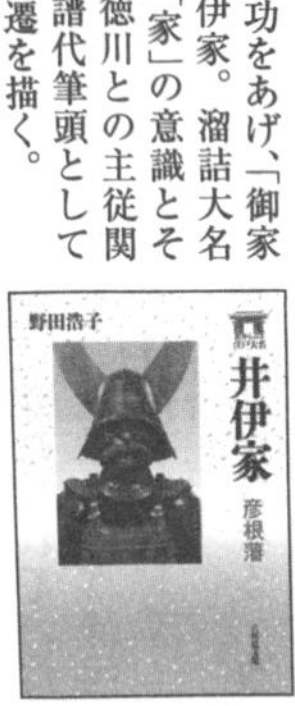

野田浩子著
二〇〇頁

表 4-1　信太郷七ヶ村と南王子村・舞村の概要

村名	天保2年（1831）				天保4年（1833）
	村高（石）	家数（軒）	人数（人）	その他	南王子村からの出作高（石）
上代村	334.117	60	243		0
上村	332.118	45	208	ほかに煙亡10人（男5・女5）	0
太村	424.212	51	250	ほかに番非人3人（男2・女1）	19.236
尾井村	233.937	25	137		73.907
尾井村*（一橋領知以外）	—	—	—	—	29.236
中村	410.1952	30	129		54.627
富秋村	195.35	26	107		18.461
王子村	323.7108	33	167		172.943**
舞村	31.855	20	75	陰陽師藤村右京（百姓甚太夫）と舞太夫松寿太夫（百姓徳兵衛）を含む	0
南王子村	143.133	305	1710		—

* 尾井村は520石余（尾井千原村を含む）で，一橋家・林家・施薬院家・長岡家（熊本藩家老松井家）の四給．一橋家分が233石余．

** 天保4年の王子村への出作高には，中央寺小作高30石余が含まれている．

天保2年の典拠は，「和泉国大鳥郡泉郡村々様子大概書」（『和泉市史紀要第20集 和泉の村の明細帳Ⅰ』2014年）による．天保4年の典拠は『奥田家文書』8で，表4-1に示したほかに池上村に81.878石，伯太村に50.879石の出作がある．

三〇～六〇軒程度の比較的小さな村である。七ヶ村の共同墓地が上村にあり、「煙亡《おんぼう》」一〇人が居住していた。また、太村には非人番三人が居住していた。人数から考えて、「煙亡」は二〜三家族、非人番は一家族であろう。南王子村の村高は一四三石余で、天保二年の時点では人数は一七一〇人である。他の村と比べると、村高に対して人数がきわめて多い。七ヶ村と舞村の人数を合計しても、南王子村の村人のほうが多いという状況になっている。

信太郷七ヶ村は、信太山丘陵の裾野に位置した信太明神社《みょうじんじゃ》（和泉国三宮《さんのみや》）の氏子《うじこ》村々としてのまとまりであった。信太明神社には、一八世紀以降、おおむね社僧《しゃそう》一人と社家《しゃけ》二人（王子村の百姓で、白川家《しらかわけ》に入門している）の宗教者が存在した。しかし同社は氏子七ヶ村が社事を差配しており、宗教者の権限は限定的であった。同社には、境内地として東西二四町・南北九町の信太山があり、除地《じょち》とされていた。この信太山は、事実上、氏子七ヶ村の入会山《いりあいやま》（共用する山）であり、山内の谷筋にある複数の溜池は七ヶ村の基盤用水源でもあった。

舞村と南王子村は、近世を通じて氏子七ヶ村から氏子に準ずる立場として扱われた。七ヶ村の北側、大鳥郡との境に接する舞村には陰陽師や舞太夫が住み、舞太夫は明神社の神事で舞を奉納していた。しかし舞村は元来大鳥郡の村々と関係が深く、七ヶ村から氏子とは認められていなかった。七ヶ村の南側に位置する南王子村は、一七世紀末まで王子村内に居住していたかわたであった。王子村内から立ち退き、南王子村の地内に居住するようになって以降も、明神社への神役《しんやく》（弓祭りでの皮的の献上、神輿《みこし》通行道の掃除）を続けていたが、やはり正式な氏子としては認められていなかった。「大概書」では、七ヶ村側が南王子村をかつては「信太の穢多」であった、と説明している。二村は信太山の利用も限定的にしか認められておらず、このような歴史的背景から、七ヶ村に加えられなかったのである。

このように、信太地域は信太郷七ヶ村を中心に信太山の用益を結集の核とする地域的なまとまりであった。山と用水の利用、そして氏子圏がほぼ一体であったことが特徴である（『和泉市の歴史4　信太山地域の歴史と生活』）。

信太の非人番

さて、表4-1で確認した太村の非人番について、もう少し考えておこう。南王子村には「御用控」という、一橋家の役所や堺奉行所に提出した書類留が残されている（『奥田家文書』）。そのなかにみられる、信太地域の非人番を表4-2に抜き出した。ここから、一八世紀末以降「信太の非人番作次郎」が太村に居住していたことがわかる。別の史料では、嘉永二年（一八四九）まで太村作次郎が確認できるため、表4-1の非人番は作次郎の一家であろう。

作次郎については、宝暦三年（一七五三）の上代村「明細帳」に「一、非人番召し抱え様の儀　信太郷七ヶ村立会《たちあ》いの番非人《ばんひにん》作次郎儀、堺長吏善四郎親請《おやうけ》にて召し抱え申し候」という記述がある（『和泉市史紀要第20集　和泉の村の明細帳Ⅰ』）。「召し抱えている非人番は、信太郷七ヶ村が共同で抱えている番非人の作次郎がおり、堺長吏の善四郎を親請（身元保証人）としている」という意味である。ここから、「信太の非人番」は信太郷七ヶ村の非人番であり、少なくとも一八世紀中期までさかのぼること、またこの時点で、堺長吏の支配下にあったことが判明する。なお、明細帳は村ごとに作成し、自村の基本情報を記すものである。しかし、作次郎は上代村に居住しているという意味ではなかろう。表4-2も考え合わせると、一八世紀中期以降は太村に居住していたと考えられる。作次郎の名前は一〇〇年ほど確認できるが、先述した泉州北部の事例から考えると、非人番の家が代々続いた可能性は低いように思われる。血縁関係のない新しい非人番に交代しても、信太郷側が「作次郎」と呼んでいたと考えられる。

数少ない信太郷と作次郎の関係がわかる史料が、天明七年（一七八七）の「山方郷中申合之事《やまかたごうちゅうもうしあわせのこと》」である（『奥田家文書』三五五）。信太郷七ヶ村の間で信太山の利用方法を申し合わせたもので、四ヶ条からなる。落葉・下草掻き取りの定日（史料内では山日《やまび》と表記）や、松木盗伐の罰金を定めた一・二条目に続き、三条目と四条目には、

一、山廻りの儀、この節作次郎へ申し付け、昼夜相廻り申し候。左に相心得《こころう》べき事。

一、山日の外《ほか》、柴掻きに登り候儀、堅く致すまじき事。もし心得違い、山日の外に柴掻きに登り候らえば、作次郎道具上げ、当番村へ相届け、過料銭《かりようせん》として五百文ずつ取り立て申すべき事。

とある。ここから、一・二条目に違反する者を警戒して、信太山内を昼夜見廻るよう、信太郷七ヶ村が作次郎に命じたこと、一条目に定めた山日以外に柴掻きのために信太山に入った者は、作次郎が見とがめて柴掻きの道具を没収し、七ヶ村の当番村へ届け、過料（銭五〇〇文）を徴収すること、がわかる。信太郷七ヶ村に抱えられている非人番作次郎には、七ヶ村の入会山である信太山の見廻りが命じられることもあったのである。

表4-2　信太地域の非人番

年　次	人　名
寛政10年（1798）	信太非人番作次郎
文化14年（1817）	信太番人作次郎
文政元年（1818）	信太番人作次郎
文政4年（1821）	信太番人
文政12年（1829）	太村作治郎・信太番人作治郎
嘉永5年（1852）	番人太村幸助
明治2年（1869）	太村小頭幸助

『奥田家文書』397・405・415・422・453・488

3 南王子村の村落構造――かわた村

南王子村の特徴

南王子村は、近畿地方のかわた村としては三つの特徴を有する。一つは、行刑役などを一切負担していなかったことである（既述）。もう一つは、南王子村が百姓村と同じように、村請制《むらうけせい》村として扱われたことである。かわた村の多くは、本村である百姓村による直接的・間接的支配をうけた。例えば大鳥郡塩穴村は、百姓村である舳松村の枝郷《えだごう》であり、独自の村高はなかった。第1節で舳松村内かわたと表記したのはこのためである。ただしこれは行政上の扱いであり、かわた村間では「塩穴村」が通称であった。また南郡嶋村は独自の村高を認められていたが、百姓村である福田《ふくだ》村《むら》から間接的な支配をうけていた（藤本清二郎『近世賤民制と地域社会』）。

南王子村も近世初期には、王子村内に居住するかわたであった。慶長九年（一六〇四）には、二六〇石余の「信太郷王子村」のうち五九石余をかわたが所持し、また「上泉郷出作《でさく》王子村」一四六石余内にも一〇〇石程度を所持していたと考えられる。百姓村である王子村内に、百姓集落とあまり規模の変わらないかわた集落があり、かわたはかなりの田地を所持していた。ここでの「信太郷」「上泉郷」は、条里区画の里から構成される太閤検地《たいこうけんち》の実施範囲である。ただし郷をまたいで村領が展開していた場合、つまりA郷に集落のあるa村の村領がB郷にも展開していれば、B郷上の村領は「B郷出作a村」として把握された。このため出作村は無人別であり、さらに年貢収納はa村ではなく、B郷内の別の村の庄屋《しょうや》に任された。しかし、一七世紀半ばの正保郷帳《しょうほうごうちょう》作成時に、所持人が多い村の庄屋に年貢収納を任せるべきであると堺奉行が判断し、出作村の年貢免定《めんじょう》交付先は所持人が多い村の庄屋へと切り替えられた。その際に、「上泉郷出作王子村」は所持人が多い王子村内のかわたに免定が交付されるようになり、かわたは年貢の直接納入が可能になった。一七世紀末に、かわたが王子村地内から「出作王子村」に引越し、村名も南王子村となった。なお、一橋家の「大概書」にみられる無人別の村は、他の出作村ののちの姿である（三田智子『近世身分社会の村落構造』、『和泉市の歴史４　信太山地域の歴史と生活』）。

百姓村と同じく村請制村として認められていた南王子村では、かわた身分の村役人（庄屋・年寄《としより》）が村の業務をすべて担い、領主への願書も村から直接提出することができた。これに対し、塩穴村は枝郷であるため、かわた身分の年寄がおり、願書などを提出する際には、舳松村の庄屋を介する必要があった。嶋村はかわた身分の庄屋を擁したが、願書の直接提出はできず、福田村の庄屋を介する必要があった。つまり、南王子村は領主との関係では、原則として百姓村と同じ扱いをうけた。こうした特徴から、「一村立」のかわた村として南王子村は研究史上著名である。また、行刑役などを負担しない南王子村では、村役人がその差配をすることもなかった。このため、南王子村はかわた村ではあるが、一八世紀後期には村高所持の多寡を村落運営の基準に据え、百姓村同様にあろうとする姿勢を強くみせる。

三つめは、近畿地方のかわた村の特徴である人口の激増である。南王子村では正徳三年（一七一三）の九三軒・四〇三人から、寛政十二年（一八〇〇）には二三〇軒・一一一二人へと人口が増加する。さらに幕末には二〇〇〇人近くまで増加した。かわた村の人口増加の背景には、皮革生産やその関連業による経済力の上昇があると指摘する研究もある（畑中敏之『「かわた」と平人』）。たしかに竹皮製の草履《ぞうり》に牛皮を貼った雪踏《せった》づくりは、一八世紀中期以降、南王子村で盛んになった。そして一九世紀には、ごく一部の村人が雪踏商人として大坂に商品を積みだし、富裕になっている。しかし、村人の多くは内職として半製品である雪踏表を編んだり、さまざまな生業を組み合わせることで、日々を凌いでいた。雪踏づくりが村に定着することで、村内には分厚い下層が展開することになったのである。人口増加の背景を、経済力の上昇として一面的に評価することはできない。村高の所持状況を確認すると、天保七年（一八三六）には総軒数三三四で、内訳は高持《たかもち》八八、無高《むたか》二四六である。なお、雪踏商人のなかには無高の者もおり、村高所持は必ずしも各家の経済力に対応していたわけではない。これは、人口の増加によって、村高に依拠せずに生活する村人が増加したためである。しかし南王子村は村落運営の基準を村高所持に据えていたため、一九世紀の村運営は困難を極めることになった。

南王子村の生業

南王子村の村高は一四三石余で、これに加えて周辺村への出小作《でこさく》や、農繁期の日稼ぎ、雪踏表編み、雪踏直し稼ぎ、その他の諸商い、そして草場とそれに付随する得意場の権利などが、主な生業であった。以下、順にみていく。

かなりの比重を占めたと考えられるのが、周辺村での出作と小作である。ここでの出作は、居村以外の村に土地を所持することである。南王子村の出作地は一八世紀以降、まず王子村で拡大し、安永二年（一七七三）には一三〇石余に及んだ。その後、南王子村周辺の各村でも次第に拡大し、天保四年（一八三三）には合計四七〇石余となっている（表4-1参照）。小作の場合、地主はほとんどが各村の村役人であった。出作と小作が最大規模に達した天保期（一八三〇～四四）の小作高は五一〇石余に及んだと考えられる。南王子村の出作・小作が拡大した背景には、周辺村での人口停滞や、階層分解の進展などが想定しうる。米・麦の収穫時には周辺村で大規模な農作業の日雇いもあった。

もう一つの生業の柱は、かわた村に特有の草場・得意場、そして雪踏づくりや雪踏直しなどである（三田智子「かわた村の草場」）。南王子村の草場は、大鳥郡・泉郡・南郡の一七〇村ほどに及ぶ。西側は嶋村の草場と、北側は塩穴村の草場と接しており、南王子村の草場は両村に比べて数倍の広さがあった。草場の境界は、藩などの支配領域や、郡域などを越えて、自然地形などをもとに、かわた村間の相互了解において形成されていた。百姓村には、村はずれに牛墓などと呼ばれる場所があり、百姓はそこに死牛を廃棄した。百姓の牛の所有権は、牛が死んだ時点でその場所を草場とするかわた村に自動的に移動する、というのが近世の通念である。かわた村による死牛の解体は夜中に行うことが推奨されており、百姓にとっては「死牛を捨てれば、朝には処理されていた」のである。

草場から死牛をえる権利は、かわた村内でも「草場株」を持つ家に限定された。南王子村では、総軒数が約六〇軒と想定される一七世紀末頃には二四軒が株持であったようである。幕末には総軒数三四七軒の頃に七五軒が株持で、ほぼ高持層であった。一九世紀には、南王子村内の草場株所有者は「番郷」という株所有者の集団を形成していた。代表である物代と、草場株帳を管理する帳元の計四～六人程度が番郷の中心であった。死牛の情報が番郷にもたらされると、惣代が取《とり》捌人足《さばきにんそく》（村内の無株人か）を派遣し、死牛の処理をさせ、持ち帰った皮などは村内の獣類買仲間《じゅうるいかいなかま》による入札《いれふだ》にかける、というシステムが構築されていた。つまり、草場株所有者は草場に直接赴かず、死牛の処理をせずとも、その得分《とくぶん》を現銀で受け取ることができたようである。

各かわた村は、それぞれの草場域内において斃牛馬処理権以外の権利を持つこともあった。例えば、芝居興行の十分一銭の受け取り、祭礼の出店などから芝銭《しばぜに》などの受け取り、太鼓などの革製品の独占的な販売などがある。ただし、どの程度しっかりとした権利になっていたかは、地域差が大きい。これらは百姓村への包括的な「出入り関係」であるとみなすことができる。南王子村では、村人が草場域内の百姓村と契約を結び、日常的に出入りする関係が結ばれていた。その具体的な内容は、一八世紀中期の契約証文《しょうもん》などを参照すると、南王子村の村人が、①百姓村での祝儀・不祝儀の際に、非人や乞食などの取り締まりのために出向き、変事の際には詰番をする、②その他、百姓村からの求めに応じて用事をつとめる、その見返りとして、③五節句や祭礼、式日などに家別に膳《ぜん》をもらう、というものである。また、契約証文に明記されていないが、④牛馬以外の小さな斃獣をえることも認められていた。こうした出入り関係は「入所」や「場所」、「得意場」などと呼ばれた（以下、得意場とする）。

このうち①②は、非人番の機能ときわめて近い。ただし、実態としては両者の間には「棲み分け」、あるいは百姓村側から依頼する仕事内容に振り分けがあったと考えられる（後述）。①②をつとめるため、得意場所有者は日常的に相手先の村に出入りする必要があった。草場株所有者と草場村々の関係とは対照的に、得意場所有者は相手先と「顔の見える付き合い」をしていたのである。契約証文に「（百姓村側の）気に入らなければ、いつでも得意場を取り上げて下さい」とあるのも、このためであろう。明治二年（一八六九）には、草場内の一四八村に一一七人が出入り関係を有していた。この年の村高所持状況を参照すると、一一七人中高持は二人のみである。得意場は少なくとも幕末には無高層がその所有主体となっていた。百姓村の立場からは、得意場として出入りする南王子村の者は、村方非人番と同様に村が抱えている存在で、堺四ヶ所の支配下にはない（警察御用はつとめない）者、ということになろう。

南王子村では、村内での雪踏づくりのほかに、周辺の村を廻って雪踏を販売したり、修繕を行う生業もあった。これを雪踏直し稼ぎと呼ぶ。雪踏の普及に伴って、各かわた村では雪踏直し稼ぎも盛んになり、その範囲をめぐってかわた村間で争うこともあった。このほか、雪踏表の原料である竹皮を調達するため、村人が紀伊・大和・近江などまで日常的に出かけていることも確認できる。

南王子村の一九世紀

村人口が増え続けるなかにあっても、さまざまな生業の展開によって、南王子村の人びとは何とか日々を暮らしてゆくことができた。しかし村人の多くが日常的に村外に出て収入をえるようになると、商取引での代銀支払いの滞りなどの問題も増加した。さらに一九世紀初頭から、村内での博奕、無宿《むしゅく》の立ち入り、盗品の持ち込み、盗難事件なども頻発し、村役人は対応に追われることになった。無宿とは、村や町から失踪（欠落《かけおち》）し、人別登録がなされていない者であり、それ自体が違法状態である。一九世紀には、かわた村の村人で身を持ち崩し、次第に博奕を重ね、欠落する者が発生するようになる。だが無宿となった彼らは、村周辺に滞留し、博奕・窃盗・屠牛などの違法行為を繰り返した。そして、かわた村の村人を違法行為に巻き込むのである（三田智子「十九世紀泉州南王子村の村落構造」）。

南王子村では、こうした状況への対処として、組頭《くみがしら》の組内への監督を強化させ、厳しく取り締まりを行った。しかし原因は経済的な困窮にあるため、問題は拡大するばかりであった。そのため、村役人は文政八年（一八二五）に村人の説諭を目的に、村内に神社を勧請《かんじょう》することを決めた。その直後に村内の寺の普請《ふしん》も重なり、これらの費用は村の借銀となった。この借銀を返済するため、村では村内の風呂屋四軒を買い取り、営業者を入札で決定し、村人にこの風呂の利用を義務づけた。つまり風呂の利用代に上乗せして回収することを目指したのである。餅屋（糯米《もちごめ》屋）や酒屋も同じく対象となった。無高からも村の借銀を徴収するためのやむをえない方策であったが、村内には生活上の強い規制と負担が発生した。これは無高層の村役人への不満となり、天保元年（一八三〇）以降南王子村では村方騒動《むらかたそうどう》が断続的に発生した。明治期になっても問題の構造は変化せず、村の協議費賦課をめぐり騒動が続いた。

南王子村で博奕や無宿の立ち入りなどが増加し、風紀が悪化したことは、地域社会との関係にも大きな影響を及ぼした。文政十一年には、信太郷七ヶ村が信太明神社を御室御所《おむろごしょ》（仁和寺《にんなじ》）の祈願所としたが、これに乗じて南王子村を信太明神社の氏子に準じる立場からも排除し、信太山の谷筋にある出作地なども取り上げる動きがおきている。背景には一橋家による領知支配への不満もあり、大がかりな事件となったが、結局南王子村の排除は実現していない。この一件の注目点は、計画を主導したのは、七ヶ村のなかでも南王子村の出作地が拡大した王子村や太村・尾井村・中村の庄屋であったことである。南王子村の出作人がいなければ、年貢納入も難しい状況に至る一方で、拡大し続ける南王子村を脅威に感じていたようである。残りの三村には出作地が少なく、このような動機はもっていなかったが、南王子村の風紀悪化などもあり、四村が南王子村の排除を主張した際も、反対はせず、一件が発生したのである（三田智子「泉州南王子村と地域社会」）。

4　南王子村と非人

草場争論と村方非人番

南王子村と、堺四ヶ所や村方非人番との関係を二つの局面からみていく。

一つめは、草場争論の際にみえる村方非人番の姿である。一八世紀までの草場争論は、草場の境界を南王子村と周辺のかわた村が争うものであった。しかし幕末には「死牛を草場の者に無償で譲渡するのではなく、随意のえたに売却したい」と主張する百姓村が草場内に登場し、南王子村と争論になっている。百姓は新しい牛を購入するために、死牛を少しでも高く売りたいと望んだのである。争論の以前に塩穴村の者が南王子村の草場内で死牛を買い取っており、これを当て込んだものであった。草場の原理を根本から否定するこの主張は、大鳥郡の九村が主張したのみで、草場内全域には広がらなかった。争論は江戸の評定所《ひょうじょうしょ》で判断されることになり、九村には従来通り南王子村への無償譲渡が命じられた。

ここで注目されるのは、塩穴村による買い取りがどのように実現していたか、である。このとき南王子村では、村方非人番と、塩穴村の雪踏直し稼ぎが草場内に立ち入ることを問題視している。そもそも草場内で死牛が出た場合、その情報が南王子村の番郷（草場株所有者集団）に伝わるルートは複数あった。多くの場合は、近くを通りかかった南王子村の者（得意場に出向く者が多いようである）や、牛墓周辺の番人（非村方非人番）が番郷に伝えていた。まれに数日経過しても処理されない場合は、村役人が見かねて南王子村に知らせたようである。この時も非人番が派遣された可能性がある。番郷は来村した番人に足銭《あしぜに》程度の礼銭を支払っていたが、次第にこの礼銭を目当てにした番人による連絡が増加するようになった。非人番にとって死牛の発生は低額の収入をえる機会であったのである。

同時に、南王子村の草場内には塩穴村の雪踏直し稼ぎの者も営業に出向いていた。この雪踏直し稼ぎ人が「死牛があれば、私へ下されば礼銀を支払う」などと発言し、これを聞いていた「歩役《あるき》番人」が取り捌きに出向いた番郷の者に「礼銀を出さなければ死牛は渡さない。礼銀を支払う領分（草場）違いのかわた村に渡す」などと発言していると、南王子村では認識していた。この「歩役番人」も村方非人番であろう。周辺のかわた村による草場の境界侵害の背景には、村方非人番の礼銭（私的利害）を目的とする行動が潜んでいたのである。

草場をめぐる問題からは、日常的に村外に出る機会の多いかわたは、一般の百姓よりも村方非人番と関わる機会が多いことを予想させる。南王子村の村人と村方非人番の個人的な関係を示す事件を二つ紹介しておく。天保七年（一八三六）九月、堺奉行所は南王子村の十吉を召し出し、前年十一月に南郡大町村《おおまちむら》（草場内）の非人番清蔵方に立ち寄ったかを糺《ただ》した（『奥田家文書』四二六）。十吉の返答は、「大町村へ稼ぎに行った際に、清蔵方へ立ち寄った。六〜七歳の子どもが括り置かれていて、躾《しつけ》のためだと説明されたが、不憫に思い、両親（清蔵夫婦ヵ）に断ったうえで解いてやった。その後、他所へ稼ぎに行ったので、以後のことは知らない」というものである。関連史料がなく、取り調べの目的は不明である。また十吉の「稼ぎ」も具体的にはわからない。しかし、村外に出た村人が村方非人番のもとに立ち寄ることもあったのである。

また明治二年（一八六九）には、南王子村の庄九郎が泉郡坂本新田《さかもとしんでん》（草場内）の非人番政吉から盗品の籾《もみ》を買い取り、堺県役所（堺奉行所の後身）から取り調べをうけた（『奥田家文書』四八八）。庄九郎は「政吉は以前からの知人で、非人番の給米としてもらったできの悪い籾二斗八升・米一斗三升を買い取ってくれと言ってきたので、それぞれ銀七〇匁・銀一三〇匁で買い取り、鳥の餌にした。盗品とは知らなかった」と証言した。できの悪い籾・米が給米だという政吉の言葉は偽りだが、非人番の生活が垣間見える。なお庄九郎は、同年には高持で草場株も所有していた。村方非人番と、南王子村の村人の間でなぜ個人的な付き合いがあるのかについては、最後に考察することとする。

警察御用を担う村方非人番と南王子村

もう一つの局面は、警察御用を介した南王子村と非人の関係である。表4-3には、南王子村の「御用控」に含まれる天明元年（一七八一）〜文政十三年（一八三〇）頃の記事から、堺四ヶ所や村方非人番が登場するものをまとめた。非人らが南王子村に来る機会は、①堺奉行所役人（以下、堺役人）が来村し、堺四ヶ所が同行する場合、②村方非人番が堺奉行所や堺長吏からの御用で来村する場合、がある。また堺奉行所や堺長吏からの指示とは関わりなく、村方非人番が③「村の番人」としての役割を果たした場合、の三つがある（表4-3の分類欄）。まず①②の事例から、非人の警察御用のあり方について七点を指摘しておく。

一つめは、堺奉行所による召捕のあり方である。①と②の差異は、召捕対象の人数の違いによると考えられる。基本的

表 4-3　南王子村「御用控」に残る非人関係記事

No.	時　期	分類	関わった非人（史料表記に準ずる）	内　容
1	天明2年8月（1782）	—	村の非人番 府中村非人番関平	千原騒動の取り調べ関連．南王子村の6名がそれぞれの行き先で村の非人番に召し捕らえられ，府中村非人番関平のもとへ連行され，取り調べをうける．
2	天明5年4月（1785）	①	垣外悲人番	嶋村源之丞の捜索で，南王子村の8名を取り調べのため来村（うち2名は堺役人の旅宿小高石村庄屋宅に連行され，拷問もうける）．直前におきた南王子村利八宅の盗難事件についても疑われていた様子．
3	天明6年3月（1786）	（②）	非人番頭紀州伊都郡入郷組惣廻喜助の下役4人（平左衛門・吉蔵・惣助・十助）	盗賊である紀州端場村又四郎の捜索で，南王子村の九右衛門を紀州表へ連れ帰るため来村．村役人が断り，引き渡しには至らず．
4	寛政2年8月（1790）	①	垣外非人番多人数	奉行所役人らが太村の庄屋太兵衛宅へ来，そこから盗賊の嶋村三右衛門の捜索のため南王子村へ来村．甚兵衛を堺へ連行．甚兵衛は前年11月18日に三右衛門の立ち寄りはあったが，それ以後は知らないと述べ，帰村が許される．
5	寛政10年5月（1798）	②	信太非人番作次郎ならびに他村非人番	南王子村に来村，勘右衛門を連行し，「堺頭」へ引き渡す．勘右衛門は堺奉行所で取り調べをうけるが，子細なしとして帰村が許される．
6	寛政12年6月（1800）	②	大鳥郡大鳥村善次郎と申す非人番	南王子村に来村，元助を連行し，堺垣外へ引き渡す． 元助は堺奉行所で盗賊の宿をしていないか取り調べをうけ，翌日吟味中村預けとして帰村が許される．
7	文化7年2月（1810）	①	府中村番人※ 伯太村番人	堺奉行所与力が周辺に来村（おそらく伯太村），その指示で府中村番人が南王子村の11名を連行のため来村．容疑は博奕で，不在の1名を除いた10名が伯太村番人のもとへいったん留め置かれ，堺へ連行される．
8	文化12年7月（1815）	②・③	和田村非人番	5月以前に南王子村弥八が，関宿藩領泉郡小野田村にて藤兵衛の麦・豆を盗む．代銀を弥八から藤兵衛に支払うことで内済したが，弥八は支払いを滞らせた．そうしたなか，弥八と泉郡和田村で行き会った藤兵衛は和田村の非人番に弥八を捕らえさせた．2日後弥八は，堺垣外へ引き渡された． 弥八は堺垣外で吟味をうけ，下済を諭されて帰村．

No.	時　　期	分類	関わった非人（史料表記に準ずる）	内　　容
9	文化13年7月（1816）	①	垣外悲田寺長吏※（堺四ヶ所の者とも表現される）	堺奉行所同心らが来村，前月に南王子村の者が伯太村の中間と喧嘩をおこした件で，南王子村の29名を尾井村へ連行．その後堺へ召し連れる．
10	文化14年1月（1817）	①	堺垣外に近在の番人※	博奕の疑いで南王子村の者を連行するために来村．堺奉行所与力は太村まで出役し，その場で吟味．うち2名が堺へ連行される．
11	文政元年7月（1818）	②	信太番人作次郎	無宿長太郎を匿った疑いで南王子村清七を連行し，堺長吏へ引き渡す．
12	文政4年8月（1821）	③	信太番人	信太明神社の祭礼の際に相撲場で狼藉を行った南王子村要蔵を召し捕らえる．
13	文政7年1月（1824）	②	長承寺村番人猪之助，外に番人2人	南王子村惣七を，塩穴村と博奕をした疑いで連行し，堺長吏へ引き渡す．
14	文政12年5月（1829）	②	太村作治郎	堺長吏から作次郎のもとに「南王子村の者が堺で発生した盗難の盗品を質に取り置いているとの噂がある」との知らせがあり，作次郎が問い合わせのため南王子村に来村．この内容は，おおむね事実．
15	文政12年6月（1829）	②・③	信太番人作治郎	堺奉行所より手配されている無宿長四郎が南王子村内に立ち入ったため，南王子村で取り囲みの手当てをし，作治郎を呼び引き渡した．
16	文政13年6月（1830）	②	堺長吏ならびに番人2～3人	他領で窃盗を行った疑いで南王子村甚蔵を堺へ連行するため，長吏らが来村．しかし甚蔵は逃げてしまい，村で捜索するよう命じられる．甚蔵は7日後に帰村し，堺へ出頭．

『奥田家文書』394・397・399・402・405・407・415・422・604

※ 堺奉行所の同心や与力は近隣の村にまでは来ているが，南王子村には来村していない．

・No.7は，縄付長吏の飯代などが請求されていることから，堺長吏も動員されている．

・No.16には，堺奉行所役人が出役した様子はない．長吏が夜に来村しているためかと考えられる．なお甚蔵が逃亡したことを問題視した堺奉行所同心が，3日後に来村している．

・堺には，四ヶ所とは別に南北の郷屋敷に垣外と呼ばれる人びとが15人ずつ置かれていたことが指摘されている（山本薫ほか）．垣外の業務は牢屋敷の番や行刑役で，大枠では非人身分と考えられる．ただし，南王子村の「御用控」にみられる垣外は彼らを指すのではなく，包括的に「非人」を指す意味合いで使用されており，具体的には四ヶ所長吏とその手下であると考えておきたい．

に①の場合は複数人だが、②の場合は一人であることが多い。№2・№4の「垣外非人番」が堺四ヶ所と村方非人番のどちらを指すのかやや判断に迷うが、おそらく堺四ヶ所だろう。堺四ヶ所は常に堺役人とともに来村するため、村にとっては奉行所役人の下役同様の存在であったと考えられる。№2では、「堺役人が村内で吟味をされている間、垣外非人番（＝堺四ヶ所）の者が年寄と頭百姓《かしらびやくしよう》の二人に案内させて、村中のすべての家を、庄屋・年寄宅まで残らず家探しをした」とある。

二つめは、①の場合の堺役人の行動である。ほとんどの場合、南王子村の周辺村の庄屋宅にまず入り、そこを拠点に捜査・召捕の指示をしている。選ばれる庄屋宅はさまざまだが、その傾向は、Ⅰ周辺の庄屋のなかでも有力な者（屋敷が大きい）、Ⅱ村方非人番がいる村の庄屋、である。南王子村に堺役人が来村する場合、まず彼らは太村に入り（宿泊）、そこから南王子村に来ることが多い。これは南王子村が太村の非人番作次郎の受け持ち範囲であるためだろう。

時期は少し下るが、弘化元年（一八四四）十二月二十二日から二十三日にかけて堺役人が出役し、南王子村の四人を召し捕った際の関係費用が判明する（『奥田家文書』一四四二・一四六八・一四六九）。これによれば、堺役人は太村の庄屋宅に宿泊し、堺四ヶ所からは湊長吏が出役、周辺の村方非人番も一日にわたり動員された。南王子村には、太村の庄屋から堺役人の宿泊費用や心付など銀一二四匁余、堺役人が立ち寄った料理店から銀一〇〇匁が請求されている。さらに湊長吏から出役経費として金三分（銀四八匁）、非人番作次郎から二十二日の夜食代一三人分・二十三日の朝飯代九人分・昼飯代一三人分など銀三〇匁がそれぞれ請求されている。作次郎の作成した勘定書によれば、動員された村方非人番の居村一〇村は、大鳥郡・泉郡・南郡に及ぶ。こうした請求のあり方から、前記①の場合も、現場での人足として村方非人番が広く動員され、そのとりまとめは現場を受け持ち範囲とする村方非人番が担っていたと考えられる。また、四人を召し捕るために、一〇人以上の非人番が二日にわたり動員されていたことも注目される。

三つめは、召捕の理由である。ほとんどが無宿者や盗賊の捜索、これに関わる盗品買い取りなどの取り調べ、博奕の摘発などである。これは先に述べた南王子村の風紀悪化に対応している。No.2・3・4で手配されているのは、いずれも近隣のかわた村の者である。No.2・4の嶋村は岸和田藩領だが、領外での行為として堺奉行所から手配されているのだろう。なお、盗品売買や無宿を泊まらせた「疑い」で堺へ連行された場合、吟味において容疑が晴れ、帰村が認められることも少なくない。

四つめは、②の場合に来村する非人番の居村である。表4-3では、太村の非人番作次郎以外も来村している。②は堺長吏の指示をうけての来村であると考えられるが、その際には召捕の対象者が住む村を担当している非人番に連絡する場合と、窃盗や博奕などの関連捜査である場合は、それまで担当していた非人番が派遣される、という二通りがあったようである。なお、No.3では紀州の非人頭の下役四人が来村している。堺四ヶ所の非人も、国外にまで捜索に出ることもあった可能性がある。

五つめは、堺奉行所の御用を担う際の堺長吏や村方非人番の態度である。御用の際の彼らは、当然ながら村の意向ではなく堺奉行所の意向を尊重した。例えばNo.10の数日後、南王子村では、一橋家より博奕の吟味中として村預けとなっていた六人を大坂川口の一橋家役所に連れて行き、吟味をうけることになっていた。そこに堺長吏と村方非人番が来村し、六人のうち三人は今日堺奉行所の召捕予定であるため、堺役人が到着するまで村に留まるよう、強く求めた。これに反論した村役人は、のちに堺奉行所から叱りをうけている。

六つめは、表4-3での非人番の名前の記載である。堺四ヶ所の者については個人名は一切書かれていない。近隣の村方非人番も名前が書かれないこともあるが（No.7など）、少し離れた村方非人番の名前は記載されている（No.6・13）。No.3の書き方もふまえれば、①の場合は堺役人に同道しているので身元確認をする必要はなく、②の場合は顔見知りの非人番でない限りは、必ず居村と名前を確認したのではないか、と考えられる（あるいは非人番自身が名乗ったのかもしれない）。これは警察御用を担う非人番への警戒と、領主への村の責任（どこの非人番に村人が拘束されたかを把握しておく）という二重の意味合いがあったものと思われる。

七つめは、非人組織による捜査の迅速性や正確性である。天保七年（一八三六）には、次のような事件がおきている。有力な雪踏商人である南王子村の惣助は、婿の権右衛門から「（惣助が）三年前に盗まれた鹿皮一六枚のうち一二枚を、紀州古和田村《ふるわだむら》の十助方で発見した。十助は南王子村の文由から一六枚を購入し、四枚は自分で売却したとのことである」と伝えられた。このため、惣助は鹿皮を返すよう十助に交渉をし始めたが、間もなくこの情報を非人番が聞きつけ、「堺奉行所に届ける筋合いのことであり、当事者間で解決することは論外だ」と村役人に強く申し入れている。かわた同士の国をまたぐ個人的な交渉までを、非人番は捜査ネットワークのなかで、きわめて短期間のうちに正確に把握していたのである（『奥田家文書』四二六）。

これらの非人の警察御用の特徴は、召捕先が百姓の村であってもかわた村であっても同様であったと考えられる。

次に、③「村の非人番」としての役割をみておこう。№12は、以前から博奕や喧嘩口論を南王子村内で繰り返していた要蔵が、信太明神社の祭礼の際に相撲場で狼藉に及び、作次郎が召し捕らえた一件である。南王子村の村役人が、七ヶ村に詫び、証文を差し入れたのちに、要蔵は南王子村に戻されている。このため作次郎の行動は、信太郷七ヶ村の番人としての仕事であり、七ヶ村の意向に沿ったものであった。

№15と№8は、少し評価が難しい。№15は、南王子村内に堺奉行所から手配中の無宿長四郎が立ち入ったため、村役人で取り囲んでおき、作次郎を呼び出して召し捕らえさせている。同様の事例は、嘉永五年（一八五二）にもみられる（『奥田家文書』四五三）。

№8は次のような経緯である。泉郡小野田村《おのだむら》の藤兵衛から麦と豆を盗んだ南王子村弥八は、藤兵衛に代銀を返済する約束で一度内済《ないさい》した。しかし弥八が返済せず、ある日、泉郡和田村《わだむら》で藤兵衛と弥八は偶然行き会った。そこで藤兵衛は和田村の非人番に経緯を説明し、弥八を非人番小屋へ引き込ませ、非人番は弥八を二日後に堺四ヶ所へ引き渡したのである。

弥八は堺四ヶ所で代銀を支払うよう諭され、帰村を指示されている。小野田村と和田村は四㌔ほど離れており、いずれも関宿藩領《せきやどはん》である。和田村の非人番が小野田村までを受け持ち範囲としていたかは不明である。しかし事情を聞き、召し捕るべき人物だと判断すれば、非人番は行動に移したのである。№８と№15は、受け持ち範囲内から問題のある人物を排除すべきであるという村の番人と、手配中の者を捕らえる、問題行動のある者は捕らえる、という警察御用の担い手としての側面の両方が含まれているといえよう。

おわりに

南王子村と非人との関係をいくつかの局面から見通しておきたい。

まず、草場内における得意場所有者と村方非人番の関係についてである。南王子村の得意場所有者が相手村に提出した契約証文が確認できるのは一八世紀半ば以降である。江戸時代を通じて、徐々に草場内の村に個人が出入りし、契約証文まで取り交わすようになり、幕末には草場内の九割の村に及んだと考えられる。おそらく南王子村の人口が増加し、村人が村外での生業を獲得しようと努力するなかで、百姓村に日常的に出入りするようになり、「得意場」として権利立てされていったのであろう。では、すでに非人番が出入りしている百姓村にはどのようなメリットがあったのか。一八世紀半ばには、村方非人番への堺四ヶ所の影響力が強くなっていた。それは非人番の言動だけでなく、警察御用への動員機会の増加でもあったと考えられる。そもそも村方非人番は、一人で平均五村程度を受け持っており、近所に住む通いであっても、村が必要とした時にその役割を果たせるとは限らない。そこに警察御用への動員が増加すれば、「村の番人」の仕事を担うことはさらに困難になる。だが村方非人番は、四ヶ所からの動員に応じなければ、非人番を交代させられる可能性があった。召捕の動員であれば、非人番には食事も提供された（村を留守にしても、各家が指し出す米や麦の量が減額されるわけではない)。一九世紀の社会状況では、村方非人番が受け持ち範囲のなかで一日を過ごすことのほうが少ないのではないかと考えられる。おそらく百姓村は、留守がちの村方非人番の役割を少しでも補完する存在として、南王子村の者を出入りさせるようになったのだろう。得意場所有者の場合、出入りは月に数日程度と思われる(一〇キロ以上離れた得意場の村もある)。だが得意場所有者は、村が事前に指定した日には確実に来村したであろうし、村にとって厄介な堺四ヶ所のねだりとも無縁であった。村にとっては都合のよい「御用聞き」的な存在だったのだろう。

得意場所有者は、得意場に出向く日は、得意場先だけではなく、その周辺や、道中なども含め、可能な限り稼ぎをえようとしたはずである。顔見知り先に立ち寄っては、情報交換をしたのだろう。そのなかには、非人番の小屋も含まれていた。非人番本人が不在でも、その家族から地域の噂などを聞いたことだろう。非人番にとっても、百姓よりも広域に活動するかわたと付き合うことは、警察御用や私的利害の確保の面からも意味があったと思われる。南王子村の者と村方非人番の間に個人的な付き合いがみられる理由は、以上のように想定しておきたい。

次に、南王子村と非人(堺四ヶ所、村方非人番)の関係である。百姓村と非人(堺四ヶ所、村方非人番)の間には、ねだり・施しと、警察御用という二つの問題があった。このうち前者の問題は、村が非人番を抱える見返りに、非人番に村内での勧進を保証する、という根本的なあり方に起因している。しかし、根源的に非人にとってかわたはねだりの対象ではなかった。信太地域では、太村の作次郎を抱えているのは信太郷七ヶ村であり、作次郎は信太郷七ヶ村の求めに応じて「村の番人」として働くのである。ただし作次郎は、堺四ヶ所の配下として警察御用を担う際には、南王子村をも受け持ち範囲とした。そのため、表4-3で頻繁に登場するのである。つまり、南王子村は、堺四ヶ所によるねだり・施しの問題や、村方非人番を介した堺四ヶ所との対立などとは無縁であった。だが、非人が警察御用を遂行する際には、南王子村と百姓村が区別されることはなかったと考えられる。

最後に、南王子村と堺四ヶ所、村方非人番との関係の違いについてである。堺四ヶ所とは、基本的に堺奉行所の下役、つまり捕吏としてのみの関わりであった。これに対して各地の村方非人番は、村人が情報交換をする相手としての意味をもったと思われる。ただし、近隣の非人番（とくに太村の作次郎）とは、警察御用の側面がより大きく、個人的に付き合うことは少ないと思われる。村にとって作次郎は、堺四ヶ所の指示のもと、村人を召し捕る際には必ず来村し、動員された非人番をとりまとめる存在であった。

このように、かわたと非人といっても、それぞれが担う生業や役目、距離の遠近などをふまえた関係性をもとに、複眼的にみていくことが重要である。また、おのおの異なる集団や御用の秩序（得意場・村方非人番・警察御用）を背景に持ちつつも、地域社会のなかに併存していること、近似的な部分もあるが、自らが所属する集団の秩序の範囲で各人が最大限収入をえようと努力しながら、日々を生き抜いていた点に、近世社会の特徴を垣間見ることができる。

〔参考文献〕

朝尾直弘「幕藩制と畿内の「かわた」農民」『朝尾直弘著作集第七巻　身分制社会論』岩波書店、二〇〇四年（初出は一九八〇年）

和泉市史編さん委員会編『和泉市史紀要第20集　和泉の村の明細帳Ⅰ』二〇一四年

和泉市史編さん委員会編『和泉市の歴史4　信太山地域の歴史と生活』二〇一五年

奥田家文書研究会編『奥田家文書』全一五巻、大阪府立中之島図書館ほか、一九六九～七六年

坂口由紀「和泉国在方非人番について」『部落問題研究』一六五、二〇〇三年

塚田　孝『近世日本身分制の研究』兵庫部落問題研究所、一九八七年

塚田　孝「えた身分・非人身分」『歴史のなかの大坂―都市に生きた人たち―』岩波書店、二〇〇二年

塚田　孝「近世社会の仕組み―基礎単位としての村―」『和泉市の歴史7　和泉市の近世』二〇一八年

塚田　孝「堺長吏・非人番と村」『和泉市の歴史7　和泉市の近世』二〇一八年
畑中敏之『「かわた」と平人―近世身分社会論―』かもがわ出版、一九九七年
藤本清二郎『近世賤民制と地域社会―和泉国の歴史像―』清文堂出版、一九九七年
三田智子「泉州南王子村と地域社会―文政十一年信太明神御室御所祈願所一件を通して―」塚田孝編『身分的周縁の比較史』清文堂出版、二〇一〇年
三田智子「十九世紀泉州南王子村の村落構造―博奕問題を手がかりに―」『ヒストリア』二四一、二〇一三年
三田智子『近世身分社会の村落構造―泉州南王子村を中心に―』部落問題研究所、二〇一八年
三田智子『かわた村の草場―諸身分を媒介する場―』塚田孝編『新体系日本史8　社会集団史』山川出版社、二〇二二年
山本　薫「泉州の堺「四ケ所」長吏と郡中非人番」『部落問題研究』一五九、二〇〇二年

column Ⅱ

行き倒れ遍路からみた近世

町田　哲

小菊の死

天保八年（一八三七）正月十一日、阿波国名東郡《みょうどうぐん》早渕村《はやぶちむら》（現在の徳島県徳島市国府町）で、ある家族連れ遍路《へんろ》の赤ん坊が病気で亡くなった。その名は小菊。父利右衛門・母るい・姉栄次郎（この家では女性に不幸が続いたため、男名前がつけられていた）の家族は、紀伊国有田郡《ありだぐん》の有田川河口近くにある箕島《みのしま》・古江見村《こえみむら》からやってきた遍路であった。前日、彼らは早渕村までやってきて、利右衛門は栄次郎を連れ、妻るいは小菊を連れ、二手に分かれて村内各家を托鉢《たくはつ》して廻る「修行」をしていたが、日も暮れて暗くなり双方は、はぐれてしまった。るいの言によると、その間に小菊が口中を痛め、むずがった挙げ句、病死したという。隣の矢野村《やのむら》まで足を進めていた利右衛門・栄次郎は、病死遍路の噂を聞き早渕村に駆けつけたが、目にしたのは、小菊の亡骸であった。

病死遍路が発生した場合、徳島藩領では、病死遍路の発生を村役人が郡代《ぐんだい》に報告すると、郡代から近隣数ヵ村を管轄する組頭庄屋《くみがしらしょうや》に死骸見分糺《けんぶんただし》が命じられ、①亡骸の状態（病死か否か、事件性の有無）、②身元、③死亡に至る経緯などが現地調査された。組頭庄屋の取調に対し、残された家族や村役人らは、あらためて詳細を記した申上書《もうしあげがき》を組頭庄屋に提出し、組頭庄屋はその調査結果を藩に報告した。小菊一件も、当地の組頭庄屋後藤善助が見分し、藩に報告した文書の写が後藤家に残されたことで判明する事実である。取調という限定された条件からではあるが、行き倒れて亡くなった人々の〝生《せい》〟の痕跡を知ることができるのである。

注目されるのは、彼ら家族が遍路に向かった事情である。古江見村を出立したのは前年七月だったが、遍路の最中、九月十日にるいが小菊を出産し、寒中、赤ん坊を抱え、家族で遍路を続けていた。家族ぐるみで、しかも身重の体で遍路に出発し、出産してもなお村に帰らずに遍路を続けたのには、尋常ならざる理由があったと考えられる。彼らは、遍路の

「修行」に名を借りた托鉢行為で、何とか生き延びようとした家族の一つだったのではなかろうか。

また、小菊の死が天保飢饉《ききん》の最中であった点も見逃せない。組頭庄屋後藤家では、病死遍路の出身・名前を「遍路病死幷異死人《いしにん》見分札控帳」に記録していた。後藤家の管轄域は、半径三キロ程度の限られた範囲だったが、周辺には四国八十八ヶ所霊場一三番大日寺《だいにちじ》～一七番井戸寺《いどじ》の札所《ふだしょ》が集中して所在し、日常的に遍路が行き交っていた。そのなかで病死遍路は、毎年二～五人、多い時で二二人も発生し、三一年間の総数は一六二人にのぼる。とくに天保飢饉にあたる天保八年は一七人、翌九年も一六人と多い。また死者全体のうち四〇人（二四・七％）は家族連れで、これも天保飢饉時に集中していた（町田哲「遍路をめぐる三つの肖像」『部落問題研究』二二六、二〇一八年）。

天保飢饉と行き倒れ

なぜ、飢饉時に行き倒れの死者が多かったのだろうか。本来、遍路の目的は、先祖や家族の供養、自らや家族の病気平癒の祈願が中心だった。ただし遍路は、札所を巡り礼拝し札を納めるだけでなく、家々を托鉢して廻る乞食行《こつじきぎょう》という修行形態を本来とっていた（大石雅章「四国遍路と弘法大師信仰」『四国遍路と世界の巡礼』一、二〇一六年）。四国の人びとは、遍路を〝弘法大師《こうぼうだいし》と「同行二人《どうぎょうににん》」で修行する者〟と見立て、托鉢行為に応えることで功徳《くどく》を積もうとした。民衆的大師信仰にもとづく習俗的慣行が、四国遍路の広がりを支えていたのである。しかし、乞食行と乞食行為との区別は難しい。そこで、貧困などによって村で生きるすべを失った事情を抱えた人びとのなかには、四国に渡り一時的に遍路の形をとって、何とか生き長らえようとする場合も少なくなかった。なかには、往来手形に期限がないことを逆手にとって、長期にわたり遍路で命をつなぐ者もいた。例えば、天保九年（一八三八）三月二十四日に府中村《ふちゅうむら》で死去した名西郡上山村《みょうざいぐんかみやまむら》指次郎（四四、五歳）は、文化年中の往来手形を所持しており、二〇年以上も遍路として生きていた。

ただし天保飢饉下では、施しを与える側も、生きるのに困難な状況に陥っていた。天保四・五年には諸穀物の値段は「天明年中凶年以来之高直《こうじき》」（『かどや日記』）となり、「大凶年」の天保七年冬から翌年六月にかけて、米の値段は通常の二～四倍、麦粟稗《むぎあわひえ》も二～三倍に達した。多くの飢人が徳島城下町に流入したため、同年十二月には飢人への施粥が行われたが、翌八年二月には施行《せぎょう》を要求する「一揆ヶ間敷《いっきがましき》」状況が出現、各地で施行が実施された。三月には傷寒《しょうかん》（発熱・腸チフス）が流行した。にもかかわらず藩側は、春年貢を減免しないどころか、高い麦相場値段のまま取り立てたため、飢饉状況はさらに進行した。困窮人は生活が立ちゆかず、「貧家餓死者」や捨子も多数出現した。そんな状況で、遍路が家々を廻って乞食行をしても、えられるものは少ない。こうした事情が、飢饉時の行き倒れ人の増大につながったのである。

物価高騰が下がり始めた八月下旬、ようやく徳島藩は徳島城下郊外に御救小屋《おすくいごや》を設置し、四〇九三人を収容した。しかしその目的は、単なる困窮者救済ではなく、あくまで城下周辺に流入してきた領内各地からの飢人を、出身地に帰村させることにあった。一方、収容者には遍路や他国者も少なくなかった。往来手形を持つ遍路五五人は再び「修行」を続けることを許されたが、他国者の死者は二六人、往来手形を持たないために追放・船送された他国者は一八八人に及んだ。彼らは他国者は、袖乞《そでごい》・物乞する点で領内の飢人と共通する社会的状態の流入者であり、御救小屋とは、救済を標榜しつつも、袖乞・他国者に対する、還住《げんじゅう》と追放の手段だったのである（菊池勇夫『飢饉の社会史』校倉書房、一九九四年、および町田哲「近世後期阿波における『他国無切手・胡乱者』統制と四国遍路」『部落問題研究』一九三、二〇一〇年）。

地蔵寺と行き倒れ

ところで小菊の亡骸は、死骸見分によって病死であることが確認された後、寺院僧侶による回向《えこう》をうけ、早渕村の墓所に埋葬された。残る家族三人は遍路として村を出たが、その行方はようとして知れない。以下では、病死した遍路が死後にどのように扱われたのかを中心にみていこう（他地域の行き倒れについては、藤本清二郎・竹永三男編『「行倒れ」の歴史的研究』部落問題研究所、二〇二一年、および塚本明『江戸時代の熊野街道と旅人たち』塙書房、二〇二二年参照）。

五番札所地蔵寺《じぞうじ》（徳島県板野郡板野町）は、徳島藩より寺領高一〇石を与えられ、末寺四五ヵ寺を抱える、阿波国吉野《よしの》川《がわ》中下流域でも有力な古義真言宗《こぎしんごんしゅう》寺院の一つである。そのためか、通常は組頭庄屋が行う病死遍路の死骸見分を、寺領内に限り地蔵寺が独自に行う、「寺中見分《じちゅうけんぶん》」が許され、藩への報告も不要であった。天保六年（一八三五）九月に藩から「寺中見分」の根拠を問われた際、行き倒れ遍路の状況を説明している。いわく、近年四国遍路が多くなり、ことに夏は「難渋候辺路」が多く、諸堂軒下や椽（縁）端などに臥せって、あるいは「時気ニ犯され、又は自然老病の者共数多御座候」と

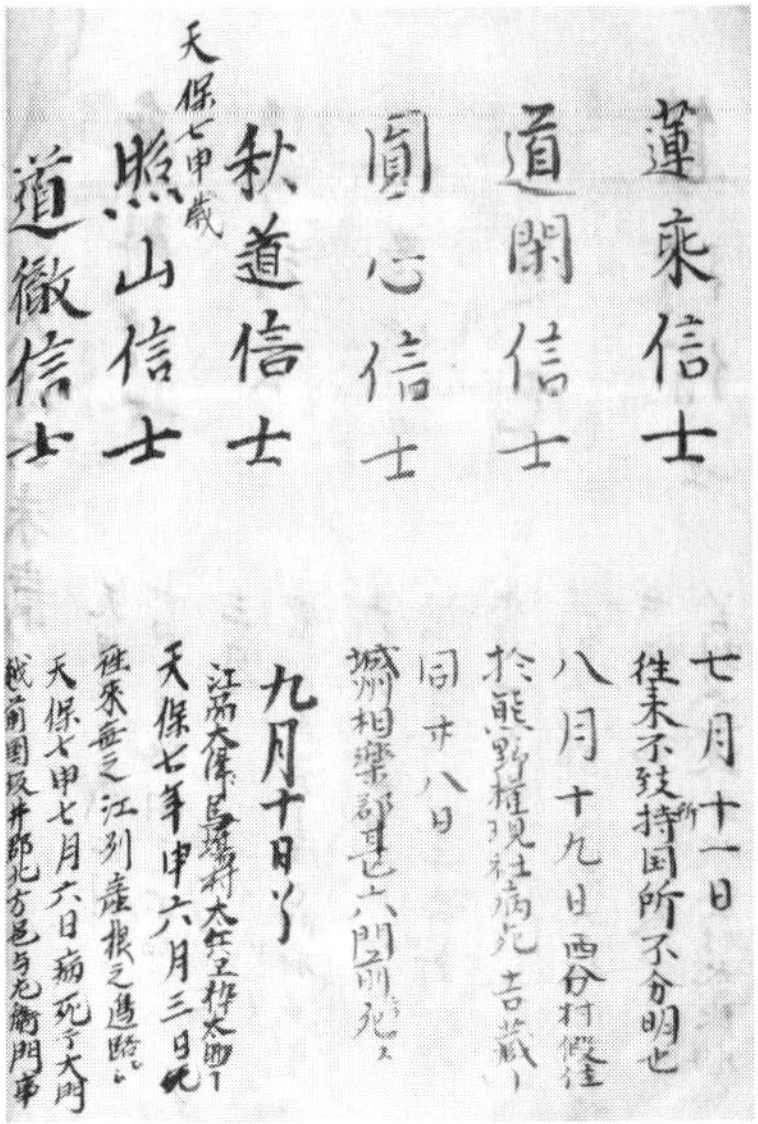

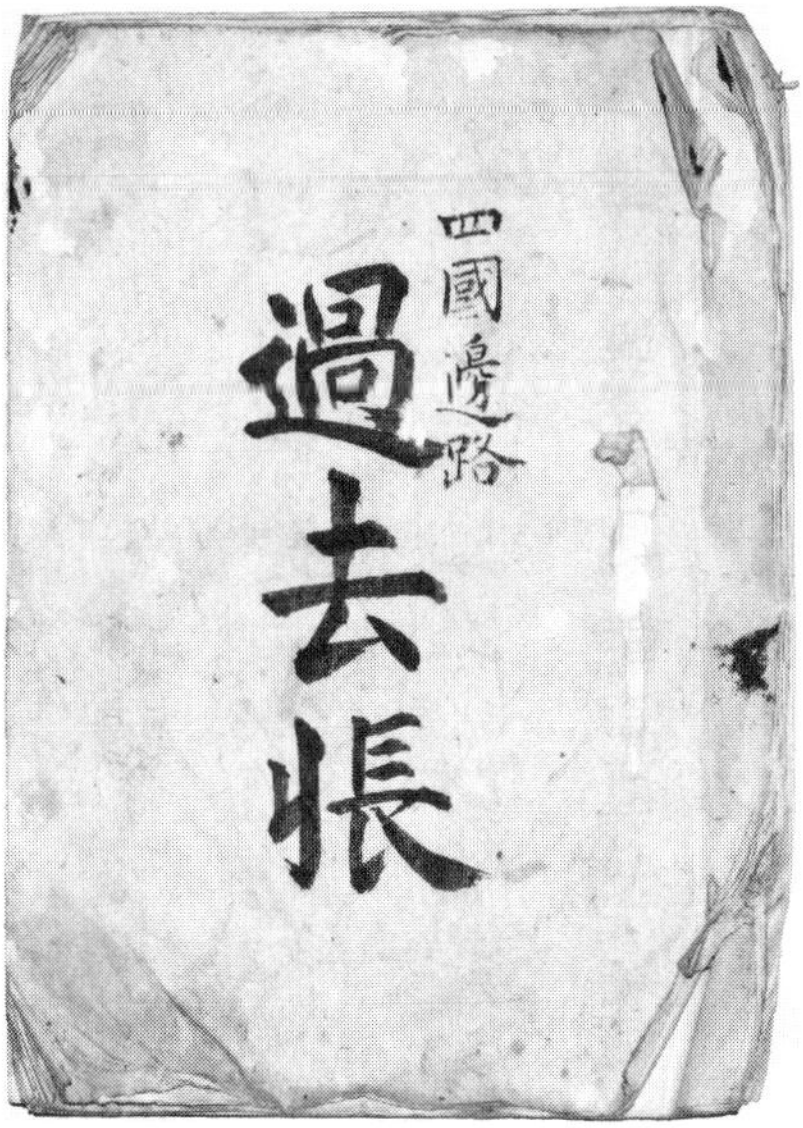

「四国辺路過去帳」（五番札所地蔵寺所蔵）

いう状況であった。寺側は彼らに、朝夕食物を与え労り、重病で苦しみ風邪・発熱が顕著な者には医療を加え「保養」させてきた。また、複数名で廻る遍路には同行者に看病させ、子ども連れの遍路に対しても看病や子どもの養育をさせてきた。病死した場合には、「寺中見分」として往来手形で身元を調べ、事件性のない死であることが確認できれば、弟子僧を派遣し、真言宗のやり方通り戒名を与え引導《いんどう》を渡し、その後も追福《ついふく》供養をしてきたという。

「四国辺路過去帳」

地蔵寺には、「四国辺路過去帳」が残っている。地蔵寺の境内や門前などで亡くなった四国遍路の戒名、没年月日、出身地・本名が、実に一一六名分、三〇年間（一八二一年〜一八五〇年、住持隆鎮《じゅうじりゅうちん》一代）にわたって記されている。地蔵寺では今日まで、この過去帳を「過去帳納」と刻まれた位牌《いはい》入れに納め、大切に安置し弔ってきたという。例えば、次のような記述がある。文政五年（一八二二）、能登国吉崎村《よしさきむら》の七右衛門と子甚蔵の親子が四国遍路で、五番地蔵寺までやってきた。しかし病気だったのだろうか、四月二十七日に甚蔵が死去し、あとを追うように六月十日に父七右衛門も死去してしまう。地蔵寺は、亡くなったこの親子に「払露見光信士」

「甚蔵童子」という戒名を与え、懇《ねんご》ろに葬った。すると十三回忌にあたる天保五年（一八三四）三月、今度は七右衛門の親類がはるばる能登からやってきて、布施と香菓子を地蔵寺に納め、七右衛門親子の追福供養を営んだ。こうした次々と死にゆく家族連れ遍路の事例は、ほかにも二家族・七人存在する。

特筆されるのは、往来手形を持たない出身地不明の遍路に対しても、地蔵寺が戒名を与え葬っていた点である。天保七年十一月十八日に大門で亡くなった男性は、生前、出雲国出身と自称していたが、身元を証明する往来手形を持たず、名前も不明だった。それでも寺は「深心信士」との戒名を与えた。ほかにも、往来手形を持たず出身地も名も不明なまま同年七月十一日に亡くなった者に、戒名「蓮乗信士」を与えている。往来手形を持たない身元不明者は、全体の約四分の一（三一名）にのぼる。とくに天保飢饉がピークに達した天保八年の身元不明死者は、全死者一六名中八名と半数を占める。その多くは、往来手形も取らずに村を出て、遍路の「乞食行」の形式をとりながら、何とか托鉢で糊口《ここう》を凌ごうとした者たちの末路だったのではないか（『無尽山荘厳院地蔵寺』徳島県・徳島県教育委員会、二〇一九年、および町田哲「近世の札所と四国遍路」『新体系日本史 社会集団史』山川出版社、二〇二二年）。

往来手形と取締

巡礼者が持つ往来手形とは、①身元証明、②関所通過・一宿許可による通行保証、③万が一死去した際には当地での埋葬依頼と連絡不要の旨を記し、国元で村役人や檀那寺《だんなでら》が発行した証明書で、これを携帯することで巡礼の続行が保証されてきた。

一方、一八世紀後半以降、徳島藩では往来手形を持たずに他国からやってきた者を、「他国無切手胡乱者《うろんもの》」、つまり犯罪予備軍の怪しい存在として、厳しく取り締まる対象とした。往来手形を持たぬ者を「乞食体」とみなし、捕まえると阿波国外に追放し、亡くなれば葬儀も戒名もなく墓地に埋めるように命じた（「取捨」）。遍路の姿を取りながら領内に入る者が増加するなかで、遍路なのか乞食なのか、怪しむべき存在か否か、かかる社会的実態を即座に峻別することは難しい。そのため、藩の公的レベルでは、身元を保証する往来手形の有無によって、区別し取り締まろうとしたのである。しかし地蔵寺では、往来手形を持たない「取捨」とすべき者に対しても、戒名を与え、過去帳を作成し追福供養をしていた。

往来手形の有無は、取締や死後の処理など藩や村役人が関与する時点で問題になるのであり、村人や、独自の見分主体である地蔵寺にとっては、むしろその者の姿・行為という社会的状態が重要であった。行き倒れた人びとへの対応は、こうした公的取締基準と社会的状態との狭間でなされていたのである。

第5章 高利貸しか融通か

東野将伸

はじめに

近世中後期の日本における農村部には、一般に「豪農《ごうのう》」と総称されるような経済的有力者が成長していきつつも、「小前《こまえ》」などとよばれる一般農民層――家族労働による農業を基盤とする小経営が広くみられた。そして、土地を持たない日雇い層、各種の職人や宗教者、また単身世帯といったように、さまざまな職業や居住形態の人びとが村で暮らしていた。このような農村部に居住するさまざまな社会階層の生活や生業にとって、金融は欠かせないものであった。彼らは多様な金融の方法によって金銭をやりとりし、時には日常生活や生産活動に必要な資金の不足を補い、またある時には金融によって利益（利子）をえることで、おのおのの生活を成り立たせていた。なお、金融という語句からは、利子取得を目的とした資金の貸付を想起する読者が多いと思われる。しかし、現代の金融には、資金の貸付だけでなく預金・為替《かわせ》・保険など、一時的にせよ債務・債権関係（金銭の貸借関係）が形成される事柄の多くが含まれている。近世にも、さまざまな場面で実に多様な債務・債権関係が生じていた。そのため、本章で述べる金融は資金の貸借を指す場合が多いものの、これにとどまらない広い事象を指す語句として用いている。

さて、近世以前の金融と聞くと、「高利《こうり》貸《が》し」というキーワードが思い浮かぶ読者も多いのではないだろうか。実は、戦後の日本近世史研究では、金融活動の大半が「高利貸し」として一括して把握され、利子率や提供された資金の使途にまで目配りがされていないことも多かった。産業や地域経済との有機的な連関のなかで金融が存在したという見方ではなく、個別経営や地域経済に対して寄生的なものとして金融がイメージされ、金融＝「高利貸し」＝負のイメージ、という図式があったのである（佐々木潤之介『幕末社会論』、福山昭『近世農村金融の構造』）。これは戦後日本の歴史学に大きな影響を及ぼしていたマルクス主義経済学や、階級闘争に注目する研究視角にもとづいている部分が大きかったが、近世社会の一側面を言い当てていたこともまた事実である。一方で、近世の金融には「高利貸し」という表現にはそぐわないものも多くみられた。一九七〇年代以降の研究視角の多様化――とくに共同体の役割への注目に伴い、金融を「融通《ゆうづう》」という視点からとらえ、借手にとって好条件で救済的な側面を有する場合もあったことを重視する研究がみられるようになっている（大塚英二『日本近世農村金融史の研究』）。

　現在の研究状況では、近世の村や地域における金融は「高利貸し」と「融通」のいずれの性格を有する場合もあることが明らかになっており、金融を無前提に善悪いずれかのイメージでとらえることはあまりみられない。個々の契約条件（利率・担保・返済期限など）や借手・貸手の状況、金融の形成に至る経緯、また金融の背景にある社会関係や論理をふまえたうえで、現実の場面に即して金融の有した意義や性質を判断していく必要があるといえよう。

　以上のような認識のもと、本章では主に近世後期における西日本の農村部を対象として、まず近世の金融の概要を確認し、その後に金融を成り立たせている関係や論理――とくに前近代社会に顕著にみられる身分制・領主制の論理と共同体の論理に注目していくことで、金融の観点から近世社会の特質を考えていくことにしたい。主に経済や金融のあり方と前者との関連に注目していくが、これは現代とはまったく異なる「領主制・身分制にもとづく社会編成」が行われていた近世社会の特質を正確にとらえることを重視したためである。この際、筆者のこれまでの研究との関係から、とくに備中国

（現在の岡山県南西部）・摂津国（大阪府北部・兵庫県南東部）・播磨国（兵庫県南西部）の事例を主に用いていく。

1　近世における金銭貸付

近世の利息制限

金融を考える際、どこからが「高利」になるのかという問いに対しては、さしあたり当時の法制上の利息制限を把握しておく必要があろう。近世の借用金利息は、元文元年（一七三六）には年利一五％まで（ただし上方《かみがた》は年利一八％まで）と規定され、天保十三年（一八四二）には年利一二％までに引き下げられている（植村正治『近世農村における市場経済の展開』、澁谷隆一『高利貸金融の展開構造』）。上記の利息制限の変化のうち、少なくとも天保十三年の利率引き下げによって、地域金融での利息が低下している事例が植村氏によって紹介されており、民間での貸付利率の変動に幕府による統制がある程度影響を及ぼしていたことがわかる。

一方で、地域内での資金供給がだぶついている場合には、利息制限より低い利率での金融が通常となり、法的な利息制限の影響が一見みられない事例もある（福澤徹三『一九世紀の豪農・名望家と地域社会』）。これらのことから、個々の金融の事例を子細にみたうえでその性格を判断することの必要性がまず指摘できるが、少なくとも公に違法となる利率は、上記の通りであった。単純な数値の比較には慎重になるべきだが、法制上の上限利率のみをみるならば、近世と近現代の間には顕著な差がないこともおさえておく必要がある。

担保と信用

近世の金銭貸付を担保の種類によって区分すると、土地を担保とする貸付（A）、モノや労働を担保とする貸付（B）、信用による貸付（C）の三者に分けられよう。前二者が有担保貸付であり、後者が無担保貸付である。

【土地を担保とする貸付（A）】

日本近世には土地の永代売買は公には禁止される場合が多かったが、以下でもみる通り、土地所持の移動は実際には黙認状態であった。土地の質入れや年季《ねんき》売《う》りの結果として、土地所持が移転することはよくみられた事柄であり、土地も金融の担保として機能していた（神谷智『近世における百姓の土地所有』）。なお、年季売りとは「五ヶ年限り」などの文言によって期限内のみ土地所持を売却するものであり、期限を過ぎると代金を返済して土地も元の所持者のもとへ戻ることが建前上は原則であった。

土地の売買や質入れに関連して、各村が村の概要を書き上げて領主へ提出する「村明細帳《むらめいさいちょう》」には、その村の土地の質入れ価格が等級ごとに記されている場合がみられた。例えば、備中国後月《しつき》郡《ぐん》川相村《かわいむら》（岡山県井原《いばら》市）の文政十二年（一八二九）七月「村方明細書上帳《むらかためいさいかきあげちょう》」（領主へ提出した冊子の控え）をみると、「田畑位銀質入直段大概《たはたくらいぎんしちいれねだんたいがい》」として、土地一反《たん》（約九九二平方メートル）あたりの価格として、上田《じょうでん》は銀三〇〇匁《もんめ》位（一匁〈目《め》〉＝約三・七五グラム）、中田《ちゅうでん》は二〇〇匁位、下田《げでん》は一〇〇匁位、上畑《じょうばた》は一五〇匁位、中畑《ちゅうばた》は六〇匁から七〇匁位、下畑《げばた》は三〇匁位であることが記されている（井原市史編纂委員会編『井原市芳井町史　史料編』）。また、「もっとも悪所《あくしょ》は無代銀にても取引仕《つかまつ》らざる場所も御座候《ござそうろう》」ともあり、条件の悪い土地（「悪所」）については、たとえ無料（「無代銀」）であっても取引できない場所がある旨が記されている。時々の状況により、設定価格の目安と大幅に異なる売買がなされる場合もあったとみられるが、少なくとも金融を通じた実質的な土地所持の移転は、村側・領主側の双方にとって自明の事柄であった。

【モノや労働を担保とする貸付（B）】

次に、金融の際に担保となる場合があったモノや労働についてみていく。金融の担保となるモノは、穀物・家具・衣類・農具・建物など多様であった（東野将伸「豪農経営と親族ネットワーク」、同「近世後期から明治期における質屋業と高額貸付」）。これに加えて、さまざまな権利（酒の醸造権など）も担保となる場合があった。また、民間での労働契約である「年《ねん》季《き》奉公《ほうこう》」のうちには、先に給銀を「借り請」け、定められた年季まで務める旨が文書に記されるものもあった。例えば、安永九年（一七八〇）二月に摂津国島下郡沢良宜東村《しましもぐんさわらぎひがしむら》（大阪府茨木《いばらき》市）の六兵衛ほか二名から同国同郡沢良宜浜村《さわらぎはまむら》（大阪府茨木市）の忠次郎（高島家《たかしまけ》）へ宛てて出された文書（高島家文書「年季奉公人請状之事《うけじょうのこと》」、大阪大学大学院人文学研究科日本史学研究室所蔵）には、六兵衛の娘の「いさ」の年季奉公について、「当子（安永九年）の二月より午（天明六年）の二月まで丸年六ヶ年の間年季相定め、給銀として百弐拾目慥《たしか》に借り請け、奉公に遣し申す所実正也」とあり、「いさ」の六年間の労働の給銀一二〇目を先に借り請けるとしている。

【信用による貸付（C）】

前二者と異なり、明確な担保をとらない信用による貸付も行われていた。河内国丹南郡岡村《たんなんぐんおかむら》（大阪府藤井寺《ふじいでら》市）の豪農であった岡田家では、一九世紀に無担保での信用貸付が広範に行われていた（福澤徹三『一九世紀の豪農・名望家と地域社会』）。これは他村の土地を取得した場合に村ぐるみの抵抗をうけるなど、村共同体との関係が背景の一つであった。また、同家では返済が滞った際に領主への訴訟を提起する場合もあったことが指摘されている。他家の事例として、備中国後月郡簗《やな》瀬《せ》村《むら》（岡山県井原市）の豪農であった本山成家《もとやまなりけ》は、幕末期に親類から無担保で多額の資金を借り入れていた（東野将伸「豪農経営と親族ネットワーク」）。嘉永元～慶応三年（一八四八～六七）に本山成家が親類から借用金をえた事例では、年利にして一〇％や八％であるものが多い。他の相手からの借用金利率には年利一三％以上のものがたびたびみられるため、好条件の借用金を親類からはえていたといえる。

このことから、信用による貸付の場合（C）にも、すべての借手が無条件に好条件での貸付をえられたわけではないことには留意する必要がある。信用による貸付が成立する背景には、貸す側と借りる側との関係性（親類関係や地縁的関係など）や地域内での信頼、当該期の社会秩序（村共同体としてのまとまり、法規制、訴訟など）が存在していたのであり、とくに法や訴訟制度の規定性については法制史研究が重視するところである（萬代悠「三井大坂両替店の延為替貸付」）。信用による貸付は、表面上は担保を差し出していないものの、地域や人的ネットワーク内での信用を担保として、資金を借りていたと言い換えることもできよう。

貸付の際の担保は固定的なものではなく、農業生産力の高低や家ごとの経営方針の違いなどにより、かなりの程度流動的であったとみられる。例えば、前述した岡田家（河内国南部）の所在する畿内地域でも、河内国北部や摂津国東部では、貸付の際に土地などの担保をとる場合が多くみられた（常松隆嗣『近世の豪農と地域社会』、東野将伸「宝暦～文政期の豪農金融と地域社会」）。これらの研究で対象とされた地域のなかには水害多発地帯（淀川《よどがわ》沿いなど）がみられ、河内国南部と比べると耕地条件の悪さがあった点が指摘されている。農業生産力が相対的に低い農村部の場合には、貸手が確実な担保を求める場合がより多かったと考えられる。貸付形態の差異を生じさせる要因は多様であったとみられるが、これらを見極めることが重要であろう。

貸借証文の形態と内容

次に、金銭貸付の際に取り結ばれる証文《しょうもん》の形態とその内容をみていきたい。前述した備中国後月郡簗瀬村の本山成家には、文化十三年～慶応三年（一八一六～六七）十月までに本山成家が差出ないし宛先となった証文の写しがまとめられた帳簿（山成家文書、井原市文化財センター寄託）が四冊残存している。いずれも「証文控」のような表題が付されており、これをみると近世後期の証文の書式や内容について多くの情報を得ることができる。これらの帳簿には、本山成家が資金を調達した際の証文四四二通を中心に、全六九八通の証文が収録されている（東野将伸「豪農経営と親族ネットワーク」）。

なお、本山成家が資金を調達した際の証文四四二通のうち、土地売却（年季売り・質入れ・質流など）の証文は三〇〇通、貨幣の借用・預りの証文は一四二通である。本山成家は近世後期に土地や酒造株の集積などにより経営を拡大しているが、経営拡大期にも多くの土地を手放している。金融の担保などによりえた土地のうち不要なものは売却していたのであり、手放す土地の多さ自体が経営の縮小や悪化を示すのではなく、取得地と手放す土地の双方に目配りする必要がある。また、

「証文控」のような個別の証文の写しをまとめた帳簿は、一八世紀までの本山成家では作成された形跡がみられない。これらの帳簿が本山成家の経営が拡大する一九世紀以降に作成され始めたこと自体が、土地売買や金融関係の増加とこれを正確に把握しようとする志向性を示すものといえよう。

「証文控」内の証文のうち、有担保での金銭貸借証文の表題としては、①担保物権を差し出す「質入」・「書入《かきいれ》」形式のものには「質物《しちもつ》書入《かきいれ》銀子《ぎんす》借用《しゃくよう》証文《しょうもん》之《の》事《こと》」「酒造《しゅぞう》株《かぶ》質入《しちいれ》金子《きんす》借用証文之事」「田地《でんち》書入《かきいれ》借用《しゃくよう》申《もうす》銀子証文之事」「銀子借用質地証文之事」「十ヶ年《じゅっかねん》限《かぎり》質地証文之事」などがあり、②年限を区切った一時的な土地売買である「年季売」形式のものには「本銀返《はんぎんかえし》相渡《あいわたし》申《もうす》田地証文之事」「五ヶ年切《ごかねんぎり》本銀返《ほんぎんかえし》ニ売渡《うりわたし》申《もうす》畑《はたけ》之事」など、③所持権の移転を示す「質流」形式のものには「質流ニ相渡申田地証文之事」などがみられる。これらの証文はそれぞれ関連した内容である場合もあり、例えば「質入」や「年季売」での契約では、期限までに借用金の返済がなされない場合、証文内容の改定（「書替《かきかえ》」）・年季延長がなされる場合や、「質流」のように所持権が移動した旨の証文が交わされる場合があった。

四冊の「証文控」には見当たらないが、「永代売渡《えいたいうりわたし》」のように、所持権を永久に渡す文言が表題にある証文が作成されることもある。前述した通り永代売渡しでの契約は違法である場合が多いため、おおむね近世の法制や訴訟を前提としない契約形態といえる。第1節の利息制限の箇所では、幕府による統制の地域金融への影響を述べたが、「証文控」をみると利息制限を超える利率での貸付も確認できる。土地売買や金融のなかにも、法に従う部分と在地慣行としての性格の強い部分との双方が地域ではみられたのである。

一方で、借手の信用による金銭貸借の証文としては、「銀子借用手形《てがた》之事」「金子預り手形之事」などの表題のものがみられる。これらの証文では担保は記されておらず、「貴殿御入用次第何時にてもこの証文に引き替え、聊《いささ》か滞り無く相渡し申すべく候」などのように、貸手に資金が必要となった際にはいつでも借手は借用・預り金を返済するという文言が記される場合もあった。このような証文の場合でも、たびたび契約の「書替」がなされていた。

借用金の理由について、「証文控」に収録された証文には、「年貢上納に差し支えたため」という言い回しが多くみられ、それ以外での借用理由はほとんど記されていない。前述した摂津国島下郡沢良宜浜村高島家の貸付をみると、年貢皆済《かいさい》、領主からの拝借銀の返納、奉公人への給銀、公事《くじ》（裁判）のための費用、普請《ふしん》費用、肥料代、商業のための資金などの事由がみられる（東野将伸「宝暦～文政期の豪農金融と地域社会」）。借用金の使途は明らかにならない場合も多いが、例えば前述した本山成家の経営をみると、相当の規模の借用金を外部から導入しつつ、同時期に地主経営や酒造業などの農村工業を拡大していた。個別経営や地域産業において一時的に不足する資金を補い、経営・産業・地域経済を成り立たせる役割を担った金融も少なからず存在したとみるべきであろう。

また、「証文控」には領主からの借用金証文もみられ、表題に「奉拝借《はいしゃくたてまつる》銀子之事」のように「拝借」などの文言が入り、土地などの担保が差し入れられている。この際、「一倍質地」として、拝借金額の二倍の代銀の土地が担保とされている事例がみられる。領主からの拝借金の場合、領主は通常の金銭貸借で求められる以上の担保を差し出させ、より安全な保証を求めていたのであり、ここからは領主と領民との身分の上下関係を読み解くこともできよう。

ここまで、証文を取り交わしての金銭貸借を主に取り上げてきた。一方で、このような形態以外にも金融関係が形成される場合があることは、「はじめに」で述べた通りである。例えば、A地点から遠く離れたB地点に資金を送る際、為替が利用される場合がみられる。両替商などが発行し、これを持ち込むことで代金の支払いをうけることができる「手形」についても、発行者の信用にもとづく金銭貸借としての性格を有するものであるといえよう（後述）。

都市部の金融業者

最後に、都市における金融について簡単に要点を確認しておく。都市における金銭貸付、資金の預りと決済に利用できる手形の発行と受取、貨幣の両替などは、両替商が多くを担っていた。両替商のなかには、領主に対する巨額の貸付を行い、各所領の産物の取り扱いにも関与するなど、領主財政を大きく左右する者もみられ、最上層の両替商の経済力は農村部の豪農と比べて圧倒的に大きかった。一方で、零細な取引で主に利用される銭についてほぼ同様の業務を行った銭屋《ぜにや》は、より一般町人の生活・生業にとって重要な金融業者であり、このほかにも町人や商人が両替商・銭屋と同様な貸付や金融業務を担う事例もみられた（中川すがね『大坂両替商の金融と社会』）。また、大都市はもちろんとして、地方の城下町や町場には質屋がみられ、物品を担保として零細な金額も含めて資金を貸し付けていた（東野将伸「近世後期から明治期における質屋業と高額貸付」）。

以上のように、農村部と異なる金融業者や、手形の発行・流通、遠隔地間の送金・決済（為替取組）といった高度な金融システムが都市部では存在していた。そして、第3節で述べる通り、周辺地域や地方との間での流通・金融においてもこのようなシステムが利用される場面や、地域側が自分たちの利益となる流通・金融構造の構築を志向するような動向もみられた。このことからは、近世の経済や金融全般を考える際、都市部と村・地域との関わり、およびその変化を追究することで、各時期の特質を見いだすことの重要性がうかがえよう。

上記のような近世の金融は、当該期を特徴づけるさまざまな論理によって、その形態や性格が規定されていた。以下ではとくに共同体の論理と身分制・領主制の論理の二点に着目しつつ、具体的な事例をみていきたい。

2　近世の金融と共同体

「融通」と共同体

「はじめに」でも述べた通り、一九七〇年代以降、近世の共同体とその成員保護機能に注目が集まってきた。そして、村の金融のなかで、借り手の経営維持や立ち直り――ひいては共同体の維持を主目的とする融通がみられたことが、大塚英二氏によって明らかにされた（大塚英二『日本近世農村金融史の研究』）。大塚氏の研究は主に東海や関東地方を題材としたものであるが、村という枠組みや村役人などの制度的側面、村における共同労働の必要性などは全国である程度共通しているため、近世の村や地域全般に通ずる融通の事例として参照できよう。大塚氏の研究では、土地集積が富の蓄積とは限らず地主と小作人《こさくにん》の関係が集団的・共同体的に形成される側面（村や村役人の関与）、族団（本家分家の関係や婚姻による親族関係などにもとづく家の集団）・村役人・地域組織というかたちで融通機能が拡大していく様相、融通構造のなかでの村役人家の役割、村役人家が経営危機に陥った際、村を越える範囲の連携により相続が模索される場合があったことなどが明らかにされている。

土地集積が富の蓄積を意味しない場面もあることは、第1節で前述した、備中国後月郡川相村「村方明細書上帳」に、条件の悪い土地のなかには「無代銀」でも取引できないものがある旨の規定からもわかる。このような悪条件の土地を、村や村役人、時には有力者がやむなく引き受ける場合もあったことがうかがえよう。

村が全体として関与する金融関係の事例としては、「村辻借《むらつじがり》」（「村借用金」）がよくみられる。個人ではなく村や村役人が村の全体や大部分のために資金を借用するものであり、「当村御年貢上納に差し詰り」、「村方拠どころ無き入用の義に付き」（堀謙二氏文書、「借用申村辻銀之事《しゃくようもうすむらつじぎん》」「村辻借用証文之事」、たつの市立龍野歴史文化資料館寄託）など、さまざまな理由により村単位で資金が必要となったことを示す文言が「村辻借」の借用証文ではみられる。

播磨国赤穂郡《あこうぐん》金出地村《かなじむら》（兵庫県赤穂郡上郡町《かみごおりちょう》）の村役人五名（組頭《くみがしら》二名、百姓代《ひゃくしょうだい》・年寄《としより》・庄屋《しょうや》各一名）から播磨国揖東郡《いっとうぐん》日飼村《ひがいむら》（同たつの市）の豪農であった堀家《ほりけ》（馬之丞）へ出された嘉永四年（一八五一）の証文（堀謙二氏文書、「添一札《そえいっさつ》」）では、「村辻借」について以下の記述がある。

一別紙村辻銀借用一札面の銀子村中小前割り渡し、則ち小前より証文我々方へこれを取り候、若し村役人退役いたし候は、時の村役人よりこれを取り立て、少しも遅滞無く元利共皆返済仕るべく候

「村辻借」によってえた資金が村民（「村中小前《むらちゅうこまえ》」）へ分配されるものであり、この分配に際しても証文を取ること、村役

人が証文の管理や個々の村民からの取り立てに関わること、「村辻借」は村役人が替わっても債務が継続するものであることが記されている。このように村全体や村民の大部分の合意をえて、「村辻借」が行われた。村としてのまとまりが金融関係の一つの単位となる場合があり、村役人が重要な役割を果たしていたことがわかる。

また、堀謙二氏文書では、「村定《むらさだめ》の利足」という表現が散見される（「万覚帳《よろずおぼえちょう》」）。天保二年（一八三一）大晦日に堀家が播磨国揖東郡嶋田《しまだ》村（兵庫県たつの市、日飼村の隣村）の年寄一名と庄屋二名に銀四〇〇匁を貸し付けた事例では、「村定の利足相尋ね候所、一割五分と申し候、卯（天保二年）大晦日証文入り、利足村定の利足と認め」と記されている。「村定」の利息は一五％（おそらく年利）であると嶋田村側から答えがあり、証文にも「村定の利足」と記されていたことがわかる。村法《むらほう》として明記されていたのかなどは不明であるが、少なくとも「村定」として共通して認識される利息が存在しており、地域や村ごとの利息相場が存在していたことがうかがえる。

一方で、村共同体以外にも、近世の村や地域には宗教・学術・血縁・地縁など、多様な結合契機があった。何らかの結合契機によって成り立ち、その集団に属することが社会的な意味や生活維持のうえでの利点を持つ場合には、その集団を「共同体」と呼ぶことも可能であろう。どのような「共同体」が近世の金融をいかに規定していたのかについては、村や町といったレベル以外の観点からもより検討されるべき課題である。

ここまで村役人や豪農の地域金融における役割をみてきたが、もしも彼らが融通的な貸付のみを行っていたとすると、一方では近世中後期に大きく経営を拡大する豪農が地域に存在したことを理解しがたくなろう。そのため、個別の家の金融活動全体、あるいは経済活動全体のなかで、融通的な活動と利益取得を第一に考える活動とを統一的に把握することが必要となる。以下、豪農金融の事例からこの点を考えていきたい。

豪農金融と共同体

前述した摂津国島下郡沢良宜浜村の高島家は、文化期には持高が四〇〇石（一石＝一八〇リットル）に達する、地域でも有数の豪農であった（東野将伸「宝暦～文政期の豪農金融と地域社会」）。同家の金融活動をみると、各年の貸付（ストック）の最大額は文化十一年（一八一四）の銀九九一貫匁《かんもんめ》余り（一貫＝一〇〇〇匁＝約三・七五㌔㌘）で、このうち高島家の自己資金が七一三貫匁余り、外部からの資金が二七八貫匁余りであった。外部からの資金を導入し、これも貸付資金として取りまとめ、高島家が窓口となって巨額の貸付を行っていたことがわかる。

高島家の居村内外の貸付の差異をみていくと、居村である沢良宜浜村の住民への貸付では、相対的に貸付金額が少なく、利率は低い。他方で、居村外の者への貸付では、相対的に貸付金額は多く、利率も高い傾向にある。高島家は沢良宜浜村の庄屋を務めており、村内での資金需要に応えて貸付を行うことは、庄屋として村運営を円滑に進めていくうえでも必要であり、また村人もそのような高島家の働きを期待していたものとみられる。

一方で、居村外に対しては、高島家は積極的に融通的な貸付を行わなければならない理由は小さい。おのおのが社会において適切な経済的役割（有力者の場合は困窮者の救済など）を果たすべきとするモラル・エコノミー観念（大島真理夫「近世後期農村社会のモラル・エコノミーについて」）や、富裕者として地域維持のためのさまざまな働きを求められることもあったとみられるが、村内の住民から求められるよりは、高島家にとって強制力が小さかったといえよう。

豪農金融は、一概に「高利貸し」か「融通」かのどちらかと断言できるものではなく、貸付先が居村であるか否か、豪農が村役人を務めているか否か、貸付先と豪農との関係性などによって、その金融活動の性質は変化する。例えば、主に村役人としての立場から貸付を行う場合、先述の高島家のように「融通」に近い内容のものになるであろう。貸手がどのような理由や関係性にもとづいて貸付を行っているのかを、注意深く判断していく必要がある。

このような豪農金融の背景には、外部からの資金の導入にもみられるように、豪農間の金融ネットワークが存在していた。前述した備中国後月郡梁瀬村の本山成家の事例では、親族関係と地縁的関係という二つの論理にもとづいて資金調達を行っていた部分が大きかった。この二つの関係にもとづく金融関係の形成は、ある程度一般化できよう。

組織的金融―頼母子講と共同体

村をはじめとする共同体と金融との関係を取り上げた本節の最後に、全国的に広い階層で行われた組織的金融である頼《たの》母子講《もしこう》について取り上げたい。頼母子講はグループ（講）の構成員が定期的な会合（講会）に定められた金額の資金を持ち寄り、これをさまざまな方法（入札《いれふだ》や鬮《くじ》など）によって構成員が講会ごとに順番に取得していき、全員が取得するまで継続することを基本とした組織的金融である（森嘉兵衛『森嘉兵衛著作集第二巻　無尽金融史論』、東野将伸「近世後期の頼母子運営と豪農」）。ただし、この運営方法や規模・金額は非常に多様であり、途中で講が実施されなくなる「休講」や「破講」もたびたびみられた。

頼母子講はさまざまな目的のもとに実施されていたが、多くみられる事例が、発起人（講元）が経営悪化など資金不足に陥り、構成員から集められた資金を初回の講会で講元が取得するという、講元の救済を目的としたものであった。このような目的の場合には、主に地縁的・人的関係性のもとに講が結成されていたとみられ、共同体的なまとまりのなかで行われていたものということができる。また、備中国後月郡木之子村《きのこむら》の平木家《ひらきけ》のように、地域で実施される頼母子に多く参加し、なおかつ講運営のための役職を歴任するような豪農もみられ、彼らが頼母子講という組織的金融の存立をかなりの程度担っていた側面もみられた（東野将伸「近世後期の頼母子運営と豪農」）。

以上のように、地縁的・人的関係や「村」としてのまとまり――これらは共同体的な関係と総称できよう――に規定され、地域の有力者（豪農など）もこの関係性のなかで役割を果たすことによって、地域における小経営存立のための金融構造は成り立っていたのである。

3 近世の金融と身分制・領主制

近世の領主制と領主の働きかけ

まず、播磨国揖東郡日飼村（御三卿一橋家《ごさんきょうひとつばしけ》領）の豪農であった堀家を題材として、近世の身分制や領主制の特質が地域金融に対して有した規定性を考えてみたい。堀家は、一九世紀初頭には周辺地域だけでなく、数十キロ離れた備前国（岡山県南東部）の者へも貸付を行っていた（池田宏樹『近世日本の大地主形成研究』）。天保二〜三年（一八三一〜三二）にかけて堀家と備前国などの借用相手との間で争論がおこり、借用相手に「身代限《しんだいかぎ》り」（財産の没収による債務の弁済）の処分が下った。この処分を行うにあたって、堀家から出された天保三年六月二十五日の願書の一節が、以下のものである（堀謙二氏文書、「御用留《ごようどめ》」）。

（前略）来る廿日《はつか》出立にて備前表へ差し遣したく、然る処、大遠国の事故用達《ようたし》も下り申さず、諸事差し向いの掛合故、自然口論等に及び、又は狼藉《ろうぜき》がましき儀これ有り、請け取り方差し支えの儀も計り難く心配仕り候、何卒恐れながら備前地頭へ御添翰《おそえかん》御差し向け下し置かれ候はば、有り難く存じ奉り候、御添翰持参の上、諸向き相掛け合い候は、御威光にて請け取り方穏やかに行き届き申すべく様存じ奉り候（後略）

この時期、播磨国の一橋領の代官役所は川口役所《かわぐちやくしょ》（大坂川口）であり、日飼村や備前国からは遠く離れており、後者は「大遠国」と表現されている。「用達」は「用聞《ようきき》」ともいい、領主や幕府代官役所に出入りしてさまざまな役割を担っていた大坂町人であり、彼らは民間での争論の調停者として働くこともあった（村田路人『近世広域支配の研究』）。本史料では、天保三年七月二十日に堀家が代人を備前国へ送って身代限りの処分にもとづいて財産を受け取りたいと考えたが、「大遠国」であるために「用達」が来ず、相手方との直接のやりとりでは支障が生じるのではないかと危惧している。そして、この不安を払拭するために、川口役所から「備前地頭」（岡山藩主池田家《いけだけ》）へ「御添翰」（書状）を出してもらうことを願い出、「御添翰」を持参したうえであれば、一橋家の「御威光」によりやりとりも円滑に進むであろうと述べている。畿内における訴訟制度については踏み込まないが、貸付先の備前国と一橋家の代官役所があった大坂との距離的な隔たりによる問題や、領主の「御添翰」・「御威光」を求めていることは、近世の領主制（ここでは所領の分散・代官役所との懸隔）や身分制が地域金融に対して有した規定性を考えるうえで重要であろう。

同様に堀家周辺の事例から金融に対する領主の働きかけについて、巳年（天保四年）十二月三日に播磨国一橋家領の「高砂浦《たかさごうら》御用先役所」から同領の五ヵ村へ出された文書の写しからみていく（堀謙二氏文書、「御触書写帳《おふれがきうつしちょう》」）。なお、差出の「高砂浦御用先役所」の詳細は不明だが、堀謙二氏文書をみる限り、播磨国加古郡《かこぐん》高砂（姫路藩《ひめじはん》領）からの廻米《かいまい》などと関わって、一橋家の大坂川口代官役所の出張所のような機能を担っていたものとみられる。

（前略）其村々去る寅（天保元年）年違作《いさく》に付き、大坂川口御役所声懸かりを以て今堀長兵衛《いまほりちょうべえ》より銀子借り請け、卯（天保二年）より当巳（天保四年）まで年賦返済の処、当年猶又違作に付き、右返済銀利済ばかりにて、元銀来る午（天保五年）まで年延の義長兵衛へ声懸《こえがか》りこれ有りたき段願い出候に付き、其の段長兵衛へ申し渡し候間、右利銀の分早々長兵衛へ相済ますべく候、此書付村下請印せしめ早々順達、長兵衛へ利銀相済候届け相返すべきもの也（後略）

天保元年の「違作」（凶作）のため、村々が播磨国の一橋家領を担当する大坂蔵元《くらもと》（今堀長兵衛）から借銀をするにあたり、大坂の川口役所（一橋領代官役所）から大坂蔵元への「声懸り」が功を奏し、天保二年から同四年までの年賦返済が認められたことが記されている。なお、大坂蔵元は年貢米などの販売を担当した町人であり、一橋家の場合は年貢銀やその他の公金を取り扱う掛屋《かけや》も兼ねていた（東野将伸「近世後期の一橋徳川家における財政運営」、町田哲「一橋領知上方支配と川口役所」）。

「当年」（天保四年）に再度「違作」となったため、この借銀の返済を今年は利子のみとし、元銀の返済は天保五年まで延期してくれるよう、大坂蔵元へ「声懸」してほしいと村々は川口役所へ願い出ている。これをうけて川口役所は大坂蔵元へ村々の意向を伝え、村々に対しては利子を早々に支払うべき旨を命じている。この後、この借銀は天保六年になっても返済できておらず、同六年分も利子のみの支払いとしてほしいこと、元銀返済は同七年まで延期してほしいことが村々より願い出られている（堀謙二氏文書、「御用留」）。少なくとも天保四〜五年については、利子のみの返済とすることを、大坂蔵元が村々の意向の通りに認めたことがわかる。大坂蔵元は領主から任命される役職であり、この関係性のもとに領主からなされる「声懸」を断りづらい構造が存在したことは間違いないであろう。

以上の通り、ごくわずかな事例ではあるが、近世の領主制や身分制が経済・金融活動を規定する側面があり、場合によっては民間側に対して負担を強いる場面もあったことがわかる。

村役人による年貢立替

前節では共同体と「融通」との関わりを取り上げたが、村の有力者から小前に対して行われる、借り手にとって条件のよい貸付は、すべて共同体の論理にもとづく融通であったわけではない。村役人（とくに庄屋・名主《なぬし》）は村を順調に存続させ、村単位で課される年貢（年貢の村請制《むらうけせい》）を滞りなく納めることが領主から期待された職責であった（深谷克己『百姓一揆の歴史的構造』）。この職責を果たすために困窮者の年貢を立て替えることもあったとみるべきであり、これは村請制維持のために身分制にもとづいて行われる金融としての性格も有すると評価できよう。

一方で村役人には一定の経済力が求められる場合が多く、前述した通り社会通念（モラル・エコノミー観念）としておのおのが社会において適切な経済的役割を果たすべきとする思想も存在しており、これは主に社会の側（具体的には共同体や地域）からの要請であったといえる。これらのことから、身分制の論理と社会的要請や共同体の論理に規定されて、村役人からの年貢立替は行われていたと評価できる。このような年貢立替によって経営を悪化させる村役人も存在したことは、前述の通り大塚英二氏が強調している。

年貢の立替と都市への送付

「年貢の立替」という語句からは、前述の通り庄屋や名主が村人に対して立替を行う場面が多くの場合想定されてきたとみられる。しかし、個別の村人から領主のもとへ年貢が納められるまでには、庄屋以外にも複数の支配機構を経由する場合も多い。事例として、図5-1により文政十一～文久三年（一八二八～六三）における備中国の一橋家領の年貢を事例

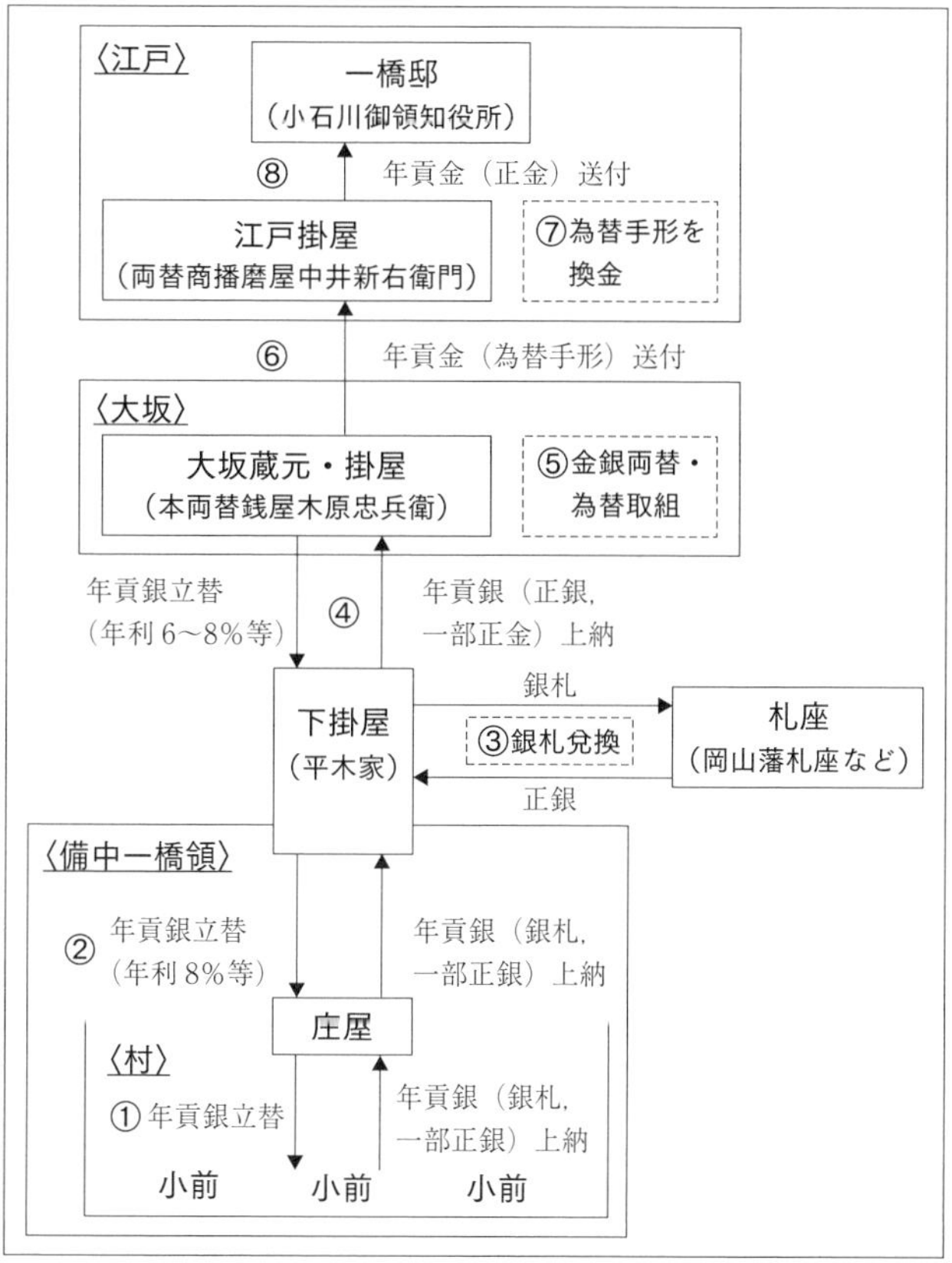

図5-1　備中一橋領の年貢銀収納経路（嘉永元年10月～同5年12月「御用留」〈井原市文化財センター寄託平木家文書近世1-15〉，安政6年12月「江原御役所御声懸を以平木晋太郎家名相続仕法一件御書下ヶ写」〈同19-241〉）

古賀康士「近世的殖産政策の生成と展開」（岡山地方史研究会・広島近世近代史研究会合同研究会報告，2010年6月2日），同報告をもとにした「近世的殖産政策の生成と展開」（『九州文化史研究所紀要』62，2019年）でも，上記「御用留」をもとに備中一橋領の年貢銀収納や貨幣・物資流通についての図と表が作成され，年貢銀収納経路についても述べられている．

として取り上げる。

村人から庄屋に納められた年貢（米と貨幣〈西日本では主に銀〉）のうち、年貢銀は庄屋から所領の「下掛屋《したかけや》」平木家のもとへと取り集められる。この時、納められた年貢銀には銀札《ぎんさつ》が含まれていたため、平木家は各地の札座《さつざ》にて銀札を幕府正貨（銀貨）に兌換《だかん》し、その後年貢銀（銀貨）を大坂の「大坂蔵元」（両替商）へと送る。なお、銀札の各札座への持ち込みは下掛屋のみではなく、各村の村役人（古賀康士「近世的殖産政策の生成と展開」）やその他の商人・豪農などによっても行われていたとみられる。その後、大坂蔵元から江戸の一橋邸へと年貢（貨幣）が送付されるが、江戸では主に金が使われていたため、大坂蔵元のもとで所領から送られた銀貨を金貨へ両替する。それとともに、大坂蔵元は正貨ではなく「為替」を取り組み、年貢金を「為替」として江戸の「掛屋」へ送る。貨幣そのものではなく、「為替」という信用によって成り立つ決済手段を用いて年貢金の大坂から江戸への送付が行われていたのである。この「為替」が「江戸掛屋」に到着し、幕府正貨（金貨）に換金されたのち、一橋邸の小石川御《こいしかわご》領知《りょうち》役所に納められ、所領から江戸一橋邸への年貢銀収納が完了している。

この収納ルートのうち、年貢銀の立替は村人→庄屋の場面に加えて、庄屋→下掛屋や下掛屋→大坂蔵元の間でも行われていた。例えば前者について、文久二年十二月に備中国後月郡梶江《かじえ》村《むら》庄屋朴介から御懸（掛）屋平木晋太郎へ宛てた「御《お》年貢《ねんぐ》銀《ぎん》立替証文《たてかえしょうもん》之事」では、平木家が金五〇両を文久三年までの期限で立て替えている（山成家文書、「諸証文控」）。

そして、平木家は安政六年（一八五九）より、経営悪化を理由として家政改革を行っているが、この際には地域の有力者・大坂蔵元・領主が深く関与し、同家の立ち直りが目指された（東野将伸「幕末期の掛屋と年貢銀収納」）。同家の経営悪化は、図5-1からもうかがえる通り、所領への年貢立替とこれによる大坂蔵元からの借銀、年貢銀として各村から支払われた銀札（藩札《はんさつ》）の幕府正貨への兌換の不全（各札座が銀札の交換に速やかに応じない）などによっておこったものである。同家が所領単位での年貢銀収納に関わる問題の多くを引き受けているという点で、備中国の一橋領にとって「有用」であると広く認識されており、そのために多様な主体の関与によって同家の家政改革——図5-1の年貢銀収納経路の維持が目指されたのである。

一橋家領の年貢米は、各村において村人から庄屋のもとへまず納められ、各所領から船で廻送され、江戸では蔵行司《くらぎょうじ》のもとに渡ったのち、一橋家家臣へ扶持米《ふちまい》が渡されていたようである（一橋徳川家文書、「積方御用留《つもりかたごようどめ》」「積方御用留」、茨城県立歴史館所蔵）。なお、蔵行司は江戸に運ばれてくる一橋家領の年貢米を取り扱うことを任せられていた町人である。慶応二年（一八六六）には所領からの廻米の遅れにより、家臣に渡る扶持米のうち二一〇石余を蔵行司が立て替えており、これによって一橋家から褒賞されている。年貢米の納入過程でも立替がなされる場合があり、あくまで蔵行司の言葉ではあるが、一年に七〇両の「失脚」（赤字か）があり、難渋している旨が記されている。

西日本に所領を有する領主は、江戸・大坂と所領に主な拠点を置いている場合が多く、年貢米・年貢金銀を所領から大坂や江戸へ輸送する必要があった。その過程に関与する「職責」を担った商人・町人らが、このような業務や立替—金融関係の負担によって経営を悪化させる場合もあった。このことは、領主制の特質（ここでは多くの領主が江戸・大坂など複数の拠点を有したこと）にもとづく流通構造によって不断に形成される金融関係と、それによって生じる民間側への影響の一つのパターンであったといえよう。

近世日本の為替ネットワーク

近世日本における手形を用いた遠隔地との金融について、引き続き備中国の一橋家領とその周辺を事例としてみていきたい。図5-2にみられる通り、備中一橋領の下掛屋平木家・備中国小田郡笠岡村《おだぐんかさおかむら》（岡山県笠岡市）の廻船《かいせん》業者・大坂両替商間の畳表《たたみおもて》売買をめぐる関係からは、年貢銀と関わる金融（為替）へ領主制が影響を及ぼしていた側面を見出すことができる（東野将伸「近世後期の地域経済と商人」）。備中一橋領では、下掛屋平木家が領内の畳表を集荷し、笠岡および周辺村の廻船業者がこの畳表を大坂まで運んでいた。この代金は、幕府正貨そのもの（小判や正銀《しょうぎん》など）が廻船業者によって備中国まで持ち帰られていたのではない。大坂で畳表の代金を受け取った廻船業者は、これを備中一橋領の大坂蔵元（両替商）へと持参して預け金とし、大坂蔵元が預り手形を発行し、廻船業者はこの預り手形を持ち帰って下掛屋平木家に渡していた。

そして、平木家は年貢銀送付の時期になると、正貨に加えてこの預り手形を大坂蔵元へと送付し、年貢銀と畳表代銀を相殺《そうさい》していた。この方法は、所領から流出する正貨を減らし、地域の貨幣流通を円滑にする（正貨不足を防ぐ）とともに、正貨を扱うコストを減らす機能を有していた。近世の身分制・領主制に規定された流通構造において、おのおのが利便性を追究するなかでこのようなしくみがつくられたとみられ、近世社会の制約下での金融面での進展と評価したい。

このような手形ネットワークは、周辺所領の商人にも利用されていたようであり、年貢銀収納という下掛屋と大坂蔵元との間での関係性は、民間の商取引にも活用されていた。領主制にもとづく商品流通・貨幣流通と民間経済との一体化の側面を見出すことができるのであり、ここからは金融面での地域側の能力の高さもうかがうことができよう。

領主による金融と利殖

商人や都市の両替商が領主に資金を貸し付ける、いわゆる領主貸《りょうしゅがし》については多くの研究があり、一般的にもよく知られた事象であろう。前節で取り上

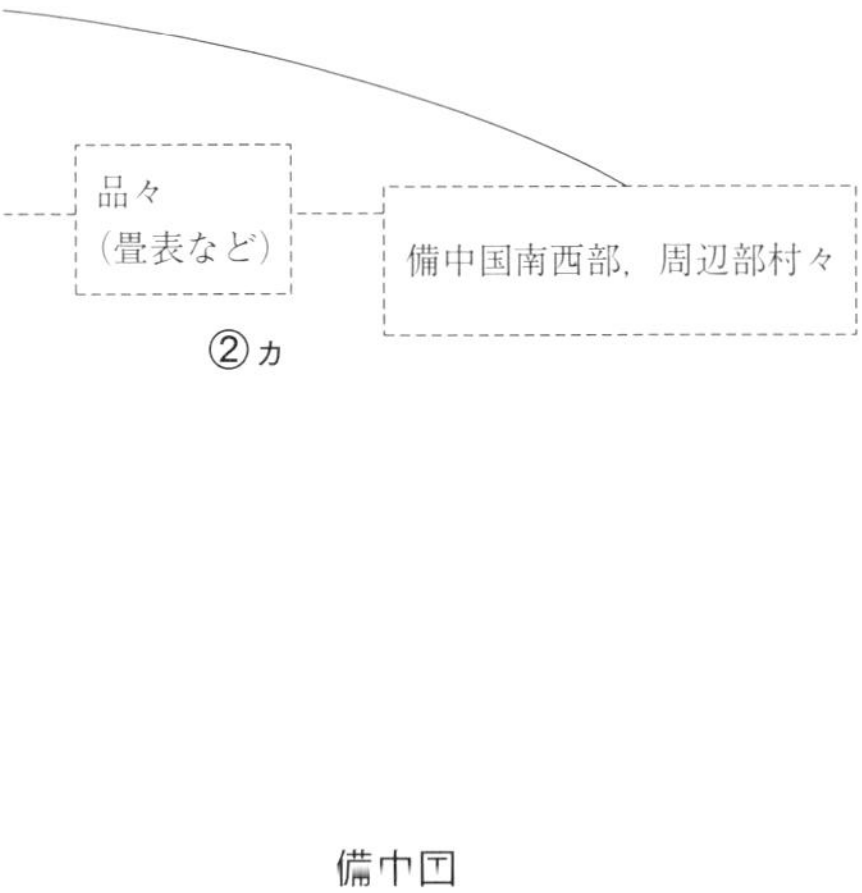

岡・大坂ルート，『銭屋忠兵衛記録』〈大阪歴史博物
19-250〉）

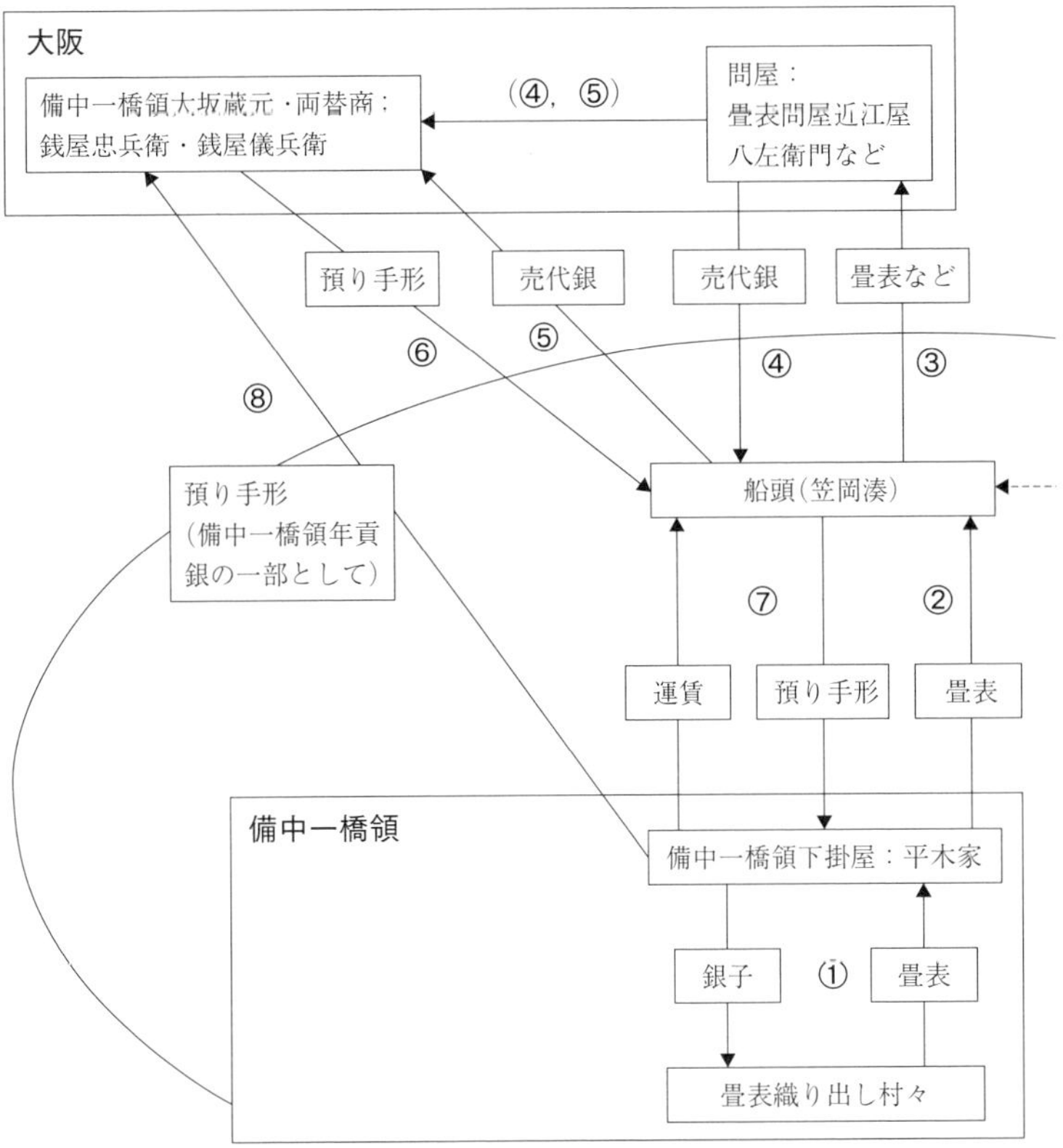

図5-2　文政11年〜天保期ごろの商品流通・代金決済の構造（備中一橋領・笠
館所蔵〉，文政13〜天保7年「文通留」〈井原市文化財センター寄託平木家文書近世

げた頼母子講にも、領主が講元（発起人）となって領主財政の補塡のために開始されたものがあり、地域や都市の有力者の参加をえるために働きかける事例もみられた（森嘉兵衛『森嘉兵衛著作集第二巻　無尽金融史論』）。また、地域や都市の有力者から領主への領主貸の際、特定の有力者が多くの出資者からの資金（「加入銀」など）を取りまとめて領主に貸し付け、返済元利を出資者に配分していた事例がみられた（常松隆嗣『近世の豪農と地域社会』、東野将伸「宝暦〜文政期の豪農金融と地域社会」）。以上のように、民間のネットワークを活用しつつ、組織的に領主への貸付が行われる場合も広くみられたのである。

一方で、凶作の際に領主が領民に対して資金を低利で貸し付けるなどの救済的な内容のものを除くと、領主と

「貸付」は、一般的にはあまりつながるイメージがないのではないかと思われる。しかし、江戸幕府による公金貸付の規模の大きさや支配体制の維持に有した意義については研究があり（竹内誠「幕府経済の変貌と金融政策の展開」）、個別領主も貸付や利殖を行っていたことが確認できる。

　個別領主の事例として、御三卿の一橋家では、江戸幕府の小納戸《こなんど》と勘定奉行《かんじょうぶぎょう》に対して「差加金《さしくわえきん》」という形で資金を預け、これらの二者が資金を幕領などに貸し付けて利金を一橋家に渡すという利殖がなされていた（東野将伸「近世後期の一橋徳川家における財政運営」）。また、一橋家は関係する江戸商人（一橋家江戸蔵行司の坂倉治兵衛《さかくらじへえ》や一橋家江戸掛屋の中井新右衛門《なかいしんえもん》）に対しても資金を預け、利子を取得していた（一橋徳川家文書「御積方御用留」「積方御用留」）。このうち、蔵行司の坂倉治兵衛は、自身が「家業違」であるためにいったんは貸付金の受け入れを断ったものの、最終的には資金を受け取って利殖することを了承させられている。年貢米を扱うことから、坂倉はおそらく米穀売買に携わる商人であったとみられ、このことから貸付金の引き受けや利殖は「家業違」であると述べたのであろう。

　以上のように、領主から商人に対して、相当程度強制的な貸付・利殖も存在していた。また、一橋家の備中領では、さまざまな出金元から取り集めた資金を、さまざまな目的（インフラ整備、商業の振興など）のために領主から所領へ貸し付けていた（東野将伸「近世後期の一橋徳川家における財政運営」）。領主が「貸付」という形で資金を所領に投下し、地域経済——ひいては税収を安定させようとする動きがあったことがわかる。

　以上のように、日本近世の金融を考える際、「貸手としての領主」という視角も意識されるべき論点である。

おわりに

本章では、近世の多様な金融とその根底にある関係や論理について、共同体の論理と領主制・身分制の論理に注目してみてきた。近世の金融は「高利貸し」と「融通」のいずれとも評価できるものがあり、また地域の産業と有機的な連関を持った事例もみられた。そのため、貸付条件や借用した資金の用途など、その金融の内実を先入観なく検討したうえで、金融の意義を判断する必要がある。

そのなかでも、領主制・身分制によって左右される金融のあり方は、身分制社会としての近世の特質が反映されたものである。村役人やこれよりも上部に存在する支配機構（幕領・御三卿領の掛屋や一部藩領の大庄屋《おおじょうや》など）による年貢の立替は、まさに身分制社会において有力者が課された役割にそって、金融と関係を持たざるをえない側面であった。このような側面を活用して経営を拡大する者もいれば、その逆に経営を悪化させる者も存在したのである。身分制社会における「役割」――換言するならば領主や地域から有力者が求められた「社会的有用性」ともいえよう――がもたらす利益と負担とを見極め、その家や個人にとってどのような意味を持ったのかを慎重に判断する必要がある。

列島社会全域でみると、近世には領主制の特質（多くの領主が江戸・大坂・所領など複数の拠点を有する）とも関わりつつ、地域・地方都市・中央都市（経済的側面では大坂・江戸）がつながることが前提とされた経済構造が構築され、中央都市と各地域社会との間での金融や資本面での関係も不可避的に存在した。年貢（米・貨幣）の移出だけでなく、地域から中央都市への産物の輸出とそれによる貨幣・収益の獲得によって領主財政や領内経済が成り立つ側面があり、この背景には中央都市商人による領主貸が存在する場合も多かった。これらの事象は、中央都市での民間の経済活動の高まりとそれらの都市を経済拠点の一つとして江戸幕府が設定したことにもとづく、資金とモノの集中がもたらしたものといえよう。

どの時代でもそうであるが、近世においても、支配領主の政策や制度的枠組み（領主制・身分制）と、民間社会の自生的な活動との双方が関連しつつ、当該期の経済・金融全体を形成していた。無論、後者が生産・流通・商業などの経済活動全般を担っていたのだが、前者が民間社会の活動全体に対して、近世を通じて質的な影響力を保持し続けたこと自体は、常に念頭におかれるべきであろう。

〔参考文献〕

池田宏樹『近世日本の大地主形成研究』国書刊行会、二〇〇八年
井原市史編纂委員会編『井原市芳井町史 史料編』井原市、二〇〇七年
植村正治『近世農村における市場経済の展開』同文舘出版、一九八六年
大島真理夫「近世後期農村社会のモラル・エコノミーについて」『歴史学研究』六八五、一九九六年
大塚英二『日本近世農村金融史の研究』校倉書房、一九九六年
神谷　智『近世における百姓の土地所有』校倉書房、二〇〇〇年
古賀康士「近世的殖産政策の生成と展開」『九州文化史研究所紀要』六二、二〇一九年
佐々木潤之介『幕末社会論』塙書房、一九六九年
澁谷隆一『高利貸金融の展開構造』日本図書センター、二〇〇〇年
竹内　誠「幕府経済の変貌と金融政策の展開」古島敏雄編『日本経済史大系4 近世下』東京大学出版会、一九六五年、のち竹内誠『寛政改革の研究』〈吉川弘文館、二〇〇九年〉に改稿のうえ所収
常松隆嗣『近世の豪農と地域社会』和泉書院、二〇一四年
中川すがね『大坂両替商の金融と社会』清文堂出版、二〇〇三年
東野将伸「近世後期の頼母子運営と豪農」『地方史研究』三七四、二〇一五年
東野将伸「豪農経営と親族ネットワーク」『ヒストリア』二四九、二〇一五年
東野将伸「宝暦～文政期の豪農金融と地域社会」『歴史科学』二二〇・二二一合併号、二〇一五年
東野将伸「近世後期の一橋徳川家における財政運営」『ヒストリア』二五九、二〇一六年

東野将伸「幕末期の掛屋と年貢銀収納」『歴史学研究』九六六、二〇一八年
東野将伸「近世後期の地域経済と商人」『日本史研究』六七九、二〇一九年
東野将伸「近世後期から明治期における質屋業と高額貸付」『日本歴史』八八五、二〇二二年
深谷克己『百姓一揆の歴史的構造』校倉書房、一九七九年
福澤徹三『一九世紀の豪農・名望家と地域社会』思文閣出版、二〇一二年
福山　昭『近世農村金融の構造』雄山閣出版、一九七五年
町田　哲「一橋領知上方支配と川口役所」塚田孝編『大阪における都市の発展と構造』山川出版社、二〇〇四年
萬代　悠「三井大坂両替店の延為替貸付」『三井文庫論叢』五五、二〇二一年
村田路人『近世広域支配の研究』大阪大学出版会、一九九五年
森嘉兵衛『森嘉兵衛著作集第二巻　無尽金融史論』法政大学出版局、一九八二年

第6章

大坂・堀江新地の茶屋と茶立女

吉元加奈美

はじめに

近世には、遊女《ゆうじょ》商売を公認された遊女屋が集住する遊廓《ゆうかく》のほか、宿駅《しゅくえき》の旅籠屋《はたごや》や茶屋《ちゃや》などの黙認遊所、違法な売女・売女屋など、日本全国に多様な売春に携わる業態が存在した。本章が分析の対象とする大坂にも、幕府公認の新町《しんまち》遊廓（以下では、新町とする）のほかに、遊女商売を黙認された茶屋が集まる黙認遊所が、芝居地である道頓堀《どうとんぼり》周辺や新地《しんち》に展開した（図6―1）。そして、遊女屋では遊女が、茶屋では茶立女《ちゃたておんな》が、遊女奉公《ほうこう》（主人が営む店で売春を含む接客をする）に従事した。

一般的に遊女奉公は、貧しい百姓・町人の「家」を出自とする若年の女性が従事した。数年～十数年の長期の年季契約が多く、給金前借り（契約時に年季分の給金が支払われる）の形態をとり、その給金は奉公に出された女性の家族が受け取った。これはその女性の負債となり、奉公先での稼ぎ（売上）から返済することになるが、奉公先での生活費のほか、着物や装飾品、化粧用品などの服飾費が売上から差し引かれるため、返済するどころか負債が膨らむことも多くあり、たとえ年季を満了しても、負債が残っていれば奉公を続ける必要があった（佐賀朝・吉田伸之編『シリーズ遊廓社会1』序章）。この

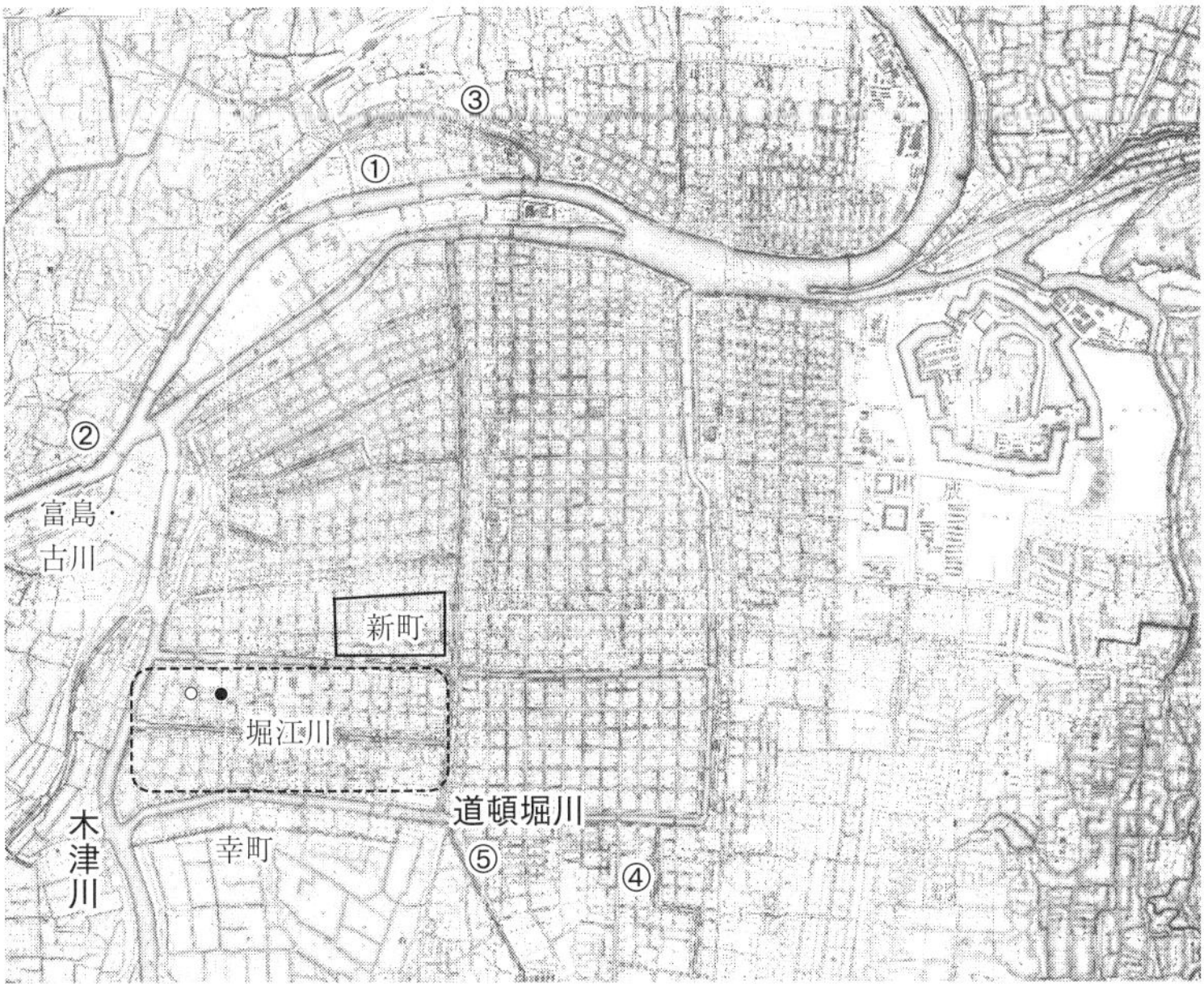

図 6−1　大坂の新地と堀江新地（内務省地理局「大阪実測図」〈明治 19 年製板〉より作成）

点線で囲ったのが堀江地域，●は御池通五丁目，○は御池通六丁目のおおよその位置を示す．

①堂島新地（元禄元年〈1688〉開発），②安治川新地（元禄元年開発），③曽根崎新地（宝永5年〈1708〉開発），④西高津新地（享保19年〈1734〉開発），⑤難波新地（明和元年〈1764〉開発）

ように遊女奉公は、ある程度まとまった金額の給金と引き換えに、長期間の売春を伴う奉公を強いられることから、形式上は奉公の一形態であるものの、事実上の人身売買であったといえる。

本章では、こうした遊女奉公の一事例として大坂の堀江《ほりえ》新地の茶屋の茶立女を取り上げる。なおすでに述べたように、近世日本には多様な売春業が存在し、公認／黙認といった政治社会レベルの位置づけの差異にとどまらない、固有のあり方を有していた。このことは当然の前提としつつも、それぞれの遊所に生きた女性たちが遊女奉公に従事していたという同質性をより重視し、大坂の茶屋の事例をもとに、近世社会で遊女として生きた女性の生き様に迫る（吉元加奈美「近世大坂における茶屋の考察」）。遊女と聞くと、映画・ドラマ・小説・マンガのなかで描かれる、きらびやかな衣装をまとい、文化的素養を身につけて客と交流する、美しい女性の姿を思い描く人も多いだろう。そうした遊女が存在したことも事実であるが、近世社会に生きた大多数の遊女は、こうしたイメージとはかけ離れた日常を送っていた。本章を通して、歴史社会に生きた遊女の姿をできるだけ具体的に描いていきたい。

1　近世大坂の遊所——新町と茶屋

遊女商売を黙認された茶屋

まず近世大坂の遊所の概要を述べる（塚田孝『近世大坂の都市社会』第Ⅱ部、および吉元加奈美「近世大坂における遊所統制」）。大坂の遊所統制の原則は、新町以外での遊女商売を一切禁止し、特権的に遊女商売を認めた新町の遊女屋仲間に、その見返りとして違法な売女・売女屋の取り締りを義務づけるものであった。同じく幕府の直轄都市である江戸・京都でも同様の政策が取られたことから、これが幕府の遊所統制の基本方針であったと考えられる。

しかし、一七世紀初期の段階で、女性奉公人を抱えることを認められていない茶屋が、売女を置くことが問題となっていた。延宝二年（一六七四）、大坂町奉行所《おおさかまちぶぎょうしょ》（大坂の都市行政・司法を担う役所。幕臣である旗本が務めた町奉行のもとに与力《よりき》・同心《どうしん》が配属された）は、その当時営業していた茶屋に茶屋株（茶屋の営業権）を発給し、以後は茶屋株を持たない者の茶屋営業を禁止するとともに、茶屋の営業許可地を道頓堀の芝居地周辺の町々に限定した。これも、茶屋の増大を抑えるための取り締りの一環であった。

転機となるのは元禄七年（一六九四）の茶屋掟《ちややおきて》である。町奉行所は、これまで売女問題の中心となってきた茶屋に対して、茶屋一軒につき茶立女二名の召し抱えを公認した。そして、茶立女の売春を認めるとも禁止するとも明言しないことで、茶屋の遊女商売を事実上黙認したのである。おそらく、遊女商売を黙認したうえで営業上の規則を定めることで、茶屋を統制しようとしたのであろう。遊女商売を公認しなかったのは、新町に加えて茶屋へも売春を認めることは、公認遊廓を限定して売春を取り締まろうとする幕府の方針にそぐわないと判断したためであろう。

実際、この茶屋掟を契機として、茶屋仲間（茶屋株で営業する茶屋の同業者組合）の取り締りのために、仲間内から茶屋年寄《ちややどしより》が任命され、茶屋掟のなかにも、奉行所が定めた茶屋掟を遵守すること、もし違反する茶屋がいれば、仲間全体の責任が問われる、と定めた箇条がある。このように、大坂町奉行所は、茶立女の公認を契機に、茶屋の統制機構としての茶屋仲間を成立させたのである。

また茶屋掟では、市中に売女・売女屋がいないように茶屋が取り締ることも命じられた。ただし、新町の遊女屋に対しても、茶屋掟に違反する茶屋の取り締りが命じられていることから、茶屋は遊所統制の担い手であると同時に、統制対象でもあった。なお茶屋掟では、茶立女の服装を質素にし、店のつくりや調度品を華美にしないこと、客の宿泊や茶立女の店外への派遣は禁止することが定められている。いずれも茶屋が新町の遊女屋同然の営業をすることを防ぐための規則であり、茶屋に認められたのは、あくまで遊女商売の「黙認」であり、公認遊廓と同等ではないことが示されている。

こうして大坂では、遊女商売の黙認という統制上の位置づけを茶屋に与え、それを前提に市中の違法な売女・売女屋を取り締る、独自の遊所統制が成立したのである。

茶屋の展開

これ以降、茶屋の営業許可地は新地開発の進展に伴って拡大していく。一七世紀後期の大坂では、水害防止と都市機能の充実を目的として河村瑞賢《かわむらずいけん》による一連の治水事業が実施され、それに連動して新地開発が進められた。元禄十一年（一六九八）に開発された堀江新地も、市中の水運の発達をねらった堀江川開削に伴って堀江川両岸の堀江地域（当時は畑地）が宅地化されたもので、同時期に開発された幸町《さいわいちょう》・富島《とみしま》・古川《ふるかわ》も、堀江新地として一括して扱われた。造成された家屋敷（土地）は、堂島《どうじま》新地・安治川《あじがわ》新地では地子銀《じしぎん》上納を条件に希望者にくじ引きで渡されたが、堀江新地・曽根崎《そねざき》新地では地代金の入札《いれふだ》が実施され、より高値を提示した者に渡された。

大坂町奉行所は、こうした新地の振興策として茶屋営業を許可し、それぞれの新地だけで使用できる株を発給した。堀江新地・曽根崎新地の場合、こうした特権を付与して土地が繁栄するように配慮することで、地代金を吊り上げる意味をもった。この時期の開発は幕府主導で進められたため、開発に投下した資金を回収するには、なるべく高く土地を分譲する必要があったのである。ちなみに両新地では、土地に付随した株として茶屋株が発給され、それぞれの新地に家屋敷を所持する家持町人《いえもち》（地主）総体で株を共有、管理した。茶屋営業希望者がいればこの株を貸し付けて株賃をえたが、それは家持町人たちの収入となった。このように、大坂の新地が茶屋営業許可地（＝黙認遊所）としての側面を有したのは、幕府主導の都市整備事業が実施されたことと密接に関連していたのである。

この後、一八世紀半ばには、町人の出願による新地開発（西高津《にしこうづ》新地・難波《なんば》新地）が行われた。これは出願者が開発請負人となる町人主導の開発で、芝居地近辺の土地を開発・売却してえられる利益を見込んだものであった。また、都市域に連続する村領内の新建家《しんたてや》（新たな町屋《まちや》）の取り立ても数多く認められた。こうした新地・新建家場にも、土地の賑いのために茶屋株が発給されている。このように一八世紀以降の大坂では、土地の繁栄策として新地に茶屋営業を認めることが広くみられた。なお、こうした新たな茶屋株が発給されたことをうけて、延宝期の株は茶屋古株、新地開発に伴う株は茶屋新株と区別されるようになった。この大坂独自の遊所統制と茶屋の展開は、厳しい風俗規制が実施された天保改革によって大きな変容を余儀なくされるが、紙幅の余裕もないので、この点についてはは別稿を参照してほしい（吉元加奈美「堀江新地における茶屋町」）。

2　御池通五丁目・六丁目の「茶屋町」と茶屋・茶立女

両町の「茶屋町」と茶立女

それでは、堀江新地に位置した御池通《みいけどおり》五丁目・六丁目の茶屋の事例から、茶屋と茶立女の具体相に迫っていこう。まず、両町における茶屋集中区域の概要と、茶屋・茶立女の基本的な性格をおさえる。なお、本章の内容は、両町の町政に関わる史料群である「小林家文書《こばやしけ》」（大阪市立中央図書館所蔵）の分析にもとづいている。小林家は明治期に両町の旧町域を含む区域の戸長《こちょう》を務めた家であり、幕末の一時期に御池通五丁目の町年寄《ちょうどしより》が六丁目の町年寄も兼帯したことから、両町の史料が小林家に伝来したと考えられる。町内の家屋敷の所持状況を記録した水帳《みずちょう》や、町内の全世帯の宗旨と構成員を把握した人別帳《にんべつちょう》（ただし、「小林家文書」に残るのは一九世紀以降のもののみ）といった、町で作成される基本的な史料のほか、町内の者が関与する事件・事故や、裁判に関する史料も豊富に残されている。事件・事故に際しては、事件当時の状況や関係者について説明する口上書《こうじょうがき》が町奉行所に提出されたが、その控えが町に残された。こうした書類からは、茶屋の日常的な営業の様子や茶立奉公の具体相をうかがうことが可能となるのである。

まず両町の茶屋の分布を確認しよう。図6‒2は、水帳をもとに一九世紀の両町の様子を示したものである。人別帳の記載をもとに、「茶立女」の肩書をもつ奉公人を抱える者を茶屋と判断して整理すると、茶屋は両町の町境をまたいだ五軒の家屋敷（A〜E）のみで確認できた。つまり茶屋は両町の全体に散在したのではなく、一体性をもって存在していたのである。以下ではこの茶屋が集まる区画を、便宜的に「茶屋町」と呼ぶ。なお、茶屋はすべて借屋人《しゃくやにん》であり、家持町人（地主）の茶屋は一人もいなかった。また、文化期（一八〇四〜一八）・文政期（一八一八〜三〇）・天保期（一八三〇〜四四）の人別帳をもとに茶屋軒数の推移を整理すると、多少の増減はあるが、五軒の家屋敷合計で二五〜三〇軒程度の茶屋が存在し、とくに茶屋の集中度が高い家屋敷B・Cが「茶屋町」の中心であったと考えられる。

次に、茶立女の人数をみてみよう。先述のように茶屋掟では、茶立女は一軒あたり二名までと定められていた。人別帳をみると、「茶屋町」のいずれの茶屋も「茶立女」は二名以下であったが、大半の茶屋が複数名の「下女」も抱えていた。つまり、実際は二名以上の茶立女を抱えていたが、茶屋掟を念頭において、人別帳では二名を超えた茶立女の肩書を「下女」としたのである。このように、公儀《こうぎ》に提出された史料では、茶屋の実態が町奉行所の統制に違反しない形で表現された。なお、「茶屋町」の平均的な茶屋は、「茶立女」二名に加えて一～三名の「下女」を抱える小規模なもので、「茶立女」と「下女」合計一七名の茶屋が最大規模であった。女性奉公人を一〇名近く抱えていれば、「茶屋町」では比較的経営規模が大きい茶屋であったといえるだろう。

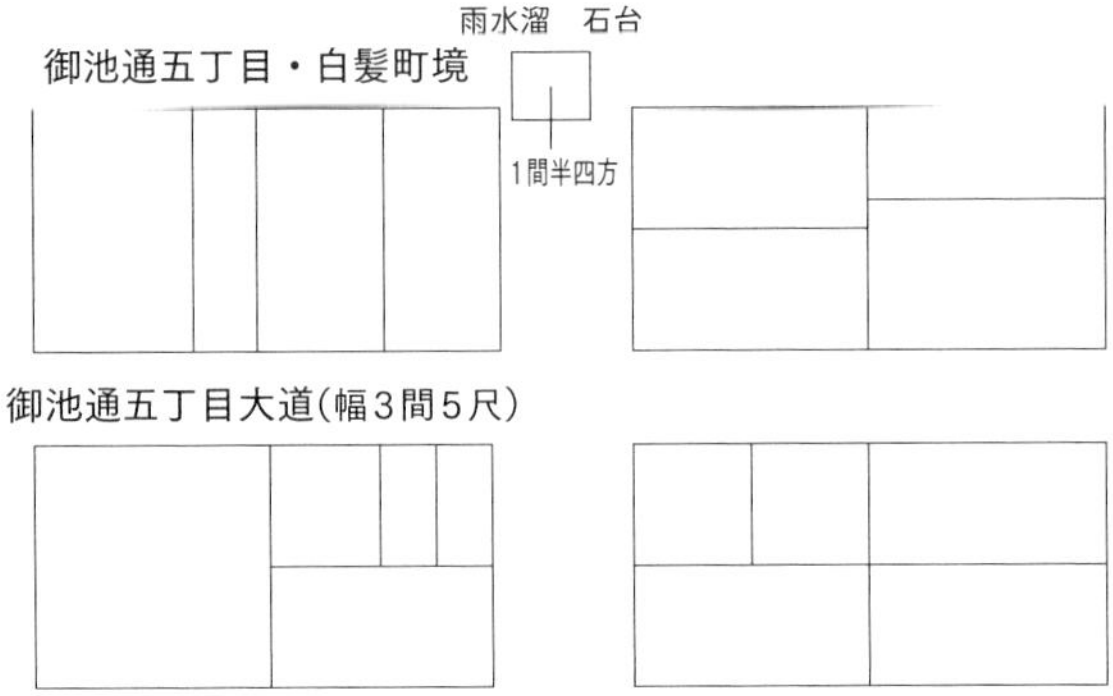

御池通六丁目の文化 12 年〈1815〉作成の水帳絵図を加工して作成）

このように両町の「茶屋町」は、町境を挟む一区画に中小規模の茶屋が二、三〇軒集まる、小規模な茶屋集中区域であった。なお、堀江新地開発で成立した町数は、堀江地域だけで二二町とかなり広域であり、茶屋営業は堀江新地全体に認められていたとはいえ、その全域に茶屋が分散したとは考えにくい。そのため、堀江新地には両町の「茶屋町」のような中小規模の茶屋集中区域がいくつか形成されていると想定され、このようなあり方が堀江新地における茶屋の存在形態であったと考えておきたい。

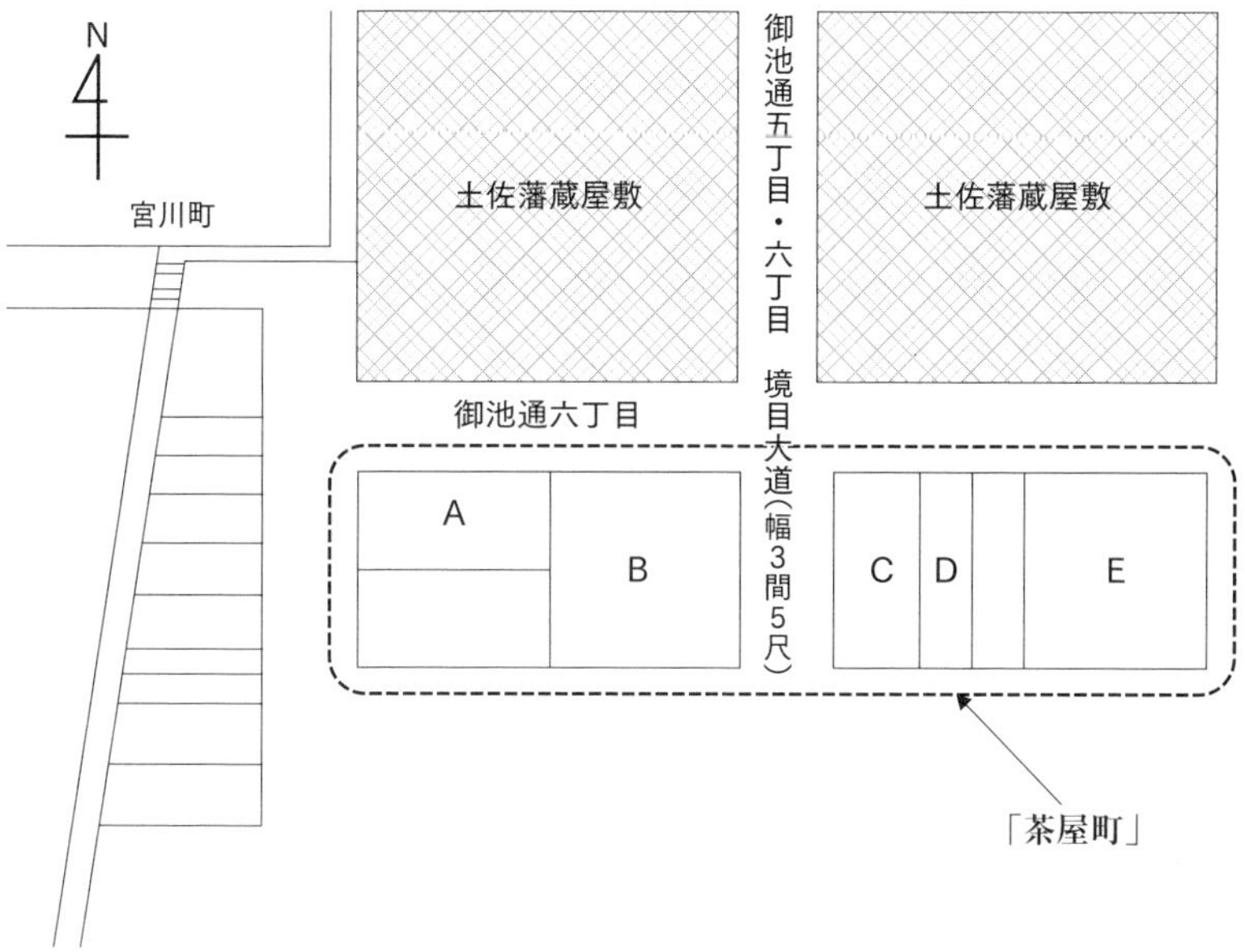

図6–2　19世紀の御池通五丁目・六丁目（御池通五丁目の文政8年〈1825〉作成の水帳絵図，

「茶屋町」の茶立女の出身地もみておきたい。遊女・茶立奉公は、奉公先を紹介する口入人《くちいれにん》の仲介で成立したが、両町の茶屋の場合も、茶屋が特定の口入人と取引関係を持ち、それを通して茶立女を雇い入れていたことが確認できた。こうした口入人は、大坂に限定されない固有の出入関係を各自が有していた。例えば、御池通六丁目家屋敷Bの阿波屋《あわや》幾松《いくまつ》（代判《だいはん》徳兵衛。代判人とは、世帯筆頭人である名前人が女性や幼年の者、病身の者などであった場合に置かれた後見人）の経営する茶屋（以下では、幾松茶屋とする）に出入りしていた口入人の和泉屋《いずみや》徳蔵《とくぞう》は、京都の遊所にも出入りしていたことから、京都出身の女性を幾松茶屋に紹介するとともに、大坂出身の女性を京都での遊女奉公に斡旋《あっせん》することもできた。こうした口入人のネットワークによって、両町の茶屋では、大坂市中のみならず、近隣都市の堺《さかい》や京都のほか、河内・和泉・播磨出身の茶立女が確認できた。

茶立奉公請状の特徴

茶立奉公契約についても確認しよう。一般的に奉公人を雇う際には、「奉公請状《うけじょう》」が作成された。これは、奉公人の人《ひと》主《ぬし》（身元引受人。多くは実の親兄弟）と請人《うけにん》（保証人。口入人が務めることもある）が主人に提出する証文《しょうもん》で、年季（雇用期間）や給金などの基本的な雇用条件を確認したうえで、①奉公人の身元が確かであることを保証し、②取逃《とりにげ》（奉公人が主人の金品を盗んで出奔《しゅっぽん》すること）など主人に不利益を生じさせた場合は補償することを誓約したものである。奉公契約においては、奉公中に不埒《ふらち》があった場合の弁済を保証する存在が不可欠であった。もちろん、遊女・茶立奉公においても奉公請状が作成された。

近世では、奉公請状のように内容が定型化した証文類は、雛形が作成・流布されることが多くみられた。そのため遊女奉公請状も、地域による多少の差異はあるものの、共通する内容の請状が広く用いられたが、一般的な奉公請状でみられる内容に加えて、特徴的な文言が含まれていたことが知られている（牧英正『近世日本の人身売買の系譜』）。このことをふまえて、「小林家文書」に残る「茶立奉公人請状」から、その特徴をおさえよう。

特徴の一つ目は、親類・兄弟・婚約者・「古い主人」などから奉公を妨げない、とする点である。売春という特殊性から、遊女・茶立奉公は、強制されたものではなく本人・親類ともに納得していることが、請状の書面上は原則とされた。そのため、奉公契約に異議を唱える者がいないことが確認されたのである。また、「古い主人」とは、これ以前に他の遊女屋・茶屋で奉公していた場合の主人のことを指し、住替え（契約期間中に別の遊女屋や茶屋に奉公先を変更すること）を想定した文言であろう。

二つ目は、奉公人が主人の気に入らない場合は、人主・請人が別の奉公先を探し、給金を前借りして主人に渡すと約束している点である。つまり、前借りした給金相当の売上が見込めない奉公人については、主人の同意のもとで住替えをしてでも不足分を補塡するということであり、主人にとって不都合であれば住替えとなることもありえたのである。

そして三つ目は、奉公人が病死、頓死、不慮の怪我などで死亡すれば、主人がしかるべき処置を取り、人主・請人への連絡はその後で構わない、とされる点である。文字通りに解釈すれば、奉公人が死亡しても親に知らせる必要はなく、主人のもとで遺体の火葬を済ませてもよいこととなり、年季が明ける前に奉公先で死亡した場合は、その対応は一義的には主人に委ねられたのである。奉公請状が定型化していることをふまえると、どこまで社会的実態を反映した文言であるか判断が難しいが、死後の処置に親類の承諾を必要としない文言が存在すること自体が、身売《みうり》奉公としての実態をもつ遊女・茶立奉公の特質を示していよう。

茶立奉公の性格

こうした奉公請状の特徴を念頭におきつつ、茶立奉公の性格をより深く理解するために、実際の奉公契約の様子をみておきたい。ここで紹介するのは、先述の幾松茶屋の茶立女わきが二重奉公に出された事例である。

わきの父・和泉屋七兵衛《しちべえ》には借金があり、その返済を肩代わりしたのが幾松茶屋であった。その返済方法は、七兵衛が娘のわきを茶立女として幾松茶屋で奉公させ、その売上から幾松の代判人である徳兵衛《とくべえ》が、毎月一定額を貸し主へ返済するものであった（なお、幾松茶屋の経営の実質は徳兵衛にあったと考えるため〈吉元加奈美「近世大坂における茶屋の考察」〉、以下では徳兵衛を主体として述べる）。しかし、返済が終わらないうちに、わきの母・なをが、「七兵衛が病気になり、看病の手伝いのためにわきを一度帰宅させたい」と言ってきたので、徳兵衛は一時的に帰宅させた。しかし実際は、七兵衛たちは内密で口入人・和泉屋徳蔵に頼み、わきを伏見《ふしみ》中書島《ちゅうしょじま》（遊所）の丹波屋《たんばや》たけのもとへ奉公に遣わしていた。わきが戻らないことを不審に思った徳兵衛が両親に掛け合うも埒が明かず、そうこうしているうちに、わきが不在のために返済が滞り、貸し主が返済を求めて訴訟をおこす事態となった。こうしたなかで、わきが伏見にいることを知った徳兵衛は、貸し主との対談・内済《ないさい》を進めるとともに、たけ・わき・和泉屋徳蔵を相手に引戻し出入（奉公人を連れ戻すための訴訟）をおこし、わきを連れ戻した。なお、この段階では七兵衛は家請小屋《いえうけごや》（家賃滞納などで借屋を追い出された者が、次の転宅先をみつけられない場合に収容された小屋）に引き取られ、なをは死去しており、訴えられていない。

以上の経過から、わきの両親は経済的に困窮しており、前借り給金を目当てにわきを丹波屋たけのもとへ二重奉公に出したと想定できる。そもそも幾松茶屋での茶立奉公も借金返済のためであり、わきは家族のために茶立奉公に従事させられていたといえる。なお、「小林家文書」に残る他の茶立女の事故死に関する史料でも、茶立女の親が、「身上不如意（経済的困窮）」のために茶立奉公に遣わしたと供述することがみられた。

こうした遊女・茶立奉公の自己犠牲的な側面は、大坂の遊女・茶立女が孝子褒賞《こうしほうしょう》の対象となった事例からも確認できる。褒賞対象となった遊女・茶立女はいずれも、経済的に不安定な借屋層の出身で、家計補助のために遊女・茶立奉公に従事せざるをえず、高齢の親を抱え、奉公期間中も献身的に家族の看病や世話をしていた（塚田孝『大坂 民衆の近世史』）。褒賞対象であるため、とりわけ悲惨な状況のなかで懸命に家族に尽くした事例であることを差し引いても、給金前借りの遊女・茶立奉公がもつ、自己犠牲的な性格の強さを確認できよう。

なお、茶立女の褒賞内容を伝達する町触《まちぶれ》では、家族と相談し、本人も同意のうえの奉公であることを示す文言がみられる。これは、遊女奉公が特殊性をもつことから、本人も納得のうえであることを示す必要があると考える、町奉行所の認識の表れである。先にみた遊女・茶立奉公請状の文言とあわせて、本当に奉公人が心の底から納得していたのか、また周囲からの強制がまったくなかったのかは別として、表向きは本人も同意のうえであることを示すことが重視されていたことが確認できよう。それでは、遊女奉公に従事せざるをえなかった女性たちは何を思い、どう過ごしていたのか。彼女たちが置かれた境遇とともに、次節でみていきたい。

3 茶立奉公の日常

茶屋の営業と茶立女

ここでは、御池通五丁目・六丁目の「茶屋町」の茶立女の暮らしを、茶屋でおきた事件・事故に関する史料から検討する。両町の茶屋でおきた事件を表6−1に整理した。①〜⑧の八件のうち、客が茶立女を襲った事件が大半であり、接客中に事件が発生することが多々みられた。こうした事件に際して作成された口上書からは、茶屋の営業の様子が具体的にみえてくる。

まず、茶屋は二階建ての建物で経営し、一階では茶立女の接客のもと酒食を提供し、二階の座敷で客と茶立女が同衾《どうきん》した。茶立女は酔った客の相手をすることも多く、不興を買って暴力をうけることもあった。茶屋掟では客の宿泊は禁止されていたが、深夜に二階で茶立女が襲われた事件もあり（表6−1−③）、実際は宿泊客も多かったようである。ただしこうした事件の口上書では、「茶屋の主人の知人が泥酔状態でやってきて、しばらく休ませてほしいと言うので、茶立女に介《かい》抱《ほう》させて二階で休ませたところ、何らかのトラブルがおこって茶立女を殺してしまった」という具合に、「客を宿泊させた」という事実を、「体調不良の知人の介抱」として説明する。これは、茶屋掟に抵触しないための言い換えであり、統制に違反したとみなされないように注意を払っているのである。

また、茶立女と客が同衾していたことが問題となる場合、両者の関係は「密通」と表現される。これは、婚姻関係をもたない男女が性的関係をもつことを示す文言である。つまり、遊女商売の黙認という政治上の位置づけを与えられた茶屋の茶立女は、客と同衾していても売春とは扱われず、客との「密通」として処理されたのである。この「密通」という文言は、さまざまな局面で茶立女と客の関係を説明する際に用いられた。

「茶屋町」でも、客が特定の茶立女と馴染みの関係になることが多くみられたが、こうした馴染客のなかには、茶立女が断っても強引に結婚を迫るような者もおり、関係がもつれると、刃物で襲うこともあった（表6−1−④・⑦）。茶立女が店先で襲われた事件には、客引き中のトラブルと考えられるもの以外に、訪ねてきた馴染み客の誘いを断って刃物で傷つけられた事例がみられた（表6−1−①）。

このほか、「小林家文書」に残る事故のなかでも茶立女特有の事例が、沖合で小船から転落して溺死する水難事故である。これは、大阪湾に注ぐ木津川《きづがわ》に近い両町で、茶屋が所持する小船を使って木津川に停泊する廻船《かいせん》の水主《かこ》を客引きする際におこる事故であり、おおよそ数年～一〇年に一度みられる。これも茶屋掟では禁止された、茶立女を店外へ連れ出す営業にあたるが、口上書では「酒食代銀を未払いの客（水主）が乗る廻船が出航したと聞き、客の風体《ふうたい》をよく知る茶立奉公人を同行して小船で追跡したが、便所に立ち寄るために下船しようとした際に過《あやま》って転落し、死亡した」と、あくまで未払い代銀の取り立てのためとして、出船した事実を茶屋掟に抵触しないように説明している。

このように、茶屋の営業は遊女屋とごく近似的であった。茶屋掟では、新町との差別化が強く意識されていたが、遊女商売を黙認した以上は、茶屋・茶立女の実態が、遊女屋・遊女と近似することは不可避であった。しかしながら、こうした日常の様相が事件などを契機に町奉行所の目に触れる局面になれば、茶屋掟が認める範疇におさまるような説明がなされた。こうしてみると、町奉行所の統制が形骸化したように思われるが、その評価は妥当ではない。むしろ、統制の枠組みが意味をもったからこそ、それを十分にふまえた表現で史料が作成されたのである。そのため、私たち読み手も、その統制の論理をふまえて文言を解読することで、史料上の表現の裏に隠された社会的実態を、過不足なく読み取ることができるのである。

茶屋から逃走する茶立女

ここまで茶屋の営業の様子をみてきたが、こうした茶屋での日常が、茶立女にとっていかなるものであったかを考えたい。「小林家文書」には、奉公先から逃走した奉公人を連れ戻すための引戻し出入の関係史料が全部で十数件確認できるが、そのうち取逃した下《げ》

奉公先の茶屋	出典
御池通五丁目家屋敷E 河内屋清兵衛	113　1
御池通五丁目家屋敷C 淡路屋善兵衛	113—2
御池通五丁目家屋敷C 和泉屋定七	113—3
御池通六丁目家屋敷B 和泉屋利右衛門	113—5
御池通五丁目家屋敷D 八幡屋平兵衛	113—6
御池通六丁目家屋敷B 笹屋鶴松代判徳兵衛	129—4
御池通六丁目家屋敷B 河内屋伊兵衛	113—17
御池通六丁目家屋敷B 中嶋屋治兵衛	5—6

表6-1　「茶屋町」における茶立女殺傷事件一覧

No.	発生年月日	被害者	事件概要
①	寛政11年(1799)5月2日	茶立女その	店先で切りつけられる（住所不明の大工与兵衛の求愛を拒否したためため立腹）
②	寛政13年(1801)2月20日	茶立女しか	殺害（安治川南一丁目非人番小屋内で非人番掟助が殺害）
③	享和3年(1803)6月24日	茶立女きよ	殺害（茶屋2階で四郎兵衛町綿屋藤七支配借屋淡路屋吉兵衛悴吉治郎が殺害）
④	文化7年(1810)11月11日	茶立女くま	茶屋2階で切りつけられる（無宿の船乗渡世徳之助の求愛を拒否したため立腹）
⑤	文化11年(1814)5月24日	茶立女むめ	店先で殴られる（常連客と人違いをしたために，川本町天王寺屋九兵衛支配借屋亀屋松兵衛に平手打ちされる）
⑥	文政3年(1820)5月28日	笹屋鶴松茶屋襲撃	集団での暴動（27日夜，店先で客引き中の茶立奉公人と土佐藩蔵屋敷中間がトラブルとなり家内の者と喧嘩に発展，翌日，その報復として中間7,8名が襲撃）
⑦	天保4年(1833)11月27日	茶立女まさ	茶屋2階で切りつけられる（伏見屋四郎兵衛町名田屋吉治郎借屋塩飽屋友蔵が，友蔵の誘いを風邪を理由に断ったまさが，他の客の座敷にいたことに立腹）
⑧	天保9年(1838)7月	茶立女うの下女とく	客引きトラブル（客を強引に引き込んだため）

出典はすべて「小林家文書」(大阪市立中央図書館所蔵)．番号は目録番号．

人《にん》の事例（一件）以外はすべて茶立女の引戻し出入であった。前述の茶立女わきは本人の意思によるものとはいえないが、その他は茶立女が実親や親類のもとに逃げ込んだ事例である。一般的な奉公人と比べてかなりの数の事例が残ることからは、逃亡を決断させるほどに茶立奉公が過酷であったことがうかがえる。また訴状《そじょう》からは、たびたび掛け合っても奉公人が戻らない場合に訴訟に至ったことが推測され、実際はもっと多くの茶立女が逃走していた可能性もあるだろう。

しかしながら、彼女たちが頼れる場所はごく限られており、多くの場合はすぐに茶屋の主人に発見され、連れ戻された。また訴訟に至れば、奉公請状を交わした給金前借りの奉公人であるため、基本的には茶立女を主人のもとへ返すことで決着した。ここからは、年季契約のもつ法的拘束性からは、容易に抜け出せないことがわかる。

「小林家文書」には訴状以外残されていないため、『大坂都督所務類纂』（吉田徳夫・小椋孝士編『近世法制史資料集成　第六期』『同　第七期』）に含まれる事例を用いて、茶屋から逃走する茶立女の心情に迫ってみたい。これは、寛政期から文政期（一七八九〜一八三〇）におこった事件について、大坂町奉行が大坂城代《じょうだい》（大坂在勤の役人を率いて政務を行うほか、大坂城の守護・西国大名《さいごくだいみょう》の動静の監督にあたった役職）に、罪人に科す量刑の判断を仰いだ吟味《ぎんみ》伺　書《うかがいがき》を、当該期に大坂城代を務めた松《まつ》平右京太夫輝延《だいらうきょうのだいぶのぶてる》家で収集したものである。

このなかには、文政元年（一八一八）十一月に、富島二丁目中屋嘉兵衛《なかやかへえ》支配借屋大和屋《やまとや》久兵衛悴《せがれ》の茂三郎《もさぶろう》が、安治川上二丁目の大和屋又右衛門《またえもん》茶屋の茶立女りうを連れて茶屋から逃走した事件の記録がある。町奉行による茂三郎の罪状書によると、当時二八歳の茂三郎は、りう（当時二四歳）と「密通」の関係にあり、りうが「奉公難渋（茶立奉公が苦しく辛い）」と話すのを聞き、「如何様共《いかようとも》勘弁いたし遣わすべし（何としてもりうを助けてやろう）」と思って茶屋から連れ出した。そして、りうを方々の知人に預けて匿ってもらっているうちに、翌年二月に召し捕らえられた。おそらく、主人の又右衛門から町奉行所に届け出があり、りうの捜査が行われていたのであろう。逮捕された茂三郎は、未婚の女性と密通し、誘引した罪にあたるとして、三〇日の手鎖《てじょう》（軽微な犯罪への罪科で、手錠をしたうえで自宅に謹慎させる）が科された。なお、りうは茂三郎に連れ出された立場として扱われ、町奉行所からの処罰は科されず、主人の又右衛門に引き渡しとなった。なお、りうの罪状書によると、りうは茂三郎に従って逃走したことを後悔し、今後は心を入れ替え、残りの年季分の奉公をしたい、と述べているという。

奉公先の茶屋	出典
御池通六丁目家屋敷Ｂ 播磨屋平治郎代判久兵衛	112—1
御池通五丁目家屋敷Ｃ 和泉屋定七	112—6
御池通六丁目家屋敷Ｂ 播磨屋善兵衛	119—10
御池通五丁目家屋敷Ｃ 和泉屋太兵衛	111—8
御池通五丁目家屋敷Ｄ 戎屋幸助	111—9

表6-2　「茶屋町」の茶立女の自殺一覧

No.	発生年月日	被害者	事件概要
①	寛政5年(1793)11月25日	茶立女みつ	今宮戎境内広田社の森で相対死
②	文化5年(1808)6月2日	茶立女みね	首つり自殺
③	文政9年(1826)9月24日	茶立女（試用期間中）なみ	首つり自殺
④	天保4年(1833)9月23日	茶立女しか	入水自殺（御池通六丁目の湯屋に向かうと告げて外出し，安治川下手で水死体発見）
⑤	天保5年(1834)5月16日	茶立女なか	入水自殺（14日夜家出し，16日朝木津川筋下手にて死体発見）

出典はすべて「小林家文書」（大阪市立中央図書館所蔵）．番号は目録番号．

「小林家文書」の事例とは異なり、茂三郎の手助けをえられてはいるが、これも茶立女の逃走の一事例である。そして、茶屋から逃走する動機が、茶立奉公の辛さであったことがよくわかる。また、「小林家文書」の史料と同様に「密通」とされているが、茂三郎もりうの馴染み客であろう。両者は年齢も近く、恋愛感情に近いものをお互いが抱いていたのかもしれない。過酷な奉公に身を置くりうのことを思って茂三郎は手を尽くしたのであるが、主人の承諾なく茶立女を連れ出したことで捕縛対象となり、罪に問われることになった。そして、りうも主人のもとに戻らざるをえなくなり、本心かどうかはまったく疑問であるが、奉行所の取調べでは後悔の念を述べている。

茶立女の自殺

このように、茶屋での過酷な日々に耐えかねて、そこから逃れたい一心で逃亡する事例が数多くみられた一方で、茶立女の自殺も複数例確認できる。両町の「茶屋町」における茶立女の自殺の事例を表6−2にまとめた。ここでは、「茶屋町」の茶立女が死亡した事例について、事故と自殺での対応を比較しながら、茶立女の自殺について考えてみたい。

茶屋で死亡事故・自死が発生した場合の対応については、事例によって多少の差はあるが、おおむね以下のように整理できる。まず、事故・自死の発生を、茶屋の主人と町役人（町の代表である町年寄や月行司《がつぎょうじ》）が、町奉行所に書状で報告する。入水自殺や水難事故で死体発見に時間がかかった場合は発見次第、そうでない場合は事故や自死の発生時に、町奉行所に検使《けんし》役人の派遣を願う。検使役人の要請とほぼ同時に、奉公請状の連印者に連絡し、親や請人が大坂以外の者であれば、大坂へ来るよう求める。そして、盗賊方《とうぞくかた》（警察機能を担当する町奉行所内の部署）から検使役人が到着して、死体の検分が行われた。それが終わると、関係者一同が町奉行所に召し出されて事情聴取が行われ、口述内容を口上書にまとめて町奉行所に提出した。この時に主人・親類一同から、「死体片付（火葬すること）」の許可を願い出ており、検死結果と聴取内容をもとに事件性がないと判断されて町奉行が許可すれば、「死体片付」が仰せ渡され、遺体を墓地（両町の場合は最寄りの千日《せんにち》墓所）に送り、火葬することができる。なお、親類が呼び出されるのは事件の場合も同様であり、病死などの自然死でない場合は、町奉行所での手続き上、親類への連絡は必須であった。

この一連の手続きのなかで必ず確認されるのは、①事件性が疑われるような事情に心当たりがないか、②茶立女の死亡に関して親類一同も申し分がないか、である。それに対する応答は、確認できる史料においては、①当該の茶立女が茶屋の主人や家族、同朋《どうほう》の奉公人たちと仲睦まじく過ごしていたことを説明し、②茶立女が死に至るまでの状況について主人の説明通りで間違いないと親類一同が返答する、というものであった。こうした確認と応答は、「小林家文書」に残る茶屋以外の事故・自死の史料でも共通してみられることから、事件性がないことを確認するための定型化したやり取りであったと考えられる。むしろ、町奉行所の吟味をスムーズに終わらせることができるからこそ、事故・自死における状況説明が定型化していったのではないだろうか。

自死の場合は、以下の説明も加えられる。まず、事件性がないことを示すために、持病を患っていて悩まされていた、癇性《かんしょう》（ヒステリーや神経症などの精神病）で正常ではなかったなどと、「病気」が自殺の原因とされた。これも、茶屋以外の自死の事例でも広く用いられており、当人の「病気」を指摘することも、吟味を長期化させないための常套句だったようである。茶屋の事例では、これに加えて、「病気」に対して主人が懸命に薬用介抱をしたことが強調されたり、家内の仲睦まじさだけでなく、喧嘩口論は一切なかったとの文言が加えられたりすることが、かなり多くみられた。このように、茶立女の自死の場合には、事件性を否定するだけでなく、自殺の原因に心当たりはなく、茶屋側に責任がないことが、より丁寧に説明されるのである。

この背景には、遊女奉公において、奉公人が主人から手荒な折檻《せっかん》をうけることがあるという共通認識が当時の社会にあった。実際、茶立女しかの自殺の事例（表6―2―④）では、町奉行が主人に、「しかが不奉公だった際に、厳しい折檻をうけたことを苦に思い、自殺したのではないか」と尋問していた。町奉行も、こうした社会通念を共有していたのである。さらにいうならば、折檻が常態化しやすいと広く認識されていたからこそ、茶立女の自死では、折檻を疑われないようにいっそう丁寧な説明がなされ、それが定型化したのではないだろうか。こうしてみると、「病気」という常套句は、茶立女の事例では、自死を選択した本人の意思を曖昧にする効果をもったといえるだろう。

「茶屋町」の事例からは、自殺の背景にあった事情はわからないが、少なくとも自殺を選ぶまでに追い詰められた状況があったのは間違いないだろう。なお、茶立女なみ（表6―2―③）は、茶屋に到着してから約一週間後に心身衰弱の様子となり、その翌日に首を吊ってしまった。奉公開始間もなく自殺していることから、見知らぬ男相手に売春することを強いられる生活が、あと何年も続くということに絶望したのかもしれない。遊女・茶立奉公に従事せざるをえない状況に置かれたことがもつ悲惨さを実感させられる。

なお、自死を選ぶ茶立女のなかには、客として出会った男と心中《しんじゅう》する者もいた。茶立女みつ（表6―2―①）は、今宮神《いまみやじん》社《じゃ》境内の広田《ひろた》社《しゃ》の森のなかで、かねてから「密通」していた男と心中した。「茶屋町」の事例はこの一例のみであるが、千日墓所で遺体が取り扱われた心中の事例からは、幕府が心中に対する厳しい罰則を定めた享保八年（一七二三）以降も心中はしばしばおこり、身元が判明する女性のうち、その四分の三を遊女や茶立女が占めていたことが明らかにされている（塚田孝「研究ノート　大坂「千日墓所一件」に見える心中」）。

茶立女わさ付け火一件

以上から、遊女・茶立奉公の過酷さを実感できるが、茶屋での生活を過酷なものとする主要な要因の一つが折檻であった。ここで、「茶屋町」でおこった茶立女による付《つ》け火《び》事件を紹介したい。

天保十一年（一八四〇）八月十八日九つ半時（正午過ぎ頃）、御池通五丁目家屋敷Cの敷地内をはしる裏路地にあるゴミ捨て場と、板塀（家屋敷の敷地を囲う塀）の間から煙が上がっていたため、町の人たちが駆けつけると、普段は火の気のないはずの板塀と隣の家屋敷Dに建つ裏借屋《うらしゃくや》の裏手の軒先が燻《くすぶ》っていたため、みなで消火した。幸い、建物や植木に火が移ることもなく小火《ぼや》で済んだ。

同日、家屋敷Dで茶屋を営む播磨屋《はりまや》万治郎《まんじろう》代判惣兵衛《そうべえ》と「所の者（家持町人と町役人）」が、大川町会所《おおかわまちかいしょ》（現在の中央区北浜）に呼び出された（以下、彼の茶屋を万次郎茶屋とする）。彼らが駆け付けると、万治郎茶屋の奉公人が全員揃っており、西町奉行所の同心である松浦豊次郎から、先述の小火について、過失での出火であると町奉行所に届け出てから戻るように命じられる。なお、大坂町奉行は西町奉行と東町奉行の二人体制で、それぞれの町奉行所が設置された。東西奉行所は月番で窓口業務を務めたが、この月は東町奉行所が当番であったため、小火については東町奉行所に届け出ている。

彼らが戻ると松浦から、わさが万治郎茶屋の茶立女（実際のところは試用期間中）であることを確認したうえで、「わさが主人（＝実質的には万次郎の代判人である惣兵衛）の手荒い折檻を苦痛に思い、日笠に火を入れて付け火をしたことから火が出たので、わさは牢屋敷に留め置くこととなった。他の奉公人は連れ帰り、お前たちは明日改めて西町奉行所の盗賊方役所へ出頭するように」と言い渡される。

このように、小火は折檻に苦しむ茶立女わさの仕業であった。状況から判断するに、わさは自訴したと推定されるが、その目的は、放火の犯人として取り調べをうけ、そこで主人の折檻を訴えることであろう。他の奉公人も大川町会所にいたことから、実行犯はわさであっても、主人の折檻に耐えかねていたのは他の者も同じだったのかもしれない。わさたちが訴え出たのが西町奉行所であったためか、わさの吟味は西町奉行所がこの後も担当した。町奉行所は、わさから事情を聴くことにしたのである。

なお、この三日後の二十一日に、万治郎茶屋に同居している万治郎の姉すみと伯母もとから、「わさは病気のうえに乱《らん》心《しん》同様の者であるため、火には近付けないように気を配ってきた。それにもかかわらず、自分が付け火をしたなどと申し上げたのは、まったく乱心ゆえである。実際は、私たちが十八日の朝にわらを焚き、水をかけた灰かすを捨てたものが、消火しきれておらず出火してしまったのであって、小火は私たちの不注意が原因なので、わさは放免《ほうめん》してほしい」という趣旨の嘆願書が提出された。これは、わさが精神異常者であるとして、わさが付け火をしたこと自体を否定するものである。姉すみと伯母もとの言い分が通れば、付け火をしたことも、その発端となった折檻も、事実かどうか疑わしいものとなる。これは、主人に対する吟味を阻止するための行動であろうが、この嘆願書が受理された様子はない。

その後、八月二十五日に再び西町奉行所に主人らが召し出され、与力の松井与五右衛門から、わさが手鎖となったことが言い渡された。取り調べた結果、わさが嘘をついていないと判断した町奉行所は、刑罰を科したのである。それをうけて主人側は、「わさは乱心で意味不明なことを申し立てるので、不憫に思い医者に診せて薬用介抱をし、火の元も常々注意してきたが、私の監督不行き届きで差し火をしたことは、申し開きもできない。まったく乱心であるがゆえのことなので、どうか手鎖を容赦してほしい」との嘆願書を提出した。また同時に、「茶屋町」の「茶屋惣代（代表者）」として御池通五丁目・六丁目の茶屋三名ずつが連署し、同内容の嘆願書を提出している。いずれも、「わさが乱心ゆえに差し火をした」と主張することが主眼であり、わさが正常な判断にもとづいて行動したことを否定しようとしているのである。これは、すみ・もとの嘆願書と同様に、折檻の有無へと捜査が波及することを防ぐ目的があるといえよう。また、放火という重罪を奉公人が犯せば、当然主人の責任も厳しく追及されるが、それを乱心という「病気」のせいにすることで、緩和しようとしているのである。

なお、この二通の嘆願書とともに、わさを雇用するまでの経緯をまとめた説明書も、万治郎茶屋から提出されている。それによると、わさは六年ほど前に惣兵衛が奉公先を斡旋した者であり、この四月十六日に惣兵衛が知人の京都橋本町《はしもとちょう》の近江屋《おうみや》治兵衛宅（おそらく遊女屋か茶屋）を尋ねた際に、「先年病気で親元に戻ったが全快したので、連れ帰って奉公先の世話をしてやるか、惣兵衛の茶屋で雇ってほしい」と託され、やむをえず連れ帰った、と説明されている。そして、惣兵衛は自分で雇うつもりはなく、他の奉公先を探しているうちに、わさが病気になったという。近江屋治兵衛たちに連絡したが、「そちらで養生させ、全快次第、どのようにでも取り計らってほしい」と言われてしまい、仕方なく試用し、乱心同様の病気の介抱もしている、と惣兵衛は述べている。

ここからは、わさが「茶屋町」に来る以前から長らく遊女奉公に身を置いていたこと、なかば厄介払いのように惣兵衛に託されたことがうかがえる。近江屋治兵衛のもとでも「病気」だったようであるが、こうした扱いからは、よい待遇をうけていたとは思えない。また惣兵衛も、わさの奉公先を早く見つけたかったようだが、わさの「病気」のためか別の理由があったのか、それは叶わず、やむをえず自身の茶屋に置いていた様子である。こうした経緯をふまえると、わさが惣兵衛にも厄介者扱いをされていた可能性は高いと考えられる。

以上の三通は、町奉行所に受理されたものの、「今日のところは引き取るように」と言われるのみであり、この後の経緯も史料が残されていないため不明である。

わさの事例は、折檻を苦にした茶立女が、主人の非道な行いを町奉行所に訴えるためにとった行動であった。それに対して、主人とその同業者たちは、わさが「乱心」であると強調し、彼女の意志を否定しようとしたのである。このように、「病気」という文言は、本人の主体的な行動や意志を否定するために活用されたのである。

遊女・茶立奉公と折檻

先ほど紹介した『大坂都督所務類纂』にも、西高津新地九丁目の小町屋卯兵衛借屋の茶屋である丹波屋十兵衛が、茶立女みつを折檻したことで、文化十三年（一八一六）十月二十五日に入牢となった事件の記録がある。事件当時、一八歳のみつは、文化十二年の十二月に雇用されたが、病気と称して十兵衛の言いつけを聞かず不奉公であり、同月十七日には十兵衛のもとから逃走した。その時は連れ戻されたものの、翌年十月一日に再び逃走し、三日後に発見され、再び連れ戻された。主人の十兵衛は、叱っても詫びる様子もないみつに腹を立て、下女きのにも手伝わせて、みつをうつぶせにして押さえつけて馬乗りになり、火鉢《ひばち》の炭火を太股と足の裏に乗せる折檻をした。このことが露顕した理由は不明であるが、これが町奉行所の知るところとなり、入牢を命じられたのである。

なお、みつは、火傷も治癒しており、癇性のせいで不奉公だったがゆえのことなので、主人に申し分はないと述べ、みつの兄と請人も、「みつは癇性のため、奉公に出す前も失踪することがあり、また十兵衛が私たちにみつの不奉公を諌めるように求めたこともあった。癇性であるとはいっても、不奉公なのは間違いなく、そのせいでおきたことなので、傷が平癒した以上は主人に申し分はない」と述べている。

町奉行所は「ほかにもたびたび不法の折檻をしたのではないか」と取り調べを重ねたが、十兵衛は否定し、また、みつとみつの兄と請人の証言もあることから、十兵衛に五〇日の手鎖を申し付けた。なお、みつも事件の当人であるため、吟味・審判が終了するまでは、所預け（町に身柄を預けること）となっていたが、文化十三年十二月十九日、見張り番の隙を見て逃走し、そのまま行方知れずとなった。

このように、たとえ奉公人の勤務態度がよくないとしても、度が過ぎた折檻を行えば処罰されるのである。しかし、本人と親類からは、奉公人側にも落度があったことが説明され、それほど重い罪に問われることはなかったようである。そして、主人が折檻をするほどに手を焼く理由付けとして、癇性という「病気」が用いられることも注目される。ここでは、不奉公も逃走も癇性ゆえの異常行動として説明されているが、おそらくは茶立奉公の苦痛に耐えがたく、逃れようとしていたのであろう。だからこそ、自身も所預け中でありながら、主人が入牢して吟味をうけている間に、隙を見て逃亡したのではないだろうか。

なお、吟味伺書では、量刑の妥当性を判断するための材料として、過去の類似の犯罪が参照されるが、十兵衛の事件でも、享和元年（一八〇一）の新町・新京橋町《しんきょうばしちょう》の遊女岩崎に対する折檻の事件が参照された。この事件は、岩崎の遺体に傷があることで露顕したもので、岩崎の奉公先のしな（主人ではないが、遊女屋の家内の者）は、「奉公人は厳しくしなければ怠けるにちがいない」と考え、ささいなミスや病気でも厳しく叱って折檻しており、病弱な岩崎が体調不良を訴えても、不奉公だと叱りつけ、食事を抜く、十分な着類《きるい》を与えないといった折檻を繰り返し、岩崎が死亡した朝には殴ってもいた。しかし岩崎の親類から、「こうした厳しい折檻にあったのも、岩崎が病気のうえ、奉公がおろそかだったためである。死亡した日も、脅し程度に軽く叩いただけだという、しなの証言に不審点はない」との証言をえたことで、手鎖五〇日となった。そしてこの量刑が、十兵衛にも踏襲されたのである。なお、参照例は直近でおこった事件を選んでいるようであるが、十兵衛の先例が一五年前の事件であることからは、折檻が露顕することが少なかったと推定できよう。

『大坂都督所務類纂』の事例を参考にすると、茶立女わさの場合も、折檻をうけたという彼女の申し立てが尊重されれば、主人に吟味が及んだと考えられる。だからこそ主人とその家族、そして「茶屋町」の茶屋が一丸となって、わさを狂人とすることで吟味を回避しようとしたのである。また、これらの事例からは、遊女・茶立奉公における折檻は、病気による心身不調、奉公に対する拒否感などのさまざまな原因での不奉公、つまりは稼ぐことができない場合におこると想定できる。給金前貸しの奉公人であるからこそ、投下した資金に見合わない遊女・茶立女は冷遇されたのだろう。しかし、それはしばしば度を越えた暴力となり、遊女・茶立女の生活を脅かし、死を選ぶまでに追い詰めた。

このなかでわさは、小火騒動をおこすことで、自身の境遇を町奉行所に訴える機会をえた（しかし、茶立奉公から抜け出せたかは不明である）。なお、江戸の新吉原《よしわら》遊廓でも、主人の非道を訴えるために、最小限の被害に収まる火災を遊女が計画的におこした事件がある（横山百合子「遊女の「日記」を読む」）。限られた事例ではあるが、彼女たちの行動からは、遊女・茶立奉公のなかに身を置かざるをえなかった、過酷な日常を実感できる。

おわりに――茶立女の生み出す利潤の行方

本章では、御池通五丁目・六丁目の「茶屋町」に生きた茶立女の日常をみてきた。最後に、「茶屋町」の茶屋が生み出す利益を享受した諸要素を確認したい。

図6-2をみると、「茶屋町」の北向かいに土佐藩蔵屋敷《とさはんくらやしき》がある。蔵屋敷は、領地で産出した年貢米や特産物を大坂の市場で販売するための蔵を備えた武家の屋敷である。両町の他の区画は、大道に向かって表間口を開く町屋が大道の両側に並ぶ商店街を形成することができた。しかし、「茶屋町」が位置した区画は、蔵屋敷があることでそれが叶わない場所であった。また、堀江新地の開発域の最西端にあたる御池通六丁目は、開発以前に成立していた町場の区画に規定された町域となり、小さくいびつな家屋敷が数多く存在した。こうした家屋敷は活用手段が制限されるためか低廉で、経営が不安定な者が所持することが多かったため、家持町人が流動的であった。また、このような不繁盛な土地柄ゆえに、貧しい借屋人も多くみられた。

「茶屋町」は、こうした立地条件の土地に存在したのであるが、茶屋が自然と集まったとは想定しにくい。むしろ、土地の繁栄を目指す家持町人によって茶屋営業を望む者が誘致され、茶屋株を借りて営業を始めたと考えられよう。そして、茶屋が定着することでより多くの茶屋が集まり、「茶屋町」の範囲も拡大したのではないだろうか。

なお、「茶屋町」の茶屋はすべて借屋人で、基本的に家持町人（地主）が茶屋を営むことはなかった。家持町人たちは、「茶屋町」という繁華な場所があることで、新たに茶屋営業に参入しようとする者や、その近辺での商売を望む者が引き寄せられ、自身が所持する家屋敷への転入者が増加することを期待し、そうしてえられる家賃収入を求めていたのである。

町内により多くの者が居住すれば、借屋経営による利益も増大するのであり、これこそが家持町人層が共通して求めた利潤であった（吉元加奈美「堀江新地における茶屋町」）。新地繁栄策として認められた茶屋がもたらす賑いは、茶屋が直接的にえる利益だけでなく、遊所の存在によって人を呼び寄せて地域を活性化させ、土地からのあがりを地主層にもたらすことを意味していたのである（塚田孝『近世大坂の都市社会』第Ⅱ部）。

このように、茶屋が生み出す利潤の恩恵をうけたのは、「茶屋町」とそれが位置する地域を構成する多様な立場の者であった。そして、地代金が課せられていた堀江新地の場合は、家賃収入を助成として家持町人が地代金を上納していたことをふまえれば、茶屋がもたらす賑いが、幕府の収入にもなっていたといえる。こうした茶屋が生む利益の源泉は茶立女の日々の売上である。彼女たちは、自らが身を粉にして生み出す利潤に吸着する者によって構成される社会に身を置かざるをえなかったのである。そして、ひとたび奉公請状を交わせば、年季を務めあげない限り、茶立奉公から抜け出すことは容易ではなく、悲惨な境遇に追い込まれることもあった。そして、理不尽な扱いに対して何らかの行動をおこしたとしても、「病気」という便利な常套句で隠ぺいされてしまったのである。

こうした日々を生きた遊女や茶立女が自ら書き残した史料はほとんど残されていない。しかし、本章で実践したように、彼女たちが巻き込まれた事件・事故を丁寧に読み解くこと、そして、遊所の都市社会における位置づけをふまえて、彼女たちの生み出す利益を吸い上げる社会構造を明らかにすることによって（吉田伸之「遊廓社会」）、近世社会に生きた遊女たちの生き様を、より精緻に描き出すことが可能となるのではないだろうか。

〔参考文献〕

佐賀朝・吉田伸之編『シリーズ遊廓社会1』吉川弘文館、二〇一二年
塚田　孝『近世大坂の都市社会』第Ⅱ部、吉川弘文館、二〇〇六年

塚田　孝『大坂　民衆の近世史』筑摩書房、二〇一七年
塚田　孝「研究ノート 大坂「千日墓所一件」に見える心中」『部落問題研究』二三八、二〇二一年
牧　英正『近世日本の人身売買の系譜』創文社、一九七〇年
横山百合子「遊女の「日記」を読む—嘉永二年梅本屋佐吉抱え遊女付け火一件をめぐって—」長谷川貴彦編『エゴ・ドキュメントの歴史学』岩波書店、二〇二〇年
吉田徳夫・小椋孝士編『近世法制史資料集成　第六期』『同　第七期』科学書院、二〇一二年
吉田伸之「遊廓社会」塚田孝編『身分的周縁と近世社会4　都市の周縁に生きる』吉川弘文館、二〇〇六年
吉元加奈美「近世大坂における遊所統制」『都市文化研究』一五、二〇一三年
吉元加奈美「近世大坂における茶屋の考察」『部落問題研究』二一一、二〇一五年
吉元加奈美「堀江新地における茶屋町」塚田孝編『シリーズ三都　大坂巻』東京大学出版会、二〇一九年

第7章 芸能者

塩川隆文

はじめに

江戸時代の芸能の特徴を端的にいえば、今日に続く日本の伝統文化の基礎が築かれた室町時代の諸芸能を土壌に、それをより大衆向けに発展させたものであった。芸能者は、社会を規制する領主の意向に注意を払いながらも、時代を経るにしたがって文化へゲモニーを握っていた大衆の存在に向き合わざるをえなかった。大衆にもっとも歓迎された芸能は歌舞《かぶ》伎《き》である。その言説・態様・風俗は、類似の芸能はもちろんのこと、文芸・衣服・食事など、生活・文化の諸分野に影響を与えた。しかし、江戸時代の芸能のあらましを知りたければ、歌舞伎、とりわけその頂点に位置する三都のそれを知ればおおよそ事足りる、ということではもちろんない。三都の歌舞伎を見ることができたのは大衆のごく一部でしかなく、多くの人びとは小芝居その他の芸能や紙媒体でその「コピー」を見ることで、遠い三都の歌舞伎の舞台に想いを馳せた。そして、江戸時代の芸能はもちろん、歌舞伎だけに収まりきらない多様な展開をみせていた。ここでは、その見取り図を、芸能者という演者に即して描いてみたい。

本章ではまず、読者と江戸時代の芸能のイメージを共有するため、三つの異なる地域・時代・身分の芸能記録を提示することから始めたい。次に、これらの芸能記録に出てきた芸能者の位置づけを知るため、先行研究にもとづき芸能者の類型論を紹介する。さらに、城下町の芸能者の事例として金沢《かなざわ》のそれを紹介する。以上を通じて芸能者の特徴を明らかにしていきたい。

1　江戸時代の芸能享受の実例

隠居大名の芸能享受

元禄六年（一六九三）、宇和島伊達家《うわじまだてけ》二代目当主の伊達宗利《むねとし》は、家督を養嗣子の宗贇《むねよし》に譲り、国元の宇和島に隠居所「浜御殿《はまごてん》」を建て、隠居生活に入った。宗利が元禄十年に国元で享受した芸能をみると、三味線《しゃみせん》・囃子《はやし》・踊・謡《うたい》・相撲《すもう》・狂言《きょうげん》・碁《ご》・軽業《かるわざ》・居合抜《いあいぬき》・操《あやつり》・歌舞伎と、その多様さに驚かされる（「宇和島伊達家文書」）。それが可能だったのは、宗利が当主としての公務から解放され、時間的な余裕ができたことによるが、何より自身が芸能好きであったことが大きい。そして、隠居後も宇和島の興行政策に影響力を保持する立場にあったから、芸能者は市中興行許可の見返りとして、宗利の求めに応じ芸を披露した側面もあった。

宗利に芸を披露した芸能者はどのような人びとだったのか。三月六日、十月六日、同十三日に芸を披露した座頭《ざとう》の日出都は上方《かみがた》から船に乗って宇和島に来ている。九月三十日に浜屋敷で狂言尽《づくし》を披露した歌舞伎の大和屋《やまとや》一郎兵衛も上方の出身である。江戸時代の宇和島は瀬戸内海を通じて上方と経済的・文化的につながっており、芸能者も上方から供給をうけていた。ただし、上方から直接宇和島に来るとは限らない。九月二十七日に浜屋敷で相撲を取った相撲取は豊後から来ているが、豊後の府内《ふない》では浜之市《はまのいち》という祭市が毎年九月に開催されており、芸能者は上方や周辺地域からこの市に大挙して押し寄せ、その一部が宇和島に巡業の足を伸ばすという興行ルートができあがっていた（神田由築『近世の芸能興行と地域社会』）。

宗利に芸を披露した芸能者は、上方出身者ばかりではない。八月十五日に宗利の前で相撲を取った相撲取たちは、同族の仙台の伊達家から派遣された相撲取たちであった。八月二十二日に宗利は浜屋敷で狂言を見、同二十四日に狂言方の茂十郎に扶持《ふち》切米《きりまい》を与えており、宇和島伊達家では芸能者を家臣として召し抱えていたことがわかる。また、九月二十七日の相撲には宇和島の町方の相撲取が参加している。このように、宗利に芸を披露した芸能者は、上方からの芸能者ばかりでなく、宇和島伊達家の家臣や、宇和島城下の町人であることもあった。

若き武家当主の日常

加賀前田《まえだ》家《け》に禄二〇五〇石で仕える茨木家《いばらきけ》の若き当主左大夫は、宝暦十年（一七六〇）正月から七月まで約半年間の金沢での生活を日記につけた（『茨木文庫目録』）。そのなかから芸能関係の記事をみると、囲碁の記事が頻出している。左大夫は役付きでなく、組内の番が回ってくる以外は非番の状態で、無聊《ぶりょう》の慰みとして一日の大半を囲碁に費やした。日記には「囲碁四つにて三番の内二番勝つ、三つにて一番負ける」などと勝負の結果が記され、囲碁への執心ぶりがうかがえる。碁の相手は、佐賀野屋五兵衛・茜屋嘉兵衛・酒屋休意・表具師《ひょうぐし》仁右衛門といった出入の金沢町人、桜井了元・端玄泉・国松正儒といった医者、そして仲間の武士たちであった。左大夫は碁を打ちながら相手と情報交換を行い、正月十八日には知人が病死したことを医者の国松正儒から耳にした。

左大夫が囲碁以外に打ち込んでいた芸能に能《のう》と謡がある。正月七日、左大夫は親類の小堀牛右衛門・金五右衛門、木梨九右衛門と能を演じ、夜中に謡初《うたいぞめ》を行った。正月に行っていることから、これは武家の当主として必要な嗜《たしな》みであり、年《ねん》中行事《ちゅうぎょうじ》であったと考えられる。五月二十九日には細工《さいく》人《にん》中の協議の結果、斎藤吉兵衛の座敷を借りて袴能《はかまのう》の稽古を始めることとなった。加賀前田家では家中の武具や工芸品の製作・修理のため御細工所と呼ばれる役所を置き、細工人を召し抱えていたが、彼らに能の大鼓《おおつづみ》・小鼓《こつづみ》・太鼓《たいこ》・笛・地謡《じうたい》・脇《わき》・連《つれ》・狂言・装束付《しょうぞくつき》などを兼芸として習わせた（梶井幸代・

密田良二『金沢の能楽』）。こうした細工人たちによる能の稽古のなかに左大夫も加わっていた。

ところで、左大夫以外による芸能の記事として、正月六日に「そへ市」という座頭と思わしき人物が茨木家を訪れ、三味線を弾いている。そへ市は正月十五日に左大夫の「内所」が三味線を弾く際にも茨木家を訪れており、茨木家の人びとに三味線を教えていたようである。また、正月十三日に石大夫という万歳《まんざい》が茨木家を訪れ、舞を演じている。これは正月に万歳と呼ばれる芸能者が各戸を回り、めでたい口上《こうじょう》を述べつつ舞を演じる年中行事の一つであった。

このように、左大夫は武家の当主として必要な、能や謡といった芸能の習得に励むかたわら、趣味の囲碁に没頭し、そこには身分を越えた付き合いがみられた。一方、正月には年中行事として座頭や万歳による芸能の披露をうけていた。そこからさらに一歩進んで、座頭が茨木家の人びとに芸を教授する場面も確認できた。

氷見町役人の芸能享受

越中国氷見町《ひみまち》で蔵宿《くらやど》（武士の知行米《ちぎょうまい》管理業務）を営む傍ら、町役人として町政に携わった田中屋権右衛門は文政十年（一八二七）から安政六年（一八五九）までの約三三年間、『応響雑記《おうきょうざつき》』という日記をつけた。表7-1は、そのうち文政十年から同十三年までの約四年間の芸能記事を芸種別にまとめたものである。町年寄《まちどしより》として町政の重責を担う前の若き権右衛門が自らの関心の赴くまま、歌舞伎・踊・（人形）浄瑠璃《じょうるり》・相撲・見世物《みせもの》・話芸・俳諧《はいかい》・囲碁・将棋《しょうぎ》・絵画・謡と、実に多様な芸能を同時並行で貪欲に吸収する様がうかがえる（竹下喜久男『近世地方芸能興行の研究』）。権右衛門が観覧者として受動的に享受したもの（表の○）と、権右衛門自らが能動的に実践したもの（表の●）に分け、みていこう。

まず歌舞伎は若き権右衛門がもっとも好んだ芸能の一つで、権右衛門が公務の合間を縫って芝居を見物している様子が日記に記されている。文政十年六月、権右衛門は高岡大法寺《たかおかだいほうじ》の宝物弘通《ぐずう》に合わせて開催された、大坂の沢村璃答らによる歌舞伎芝居を見物に出かけた。

翌十一年四月、権右衛門は氷見の金橋千手寺《こばしせんじゅじ》で開催された芝居の見物に仲間の不染公こと笹村屋茂左衛門とともに出か

文政12年（1829）												文政13年（1830）												
1	2	3	4	5	6	7	8	9	10	11	12	1	2	3	閏3	4	5	6	7	8	9	10	11	12
				○	○	○	○							○					○		○			
													○	○						○				
								○		○														
								○	○													○		
								○																
		○																						
●	●	●	●			●		●		●			●	●	○	●								○
			○																					
	●					●	●							●			●							
	●	●	●	●	●							○	●		○	●								

けた。同九月、再び不染公に誘われ、富山城下で開催された芝居の見物に出かけた。この芝居の目玉は当時大芝居の大立者《おおだてもの》であった尾上《おのえ》菊五《きくご》郎《ろう》（のちの大川橋蔵《おおかわはしぞう》）の来演で、その芸を見た権右衛門は、菊五郎はどんな役を勤めても面白いと称賛した。同十二月、権右衛門は出張先の今石動《いまいするぎ》で、先の富山城下の芝居に出ていた岩《いわ》井《い》喜代太《きよた》郎《ろう》らによる芝居を見物した。

文政十二年七月、御用が済んだ後、仲間一統で金橋千手寺での芝居の見物に出かけた。この芝居には中村歌市という役者が出演していた。さらに同月末、同芝居に中村芝十郎《しばじゅうろう》、岩井かるもなど新手が六、七人加わり、とても面白いという評判を聞きつけた権右衛門は、翌八月に不染公らとともに芝居見物に出かけた。

翌文政十三年三月、権右衛門は公務で金沢に出張した機会を利用して、「ひそかに」川上芝居の見物に出かけた。七月には金沢出張からの帰途、氷見に帰ることなく、高岡《たかおか》から駕籠《かご》に乗り、「密に」富山へ芝居見物に出かけた。当時富山には市川白猿《いちかわはくえん》こと七代目市川団十郎《だんじゅうろう》が来演していた。団十郎の芸を目にした権右衛門は「千両株の親玉ニ御座候」と、千両役者のなかでも抜群の芸達者であると絶賛した。

次に、権右衛門の踊の観覧記事をみていこう。文政十年閏《うるう》六

表7-1　文政10〜13年の『応響雑記』芸能関係記事一覧

種類	文政10年（1827）									文政11年（1828）											
	5	6	閏6	7	8	9	10	11	12	1	2	3	4	5	6	7	8	9	10	11	12
歌舞伎		○									○	○	○					○			○
踊			○																		
（人形）浄瑠璃				○					○					○							○
相撲					○	○											○		○		
見世物			○	○																	
話芸				○							○										
俳諧		●	●	●	●	●				●	●	●	●	●	●	●	●	●	●	●	●
将棋		○	○	○						○	○										
絵画		●	●	●						●		●		●							
謡																					

月、高岡近郊の古国府一宮薬師《いちのみややくし》の開帳《かいちょう》に参詣した権右衛門は「見世物」として願忍坊《がんにんぼう》の手踊《ておどり》などを見た。同十三年二月八日、氷見の御座町《ござまち》で地搗《じつき》のため、居住町人たちによる手踊興行が行われ、権右衛門は見物に出かけた。子どもたちが化粧をして揃い、髭奴《ひげやっこ》や鐘ヶ岬《かねがみさき》などを踊った。同十五日にも御座町で地搗狂言が行われ、その演目は式三番《しきさんば》叟《そう》・ゆかりの月・かねがみ崎・髭奴・鰹売・願忍坊・義経腰越状後《よしつねこしごえじょうご》藤場《とうのば》・忠臣蔵《ちゅうしんぐら》の五段目・同七段目であった。同二十三日、今石動に着いた権右衛門は、祭礼の曳山《ひきやま》の上で演じられていた子供歌舞伎を見た。同二十五日、金沢に着いた権右衛門は茶屋町の祭礼で行われていた練り物を見に行った。翌二十六日は芝居を見に行こうとしたが、あいにく休みだったため、また茶屋町の練子《ねりこ》を見に行った。同年八月、前田斉泰《なりやす》の初入国を祝う盆正月という慶賀行事が領内を挙げて行われ、氷見の南中町《みなみなかまち》ではさまざまな飾り物をつくり、子どもを奇麗に着飾らせて引かせ、所々で踊らせた。田町《たまち》では屋台の上で子どもが能の高砂《たかさご》・田村・猩々《しょうじょう》の舞を披露し、子ども六人が謡を聞かせた。二十日にも踊り子屋台が氷見町内を巡回した。

浄瑠璃は、人形を伴うものと、音楽のみのものとに分かれる。文政十年七月、権右衛門は高岡へ人形芝居を見に行った。芸人は

図 7–1　住吉踊（『一蝶画譜』より，金沢美術工芸大学所蔵）
住吉踊は住吉大社の御田植神事に由来するといわれ，江戸時代に願人坊主など宗教的芸能者が市中で披露した門付芸の一つである．それらが願人踊として祭礼の余興のなかに取り入れられ，現在でも民俗芸能として継承されている地域がある．

吉田文蔵という者で、二幕あり、権右衛門は薫樹累物語《めいぼくかさねものがたり》の土橋の段、水芸早替わり、火中早替わりなどの芸を見た。同十二月、町内の山崎屋茂平宅に江戸の「ちょんがれ語り」が来たため、仲間一統で「密々」聞き、朝方帰宅した。

翌十一年五月十七日、朝日村《あさひむら》の次郎兵衛宅に大坂の咲太夫という浄瑠璃太夫《じょうるりだゆう》が滞在していると聞き、浄瑠璃を聞きに行った。語ったのは「初新薄雪姫」（新薄雪物語《しんうすゆきものがたり》と同系統か）と関取千両幟《せきとりせんりょうのぼり》の二幕であった。十九日、咲太夫は町内の湊屋長八宅に移ったようで、権右衛門は不染公とともに浄瑠璃を聞きに行った。今回は義経千本桜《よしつねせんぼんざくら》の忠信狐《ただのぶきつね》の場面と、伊賀越道中双六《いがごえどうちゅうすごろく》の沼津《ぬまづ》の里の段を聞き、深夜一時頃帰宅した。同十二月、町方宿余荷《よない》算用のため、山崎屋茂平宅に行ったところ、大坂から人形遣いが来ていると聞き、慰みのため呼び寄せ、見物した。演目は妹背山婦女庭訓《いもせやまおんなていきん》のおみわの段と、太平記忠臣講釈《たいへいきちゅうしんこうしゃく》の十太郎の場面の二幕であった。

翌十二年十一月六日夜に窪村《くぼむら》の六田氏《むつだし》（母方の実家）の叔母らが来たため、その饗応として町内の浅地屋忠右衛門に浄瑠璃を語らせた。同月十三日、浅地屋忠右衛門宅で大坂の太夫の浄瑠璃を聞き、夜半過ぎに帰宅した。同二十一日には六田氏の妻が権右衛門夫妻を招き、浄瑠璃を聞かせた。芸人は先ほどの大坂の太夫で、演目は太平記忠臣講釈の九段目と菅原伝授手習鑑《すがわらでんじゅてならいかがみ》の児の段、さらに浅地屋忠右衛門による鎌倉三代記《かまくらさんだいき》の沓掛村《くつかけむら》の段を聞き、朝方帰宅した。

話芸に関しては、文政十年七月、同じ氷見町人仲間の董斉君宅で化物噺《ばけものばなし》の夜会があり、文人の西村十丈園《にしむらじゅうじょうえん》がそれを題材に漢詩をつくった。翌十一年五月、料亭を営む酒屋善七宅で軍書講釈の興行があり、月郷子こと加納屋《かのうや》千右衛門に誘われ聞きに行った。芸人は富山家中次男の「甚放蕩」者である。甲州軍記《こうしゅうぐんき》を少し語ったが、とても上手だった。翌十二年三月、氷見の田町の田子八宅で文政六年におこった松平外記《まつだいらげき》の刃傷《にんじょう》事件の噺語りを聞いた。

氷見町役人の芸能実践

つづいて、権右衛門や仲間の町人が実践した芸能をみていこう。権右衛門が青年期から老年期にかけて、終生変わることなく取り組んだのは俳諧で、『応響雑記』には日々つくられた句が掲載されている。また、権右衛門は画事にも秀で、『応響雑記』のなかに玄人はだしの挿絵《さしえ》が散見される。知人の求めに応じ絵を描いて渡すこともあった。囲碁・将棋について、権右衛門は仲間たちの対局を丁寧に記録している。文政十年（一八二七）六月、権右衛門は氷見に滞在していた文人の西村十丈園を呼び、話をしていたところ、本吉の春輝こと妙観屋嘉蔵という人物が十丈園に逢いに来、句会が始まった。夜に不染・月郷・木哼が来、十丈園と木哼が将棋を始め、十丈園は木哼より四枚ほど上手であった。同十二年四月六日、権右衛門宅に柿谷与青・加納与太郎・菓子屋公が碁を打ちに来た。翌七日、権右衛門は氷見に公務で来ていた与力《よりき》の明石《あかし》主計《かずえ》の宿へ挨拶に訪れると、福町の松屋藤蔵が来ており、菓子屋公と碁が始まった。菓子屋公が先に七つ置いていたにもかかわらず、五番打って、菓子屋公は二番しか勝てなかった。

ところで、権右衛門が文政後期に集中して取り組んだ芸能に謡の習得がある。文政十二年二月、権右衛門は金沢で懇意にしていた文化人松田《まつだ》馬栄《ばえい》から「謡うたひ」一人の斡旋《あっせん》を依頼した結果、「謡師」次右衛門が氷見に滞在し、権右衛門らに稽古をつけることになった。それから権右衛門は六月まで集中的に、仲間の町人とともに謡の稽古に励んでいる。その熱の入れようは相当なもので、同五月には鳴物停止《なりものちょうじ》の触が出ている最中にもかかわらず「ひそかに」謡の稽古をするほどであった。その後、文政十三年正月より謡の稽古を再開するが、前年のそれに比べ散発的で、四月三十日を最後に謡の稽古の記事はみられなくなる。『応響雑記』をみる限り、田中屋権右衛門は公の場で謡を披露していない。権右衛門生来の、芸能に対する飽くなき探究心の発露といえようか。しかし、これは権右衛門個人の趣味の領域を超えて、氷見町の文芸を愛好する仲間の町人たちを巻き込んだ広がりをみせており、当時の町人社会のなかで謡が手近に取り組める芸能として流行していたことを示している。

日記の比較

以上、日記史料を用いて、それぞれの芸能との付き合い方をみてきた。共通点・相違点を探ってみよう。三人の歌舞伎との向き合い方を比べてみると、伊達宗利と田中屋権右衛門はいずれも歌舞伎好きであるが、伊達宗利は大名としての立場から邸内で歌舞伎を上演させているのに対し、田中屋権右衛門は寺社境内や町地の芝居小屋で歌舞伎を見ている。一方、茨木左大夫の日記に歌舞伎の記事はみえない。これは、当時の金沢で歌舞伎上演の機会が限られていたこと、武士の歌舞伎見物が禁じられていたことによるものである。身分差・地域差・時代差により芸能享受のあり方が異なる点に注意を払う必要があるが、それぞれの置かれた環境のなかで求めうる芸能を熱心に享受していたことがうかがえる。

これに対し、三人が共通して取り組んでいた芸能（遊芸）に、囲碁・将棋がある。これらはルールを理解し、必要最低限の道具と余暇を用意すれば、比較的容易に始めることができ、必ずしも専門の芸能者の存在を必要としない。しかも、ハンディをつけることによって、上段者と対等に渡り合えるというメリットもあり、身分・地域・時代を超えて広範に取り組まれていた。また、謡も三人が共通して取り組んでいた芸能である。謡は能から派生した芸能であるが、能と違い、上演のための舞台や装束が必要でなく、これも謡本《うたいぼん》さえあれば始められる手軽さが魅力であり、出版文化の普及とあいまって、身分を問わず愛好された芸能であった。

こうした記述の一方で、伊達宗利在世期の宇和島の芸能興行はしばしば中断の危機に見舞われているし、茨木左大夫が日記をつけていた宝暦期の金沢で歌舞伎を上演することは困難だった。田中屋権右衛門の時代の前田家領国では、金沢城下の川上芝居をはじめとして、各地で芝居興行が公認されていたが、田中屋権右衛門は自身の町役人および蔵宿という公職に就く立場を自覚し、金沢や富山の芝居見物に行く時、町内で「ちょんがれ語り」を仲間一統で聴く時、鳴物停止中に謡の稽古をする時は町内の視線を意識し「ひそかに」行っていた。江戸時代に芸能を安定的に享受することは当たり前のことではなかった。

上方芸者来町一件

その理由の一端が明らかになる事実を一つ紹介したい。安政二年（一八五五）九月、越中の井波町《いなみまち》を追い払われた芸者が城端町《じょうはなまち》の法乗寺《ほうじょうじ》門前に居住する高瀬屋平右衛門方に滞在し、日夜三味線・手踊などを繰り広げた。若き者共も集まり風俗がよろしくないとの風聞を耳にした今石動町奉行所の与力たちが手合役人を差し向けたが、十月十四日に西新田町《にししんでんまち》の小林屋《こばやしや》新六倅《せがれ》の案内で加賀の鶴来《つるぎ》へ向かった後だった。城端町の横目《よこめ》肝煎《きもいり》の報告によると、九月二十日に上方の女芸者三名が尾張屋《おわりや》幸左衛門宅に一泊するとの報を受け、「異体風俗」のため、早々に退去するよう申し渡し、翌日出立させた。ところがその後、法乗寺門前の高瀬屋平右衛門宅に女芸者三人が滞在していると聞き、もしや尾張屋幸左衛門宅に滞在していた者たちかと問い合わせたところ、彼女らは十月十一日に金沢へ向かい、その際小林屋新六倅が金沢までの費用を負担し同道したという。また、城端の東下町《ひがししもまち》の荒木屋太兵衛が三味線を得意とし、若き者共が稽古していたこと、十月二十四日夜に出丸町《でまるまち》の有房屋武助が、同二十七日夜に東新田町《ひがししんでんまち》の井波屋三蔵が浄瑠璃三味線興行を催し、若き者共が寄り合っていたことが併せて報告された（畑文書）。

この一件から、江戸時代後期の越中・加賀の在郷町《ざいごうまち》に一定数の芸能愛好者が存在しており、彼らが他国の芸能者の受け入れを手引きし、さらに次の場所へ送り出す役割を担っていたことがうかがえる。ただし、滞在が一日ならともかく、長期化し、人寄せのために芸能を披露すれば、それは奉行所による摘発の対象となった。田中屋権右衛門ら氷見町役人が芸能を密かに享受・実践したのは、このような事態を避けるためであった。一方で、城端町には以前から浄瑠璃三味線を嗜む人びとがおり、若き者共は彼らから日常的に稽古をうけていた。若き者共について、おもに信州の事例にもとづきまとめた古川貞雄『村の遊び日』によると、若者組《わかものぐみ》・若連中・若者仲間と呼ばれる年齢階梯集団が祭礼における神輿《みこし》・山車《だし》の巡行や芸能の伝承・新規導入などを担っていたといい、城端町の若き者共もそれに近い集団ではなかったかと考える。浄瑠璃文化の素地がある越中の在郷町で新たな芸能に飢えていた人びとにとって、上方芸者の来町は最先端の芸能に触れるまたとない機会であり、若き者共を中心に浄瑠璃熱がさらに高まった。

ところで、伊達宗利・茨木左大夫・田中屋権右衛門は三者三様の方法で熱心に芸能を探究していた芸能「愛好」者であるが、芸能以外の生業・職務をもち、それが破綻しない範囲内の余業として芸能に励んでいた。一方、記録のなかには明らかに芸能で生計を立てていたと思われる人びとが登場していた。座頭・相撲取・万歳・歌舞伎役者・浄瑠璃太夫・講釈師・謡師といった人びとである。しかし、これらの人びとのなかにも、例えば富山家中出身の放蕩者がいたり、氷見町内の浅地屋忠右衛門など、プロ化するには至らないものの専門の浄瑠璃太夫に混じって浄瑠璃を聞かせるだけの腕前をもつ素人もおり、その専業化の度合いには濃淡があることが予想される。

2 芸能者の総合的な把握

芸能者の類型と分化

横田冬彦は芸能者を「芸能を専業とする担い手」と表現する（「芸能・文化の世界」）。ただし、江戸時代の芸能について考える場合、専業の芸能者の背後に広がる素人の芸能愛好者の存在を無視することはできず、素人から専業の芸能者へ移行する動きがあったことも事実である。ここでは、芸能で生計を立てている人びとを狭義の芸能者としてとらえるが、その背後には芸能者を志向する広範な芸能愛好者の存在があった。

芸能者の分類について、絵入り職業百科辞典『人倫訓蒙図彙《じんりんきんもうずい》』（元禄三年〈一六九〇〉刊）のそれが参考になる（横田冬彦「芸能・文化の世界」）。『人倫訓蒙図彙』は大きく七つの部からなり、それぞれA支配身分、B能芸部、C作業部、D商人部、E細工人部、F職之部、G勧進餬《もらい》部が割り当てられている。このうち芸能に関わる職種は、B能芸部の五六種、F職之部の一六種、G勧進餬部の四四種である。能芸部は歌舞音曲《かぶおんぎょく》のみならず、文芸・学芸・武芸までも一括しており、もともと朝廷や公家、武家の支配層の文化である（虚無僧《こむそう》や座頭などの例外もある）。職之部には歌舞伎・浄瑠璃関係の職業を掲載し（芸能に携わることもあった「香具師《やし》」もここに含まれる）、勧進餬部は全体として宗教者と芸能者が渾然一体となっているが、宗教的な意味を失い、単なる物貰いになっている。横田の見立てによれば、聖《ひじり》や唱門師《しょうもんし》（「しょうもじ」とも）など宗教的芸能者から、歌舞伎や浄瑠璃に進出して成功したFと、賤民《せんみん》的な位置に残されたGとに分化したという。一方、永井彰子は、念仏踊りなどの宗教性を持った芸能が世俗化し、歌舞伎に特化していく過程を描き、賤民との境界のあいまいさゆえに身分＝差別問題が残ることも指摘する（永井彰子「寺中」）。

このことに関わって、吉田伸之は都市のなかで乞食《こつじき》・勧進《かんじん》に携わる人びとを都市民衆世界の重要な構成要素と位置づけ、日用《ひよう》層から分化、展開したものとみたうえで、江戸の乞胸《ごうむね》と香具師の争論を取り上げている（吉田伸之「芸能と身分的周縁」）。乞胸は江戸の寺社境内や明地の芸能者を取り締まる存在で、身分としては町方の支配をうけるが、職分では非人頭《ひにんがしら》の支配をうけるという特殊な身分集団である。寛政年間（一七八九〜一八〇一）に乞胸が浅草寺《せんそうじ》などの芸能者を支配下に置こうとして、そこを営業の場としている香具師と争論になったが、最終的には内済《ないさい》が成立し、浅草寺の芸能者（香具師）は乞胸の支配下に入ることを免れるという一件があった。

乞胸と香具師の職分（芸能）はきわめて近似的であるにもかかわらず、香具師は自らが「猿若門立同様《さるわか》」とみられることを忌避し、乞胸の支配下に入ることを拒否した。乞胸は芸能者の集団に特化しているものの、乞食・勧進層から分離し成熟するにはまだ至っていない段階である。一方、香具師は、表向きは香具《こうぐ》・売薬、小商人などの要素が複合している。そこには芸能者も多く含まれるが、その芸能が香具・売薬商品の販売のための人寄せの「愛敬」として成立しているところに、乞胸との違いがある。

このように、江戸の都市社会で芸能を担う身分は一様でなく、相互に流動しつつ、対立し合っている。それぞれに脱賤化のための論理をもち、身分集団として結束するがゆえに、かえって身分差別から抜け出せない側面もあった。

かかる芸能者間の関係について、江戸時代初期に京の放下師《ほうかし》が江戸に下向し、歌舞伎芸団の経営者に納まっていく事例が紹介されている（守屋毅「近世初期の歌舞伎と放下」）。これは違う職種への転身ではなく、もともと歌舞伎の芸団が放下などの見世物芸人を抱え、歌舞伎以外の芸を演目として揃えていたことによるもので、歌舞伎の側が放下の芸を狂言のなかに取り込む動きもみられた。また、江戸時代初期の芸能である蜘蛛舞《くもまい》の芸人早雲長太夫《はやくもちょうだゆう》も京都四条河原《しじょうがわら》の芝居名代《なだい》に就任している（守屋毅「蜘蛛舞早雲座とその周辺」）。この早雲の一座は四条河原での上演のほか、門付芸《かどづけ》も行っていた。放下師や蜘蛛舞の芸能者が歌舞伎の芸団へと成長していく動きが江戸時代前期まではみられた。

しかし、江戸時代中期に江戸・京・大坂の三都で歌舞伎を上演する座の体制が確立し、歌舞伎とそれ以外の芸能とが分離されると、見世物から歌舞伎への新規参入は難しくなった。そこで見世物の側は芝居地から離脱して、寺社境内地や火除地《ひよけち》などの明地、いわゆる「盛り場」に新たな活路を求めるようになる。そこで芸を披露したのが乞胸配下の芸人や香具師であり、先にみた争論につながっていくことになった（守屋毅「江戸の見世物興行と香具師」）。

役者村の事例

明治初年の佐賀県内の芸能興行の事例によると、同地で人形芝居を演じていたのは崎村《さきむら》・江上村《えがみむら》・若津町《わかつまち》など、操りに関して長い歴史を持った村々であった（宮地正人「芸能と芸能民」）。歌舞伎の役者も、福岡県の植木《うえき》村《むら》・泊村《とまりむら》、佐賀県の袋《ふくろ》村《むら》など、役者村と呼ばれる芸能に携わる人びとが集住する村々から出ていた。植木村は永井が「寺中」として紹介した村であり、泊村・袋村には「鉢叩《はちたたき》」「たたき」とよばれた芸能集団が居住していた。彼らは江戸期に百姓・町人など平民《へいみん》の下に身分的に位置づけられ差別をうけた。

名古屋には和泉屋《いずみや》座という歌舞伎の芸団があり、その出自は「江戸万歳」に携わる雑芸人であった。和泉屋座には三都の役者が加わることがあったが、彼らは座の者を「てこの者」と軽蔑して厳しく一線を画し、飲食すらともにしなかった（守屋毅「役者の村とその系譜」）。播磨の役者村高室《たかむろ》の人びとは中世の夙《しゅく》と呼ばれる雑芸人に端を発し、播磨万歳として領内を巡業していたが、宝暦期ごろより歌舞伎役者としても活動するようになり、活動の保証をえるために陰陽師《おんみょうじ》の本所《ほんじょ》である土御《つちみ》門《かど》家の配下に入った。

役者村の分布は西日本、とりわけ北九州に偏在する傾向がみられる。これらの村々は「寺中」と呼ばれる、寺院に隷属して境内・寺領に住居する下層民のグループと、「散所《さんじょ》」と呼ばれる中世的賤民のグループとに二分されるが、いずれも伝統的な雑芸者集落を祖とする村々である。北九州一円は宇佐八幡《うさはちまん》を中核とする古い人形戯の分布圏に属しており、寺中や散所の人びとは役者村に転ずる前に傀儡師《くぐつし》を生業としていたが、時流に乗じて歌舞伎芸を包摂するに至ったと守屋は推測する。

図7–2　鉢叩（『人倫訓蒙図彙』より，国立国会図書館所蔵）

鉢叩は念仏踊に起源をもつ門付芸の一つで，鉦をならし，あるいは瓢簞をたたきながら，念仏を唱え踊り，喜捨を募った．

貝原益軒《かいばらえきけん》は杵築《きつき》の役者村松尾村《まつおむら》について「昔よりの習《ならわ》しにて、俳優の業をして諸国を周り、四方に餬《たなも》ふ。歌舞をなし傀儡子をあやつり、綾織《あやおり》・幻術に近き事をなす」（『豊国紀行《とよのくにきこう》』）と説明しており、さまざまな芸能を機会に応じて演じ分けることで生業を立てていたのが役者村の実態であった。

3 金沢の芸能者

歌舞伎役者

役者村の存在しない地域では誰がどのような芸能を演じていたのか、城下町金沢を例にみてみよう。金沢の歌舞伎興行は、文政二年（一八一九）に川上芝居という常設の芝居小屋が建設される前は金沢城下に住む町方の素人役者《しろうとやくしゃ》によって担われていた（塩川隆文「近世金沢の芝居興行」）。川上芝居の開始当初は地役者《じやくしゃ》が出演していたが、芝居小屋の建て直しとともに上方役者が独占した。興行が行き詰まり始める文政六年以降は、江戸の歌舞伎役者も出演するとともに、上方で大芝居役者の薫陶を受けた地役者も川上芝居の舞台に立つようになった。

川上芝居に来演する役者には、大きく三つのパターンがある。一つ目は、のちに大名跡《だいみょうせき》に上り詰める途上の若い役者が修業のために金沢の芝居に出演するパターンで、のちに中村歌右衛門《なかむらうたえもん》を襲名する中村鶴助《つるすけ》や、坂東三津五郎《ばんどうみつごろう》を襲名する坂東蓑助《みのすけ》などである。二つ目は、大芝居の役者が何らかの事情で大芝居に出られなくなり、金沢に下ってくるパターンで、江戸で経営不能に陥った森田座の座本森田勘弥《もりたかんや》や、トラブル続きで旅芝居に出た大川橋蔵などである。三つ目は旅芝居専業役者で、もとは上方などの舞台に出演していたものの、役者としての生涯のほとんどを旅芝居で過ごしていたような人びとである。

一方、川上芝居の開設時には宮腰《みやのこし》・松任《まっとう》・今石動・氷見・七尾《ななお》など前田家領内の都市でも相次いで芝居が許されるようになった。そこに出演していたのは、川上芝居に出演するために金沢方面に乗り込んできた他国役者や、他国役者という強力なライバルの出現により川上芝居に出演できなくなった地役者などであった。また、金沢の寺社境内でも小規模な芝居が行われ、川上芝居に出演できない地役者が主に出演していた。

能役者

金沢に居住する能役者は、金沢城内で開催される能・狂言のほか、観音院《かんのんいん》・佐那武社《さなたけしゃ》の神事能、久保市乙剣宮《くぼいちおとつるぎぐう》・小橋天神《こばしてんじん》の囃子に出演した（梶井幸代・密田良二『金沢の能楽』）。その身分は、前田家から扶持をもらう御手《おて》役者と、町人身分の町役者に分かれていた。また、前田家に仕える能役者は金沢だけでなく、京や江戸にもいた。享保十年（一七二五）に前田家の祝儀能に出演した能役者のリストによると、江戸役者は宝生斎宮《ほうしょうさいくう》以下一一名、京役者は二〇名、金沢役者は九〇名であった。金沢役者は大夫の諸橋権之進《もろはしごんのしん》・波吉右内《なみよしうだい》を別格に、それ以外は前田家から扶持をもらわない町人身分の町役者であった。このほか、武士身分の細工人の兼芸役者が二〇名いた。

表7‐2は、文化八年（一八一一）の金沢の町方居住者の氏名および職業を書き上げた「金沢町名帳《かなざわまちなちょう》」に掲載された能役者の一覧である。このなかには御手役者の藤本大二郎《ふじもとだいじろう》を含め、七七名の能役者が掲載されている。以下、この表にもとづき、金沢の能役者の特徴をみていきたい。

まず、居住町名をみていくと、下材木町《しもざいもくちょう》・上材木町・竪町《たてまち》・南町《みなみちょう》・河原町《かわらまち》など、金沢城下中心部の本町の町々に能役者が多く居住している。一方、城下の外端に当たる浅野川《あさのがわ》以北、犀川《さいがわ》以南の町々に居住する能役者は少ない。三社町《さんじゃまち》に三名の、浅野川川除町《かわよけまち》に二名の能役者が居住しているのは、付近にそれぞれ大夫の諸橋家、波吉家の邸宅があったことが関係している。

次に、役者の名前をみていくと、一五名が屋号ではなく苗字の名乗りを許されている。生業・役職をみると、本町肝煎などの町役人を兼務している者が一七名おり、町内の組合頭を勤める者も一〇名いる。町の公職に就くことと能役者を勤

表 7-2 「金沢町名帳」掲載の町役者一覧

町役者名	居住町名	生業・役職
近岡屋次左衛門	泉野寺町	連方役者・肝煎手伝役
藤本大二郎	千日町	御手役者
小松屋専三郎	野田寺町	狂言師・組合頭
清水屋勇八	野田寺町	塗師職・脇役者
大浦屋太右衛門	片町	取質・唐津・脇方役者
田上屋喜左衛門	片町	古道具・地謡役者
越中屋清右衛門	河原町	紺屋・上絵書并脇方役者
生田又次郎	河原町	本町肝煎・地謡役者
野村蘭作	河原町	八百屋肝煎并脇方役者
直江屋又四郎	竪町	仕立物職・狂言作者
古沢幸助	竪町	狂言役者棟取・魚問屋
大橋屋卯之助	竪町	道具商売・連方役者
福久屋理兵衛	新竪町	地謡役
木屋伝之助	新竪町	脇方役者
米屋和助	才川荒町	批《へぎ》商売・茶小売・居町組合頭并地謡役
古沢屋八之助	十九間町	袴屋職并狂言方
伯屋康助	大工町	脇方役者并御能装束方主付
内田屋永蔵	新竪町	古金買并狂言役者
栃尾屋三次郎	新竪町	茶商売・連方役者
和泉屋与三太郎	五枚町	木綿方手伝・地謡役
紅粉屋久平	伝馬町	脇方役者・合薬商売
藤屋市兵衛	伝馬町	本町肝煎・地謡役者
泉屋権七	下伝馬町	伝馬町組合頭・人別方役人・地謡役
金堂久左衛門	後伝馬町	古手肝煎・脇方役者
橋爪屋権左衛門	才川々除町	能役者
吉田屋庄九郎	帯刀町	能連役者
吉田屋庄八	油車町	打綿商売・能連役者
吉田仁右衛門	石浦町	地謡役・たはこ問屋
能登屋兵吉	上堤町	肝煎手伝・金春地謡
松任屋又右衛門	御門前町	地謡役
紙屋喜右衛門	高岡町	表具師・大鼓役者・高岡町組合頭
野口次郎吉	南町	酒肝煎・狂言役
畳屋九郎兵衛	南町	畳職・肝煎手伝并畳肝煎加人・狂言役
日置長左衛門	南町	狂言役三人扶持・たはこ問屋
福久屋弥作	上近江町	狂言役者棟取・魚問屋下役・魚商売人旅宿
金屋専次郎	袋町	小鼓町役者
杉山三郎左衛門	桶町	紺屋肝煎・居町組合頭・連方町役者
大場屋九兵衛	桶町	油并綿商売・狂言方町役者

町役者名	居住町名	生業・役職
能登屋幸右衛門	博労町	干菓子商売・笛役者
能登屋宗吉	安江町	仕立物職・装束附役者
若松屋弥三右衛門	安江町	鯨細工・能作り物役者
川尻屋弥三右衛門	安江木町	女奉公人口入并狂言方役者
伊藤弥兵衛	三社町	連方役者・豆腐肝煎
畳屋卯八	三社町	畳屋・地謡役
高岡屋伝九郎	三社町	大工職并地謡役
北間屋権九郎	鍛冶町	狂言方役者・表具師
越中屋勘次郎	鍛冶町	紺屋商売并狂言方役者
刀屋金作	堀川片原町	大皷方役者并菅笠商売
室橋宗兵衛	荒町	本町肝煎地謡役者并連方兼帯
紺屋与五平	荒町	道具商売・大鼓役者
成田金三郎	木新保町	金春流太皷役者
二口屋七兵衛	安江木町	表具師并金春方地謡役
山屋半右衛門	北六枚町	六枚町組合頭・指物師并地謡役
春田徳次	塩屋町	居町組合頭并狂言方役者
小川屋三吾	塩屋町	紺屋形附并狂言方役者
野村万蔵	新町	御家中日用才許・狂言方役者・記録方并居町組合頭
中川忠蔵	今町	本町肝煎・能役者
浅野屋彦六	下今町	道具商売・狂言役
山河屋七郎右衛門	中町	紙合羽商売・連役者
柳橋屋市左衛門	下材木町	柄巻職并地謡役
紙屋甚蔵	下材木町	浦廻米見并笛役者
高岡屋庄助	下材木町	大工并地謡役
若狭屋安左衛門	下材木町	道具商売・能ワキ方
石屋伊左衛門	下材木町	石屋職・狂言方
唐津屋八三郎	上材木町	たはこ商売・狂言方役者
松任屋小六	上材木町	仕立物職・地謡役者
越中屋伊兵衛	上材木町	建具職・地謡役者
田井屋伝五郎	上材木町	桶屋職并古金商売・地謡役者
越中屋作次郎	田井新町	唐津物商売并小皷役者
井筒屋逸吉	浅野川々除町	記録方役・御買手方加役・居町組合頭・大鼓役者
長竹屋善五郎	浅野川々除町	御仕送り方役・連役者
越中屋理右衛門	高道町	干菓子并表具屋・狂言方役者
斎田屋六右衛門	高道町	ツレ方役者
太田屋九左衛門	三ツ屋町	仕立物細工并笛役者
大場屋久作	石引町	狂言役・表具師
杉木屋清兵衛	宝円寺門前	地謡役・居町組合頭
山本屋伝兵衛	浅野町	小間物商売・地謡役

めることの親和性が高く、町人にとって能役者を勤めることが名誉あることとして一種のステータスシンボルになっていることを意味しよう。多くの能役者は能のほかに何らかの生業を持っているが、商工業に携わらず能役者のみを勤めている者が九名いる。また、吉田仁右衛門・日置長左衛門は能役者のほか、生業としてたばこ問屋を営み、古沢幸助は魚問屋、福久屋弥作は魚問屋下役・魚商売人笊宿《ざるやど》を営む傍ら、いずれも狂言役者棟取《とうどり》を勤めている。このうち、吉田仁右衛門・日置長左衛門・古沢幸助の三名は、文化八年に二の丸御殿の完成を祝して催された規式能《きしきのう》の役者のリストのなかでは「御当地御手役者」に分類されている。大店《おおだな》の旦那が家業を手代《てだい》に任せ、自身は芸ごとに励む姿が想像できる。

町役者たちは芸の技量を領主や師匠から認められることで、役者のなかでの階梯を上げ、扶持をもらい、苗字の名乗りを許されることを夢見て、生業の傍ら、芸に励んだ。金沢の町役者出身の五世野村万造《のむらまんぞう》はかつて野村家があった桶町《おけまち》の住人について、侍と町人の中間のような人びとが数多く居住していたと表現しているが（中村雅之『野村萬斎』）、領主が愛好する能の役者になることは、町人が商売の道からしだいに遊離し、武家社会の末端に連なる生き方を志向することを意味した。

ところで、先に氷見町人の田中屋権右衛門が謡の習得のため、金沢の松田馬栄に「謡師」次右衛門を紹介してもらったことに言及した。この次右衛門は、竹下前掲書によれば「広田」という苗字であった。また、『応響雑記』文政十二年（一八二九）五月六日条によると、次右衛門の兄次兵衛も地謡役者で、文政十年に江戸城で将軍主催の能が催された際、宝生太夫の引きで難波《なにわ》の地謡方として出演したという。

この次兵衛・次右衛門兄弟の名は、表7-2および規式能の役者のリストのなかに見当たらないが、天保期（一八三〇～四四）の金沢居住の能役者のリストのなかに「地謡」役として「銀三枚　波吉方　梅沢屋次兵衛」の名がみえる（梶井幸代・密田良二『金沢の能楽』）。つまり、次兵衛は「梅沢屋」の屋号を持ち、太夫の波吉家に師事する宝生流の地謡役者であった。そこで改めて文化八年の「金沢町名帳」で「梅沢屋」の屋号を探すと、山ノ上町で「小間物《こまもの》并八百屋物・花小売」

を営む「梅沢屋次右衛門」という人物が見つかった。これが「謡師」次右衛門の本来の生業である。次兵衛・次右衛門兄弟は太夫の波吉家の弟子になって芸の研鑽《けんさん》に励み、兄の次兵衛は宝生太夫に従って江戸城の将軍主催の能に出演するほどの腕前となり、天保期には給銀を領主からもらう能役者となっていた。その弟の次右衛門は、文政末期に金沢やその近郊の町村に出張し謡を教える「謡師」として生計を立てていた。先に指摘した能役者が商売の道から遊離し、身分上昇を図る過程がこの二人の生きざまからみえてくる。

安政五年（一八五八）に金沢に居住していた能役者のリストをみると、「金春流《こんぱるりゅう》竹田権兵衛弟子　連役地（謡）兼帯」のなかに「次右衛門」の名がみえる（梶井幸代・密田良二『金沢の能楽』）。これが文政期の「謡師」次右衛門を指すかどうかは不明である。このリストには御手役者一〇名と、町役者二五一名が列記されている。文化八年の「金沢町名帳」で能役者であることが確認できるのは八〇名ほどであるが、「金沢町名帳」には書かれていなくとも実際に能に携わる人口はさらに多く、また幕末期へ進むにつれ、その数はさらに増えていったと予想される。

図7-3　弥彦払（『金沢叢語』より，国立国会図書館所蔵）

江戸時代の金沢で土用の後から初秋にかけて演じられた山伏の芸能である．面を被り，弓を携えて舞う悪魔払役の山伏の後ろに，太鼓・法螺・横笛を演奏し，読経する僧体の山伏が描かれている．

山　伏

金沢での芸能の担い手に山伏《やまぶし》がいる。山伏の原義は山岳修行者だが、金沢では町方に居住し、寒垢離《かんごり》や弥彦払《やひこばらい》といった年中行事としての勧進芸に携わりながら、持宮《もちみや》の祭礼を執り行うのが活動実態であった（塩川隆文「近世金沢における山伏の芸能興行」）。近世中期以降、彼らの生活は苦しくなり、山伏の人数は減少傾向にあった。また、領主によるお救いの対象にもなっている。和歌山城下の「天保年代物貰集」のなかに山伏の姿が描かれており、この時期の山伏はその勧進活動が物貰いと区別がつかないほど厳しい生活状況にあった。

この状況を打開するため、文政十二年（一八二九）に金沢の山伏たちは共同で芸能興行を出願した。この願いはいったん受理されたが、同時期に行われていた川上芝居との兼ね合いで長続きせず、天保九年（一八三八）に三たび出願した際は「不相応之願」であるとして却下された。同時期に出願された神主の芸能興行が許可された一方で、山伏のそれが却下されたという差異には、山伏身分に対する領主側の認識が少なからず反映していたといわざるをえない。

藤　内

藤内《とうない》は前田家領内で行刑役を担った身分集団の呼称である。業務は、掃除・公事場《くじば》人足《にんそく》・目明《めあか》し・鷹《たか》餌犬の提供・灯心製作など多岐にわたる。また、藤内のなかには農業・茶毘《だび》・草履《ぞうり》足駄《あしだ》の緒製作・医業・助産などに携わる者もいた（『定本加賀藩被差別部落史料集成』所収「加賀藩被差別部落史概説」）。藤内の業務の一つに「廻り藤内」という、藤内頭《とうないがしら》の配下のなかから選ばれた数人が金沢町在を巡回し、不審者を見つけしだい捕え、藤内頭のもとに召し連れる任務があった。その見返りとして、廻り藤内をする藤内には「大黒舞《だいこくまい》、節季候《せきぞろ》、金輪《かなわ》、すたれ遣《つかい》」などの勧進芸を行う権利が認められていた（『定本加賀藩被差別部落史料集成』所収「部落一巻　乾」）。

享保九年（一七二四）に藤内頭の仁蔵と三右衛門が藤内らによる廻り業務の概要について上申した史料（「加賀藩御定書」七）によると、藤内の廻り業務は、藤内頭配下の十兵衛・理兵衛・万兵衛・惣助の四人が担当していた。彼らは「かなわ切、あやつり、福の神、節季候等」の芸能を演じつつ、他国から来た者が芸をしながら金沢城下を通りかかった場合は、検問してすぐさま捕え、藤内頭の所へ召し連れることになっていた。さらに、他国者でなくとも、「異形《いぎょう》成る体」で町方

図 7-5　文織（綾織，同前）

図 7-4　節季候（中村神社〈多田家〉文書「風俗図」より）

図 7-7　鉄　輪　切（同前）

図 7-6　すだれ遣い（『天保年代物貰集』より，和歌山県立図書館所蔵）

節季候は江戸時代の歳末に行われた門付芸の一種で，赤い布で顔を隠し，頭に裏白（シダ）をつけた笠をかぶった芸能者が四つ竹などを鳴らしながら「せきぞろ，せきぞろ」とはやして家々を回り，米銭を募った．文織は「二つ三つ四つの竹を以て上下へあげおろす手品」（『人倫訓蒙図彙』）のことをいい，機を織る様子に似ていることからこの名がついた．すだれ遣いは文織が変形して簾を使うようになったものである．鉄輪切（かなわきり）は鉄の輪を使う手品のことで，『人倫訓蒙図彙』の「放下」（ほうか，曲芸師のこと）の項では「あや折，金輪つかい，皆放下なり」と説明している．これらの芸能はいずれも金沢城下では藤内が担う勧進芸能であった．

に出て勧進行為をする者も同様に捕縛する業務が後から追加された。

後年の宝暦十一年（一七六一）に藤内頭が盗賊改《とうぞくあらためかた》方に答えた史料（「部落一巻　乾」）によると、「福の神（「大黒舞」）」「鉄輪切《かなわきり》」「簾切《すだれきり》（「綾織」）」「節季女郎」の芸の所作をするのは藤内の者たちで、金沢の近隣に居住する藤内のなかに六人いた。もともと「非人縮《しま》り方」と「他国者取りしらべ方」は藤内から公事場に報告することになっていたが、元禄四年（一六九一）に盗賊改奉行が設置されたことに伴い、廻り藤内の業務は盗賊改奉行に報告することになった。じつはそれ以前から廻り藤内の業務とは別に、この六人が目明しの業務を勤めており、「不正の者」を見つけるため、冬は節季女郎、春は福の神、夏は鉄輪切を携え、姿を変えながら、金沢の町在で勧進芸をし、「不正之者」を見つけしだい公事場に報告していた。ところが、盗賊改の管轄になってから目明しの者は公事場への「御達し物」をせず、盗賊改へ見聞のままを注進するだけになっているが、以前からの慣わしで今も金沢町在での勧進を続けている。現在、廻り藤内の六人は犀川川下の藤内頭の集落から出ている。武家へ福の神・節季女郎に参上する際は、目明しとはいえ、姿を拵《こしら》え「御米」を頂戴する。ただし、武家へは鉄輪・簾切の門付に出ないことにしているという。

藤内による勧進芸が目明し業務のカモフラージュであったこと、宝暦十一年時点で藤内による目明し業務はほとんど機能しておらず、盗賊改へ通りいっぺんの報告はするものの、公事場へ「御達し物」をすることなく、ただ勧進行為のみを続けていたことがわかる。この「御達し物」とは何か、別の史料から探りたい。

「鉄輪切等一件」（「部落一巻　乾」）は、享保十年（一七二五）と宝暦四年（一七五四）の二つの文書からなる。まず前半の文書によると、「鉄輪切、あや織所作」は御制禁の「妓芸之類」ではあるが、目明しの藤内はそれを業務として勤めることが盗賊改奉行の故加藤十左衛門以来認められた者たちである。ところが、何十年も「疑わしき者」を召し連れてきた実績がないとして、藤内頭を叱責した。これに対して藤内頭は、年始の節季候は自分たち藤内頭が所作を勤めるが、それ以外の芸能については鉄輪切等の所作を勤める者に譲ると弁明した。つまり、年始の節季候を藤内頭が勤めることが目明し業務を阻害する実態があり、「鉄輪切等」を勧める藤内たちに任せることで、廻り藤内の業務を機能させるということである。

後半の文書では、「すだれ遣い」（南京玉すだれの原型の芸）はこれまで豊次郎・吉十郎・長次郎・万平の四人が勤めてきたが、このたび多助がこの職に就きたいと願い出たため、この五人を藤内頭の三右衛門が召し連れ参上した。この者たちに法に触れる行為がないか充分に探索し、注進に及ぶように申し渡した。由比五郎左衛門《ゆいごろうざえもん》が盗賊改奉行の時には注進に及んだが、それ以後は注進がなく勤務実態がない。今後は町方・郡方の双方とも、充分に承知のうえ注進に及ぶよう命じたうえで、多助の加入を許可したという。

廻り藤内の主目的は目明し業務にあるというのが盗賊改方の認識であり、廻り藤内が勧進芸を披露しながら不審者を報告し（「御達し物」）、捕縛・連行するという成果を盗賊改方は期待していた。だから、本来は御制禁の勧進芸を藤内に認めたのである。ところが、この史料によると、廻り藤内たちは勧進芸に励むばかりで、不審者を捕縛・連行してきたためしがなく、宝暦四年になると、不審者の報告すらしていないという。盗賊改方からすれば、廻り藤内への新規加入はけっこうだが、目明しとしてそれ相応の働きをせよと督励したわけである。

ここからみえてくるのは、巡察業務を勤める藤内たちが本来の目的とされる目明し業務を忌避し、芸能者への志向を強める動きをみせていたということである。芸そのものの魅力もあるし、勧進芸によってえられる収入の魅力もあっただろう。また、藤内の側からすれば、目明し業務は元禄四年に制度化されたものだが、それ以前から彼らは勧進芸に携わってきたと主張しており、もともと目明し業務より勧進芸のほうに活動の比重を置いていたかもしれない。

しかし、廻り藤内の勧進芸は、あくまで目明し業務の見返りとして認められたものであるから、領主の意向を離れて自由に芸能を追究することはできなかった。そのためか、藤内が役者村のように自ら歌舞伎に進出し、生業の確保や身分上昇を図ろうとする動きは現時点で確認されておらず、少なくとも身分集団として芸能者のほうに特化した形跡はみられない。これはまず前田家の芸能政策が歌舞伎に対して非寛容であったことと、藤内の身分が領主から課された行刑役を中心に規定されており、領主との由緒との関わりのなかで身分の安定化を志向せざるをえなかったことによると考える。ただし、金沢で川上芝居が開設された時に、藤内に対しては小屋内での検断権《けんだん》が認められ、「仁蔵溜《にぞう》」「川下溜」などと呼ばれた藤内の詰所が設けられた。藤内は勧進芸に携わりつつも、当時の芸能のメインストリームであった歌舞伎に芸能者としての進出はかなわず、あくまで芸能を取り締まる側として規定され続けた。

おわりに

本章では、江戸時代の芸能の見取り図を、芸能者に即して描くという目的のもと、①芸能記録の比較、②芸能者の類型論の整理、③金沢の芸能者の事例紹介を行った。①芸能記録として、元禄期の宇和島伊達家の当主、宝暦期の加賀前田家に仕える武士、文政期の氷見町役人の三名の記録を取り上げ、身分差・地域差・時代差により芸能享受のあり方に違いがありつつも、それぞれの置かれた環境のなかで熱心に芸能を享受していた様子を紹介した。

②芸能者の類型論については、『人倫訓蒙図彙』に収録された芸能者の分類を紹介した。また、宗教的芸能者から歌舞伎・浄瑠璃に進出した者と、賤民的な位置に残された者に分化したとの見通しがある一方、前者でも賤民との境界のあいまいさゆえに身分差別の問題が残ることを指摘した。都市社会史の分野でも、勧進芸能者の乞胸と香具師の職分（芸能）は近似的であるにもかかわらず、身分差別が生じるために香具師が乞胸の配下に入ることを忌避する事態が生じた。歌舞伎についても、江戸時代初期の頃は見世物芸人が歌舞伎の座に入ることが可能であったが、歌舞伎とそれ以外の芸能が分離された中期以降になると新規参入はできず、見世物芸人たちは寺社境内地や火除地などの盛り場に進出し、乞胸配下の芸人や香具師として芸を披露することになった。西日本には役者村と呼ばれる芸能に携わる人びとが集住する村々が点在

しており、これらは「寺中」「散所」と呼ばれる中世の雑芸者集落に淵源を持つ。彼らは役者村に転ずる前に傀儡師を生業としていたが、時流に乗じて歌舞伎芸を包摂するに至ったと推測される。

③城下町金沢の場合、芸能者が集住する役者村は構成されず、それぞれの芸に応じた集団がつくられ、その構成者は城下の内外に散在していた。歌舞伎役者は金沢城下の外から来る他国役者と、金沢付近に在住の地役者からなっていた。能役者は前田家から扶持をもらう御手役者と、町人身分の町役者からなる。町役者は芸の技量を上げ、扶持をもらい、苗字の名乗りを許されることを夢見る町役人層の町人たちが主に勤めた。金沢の山伏は町方に居住する宗教者として、寒垢離や弥彦払といった勧進芸に携わっていた。また、近世後期には生活困窮を理由に芸能興行を出願したが、身分の低さを理由に安定的な興行を続けることができなかった。藤内は前田家領内で行刑役を担った身分集団であるが、その業務のなかに不審者を捕縛・連行する廻り藤内が含まれており、その見返りとして自身の勧進芸が認められていた。近世中期以降廻り藤内は有名無実化し、ただ勧進芸のみを行っていた。しかし、藤内の身分は領主から課された行刑役を中心に規定されており、芸能を専業とする身分集団として特化することはできなかった。

以上をふまえ、本章で明らかになる江戸時代の芸能者の特徴をいくつか指摘しておきたい。

第一に、芸能者について、本章では「芸能を専業とする担い手」を狭義の芸能者と定義したが、さまざまな芸能者の事例をみると、芸能を専業にできる芸能者はごく一部であり、多くの芸能者は別の生業を確保したうえで芸能に取り組んでいたことがわかる。その目的は一様ではなく、必ずしも生計手段に限定されない。例えば、金沢の能の町役者の多くは別に町人としての生業をもち、無給で町役者を勤めたが、そこには彼らの名誉や身分上昇の願望が秘められていた。また、山伏は勧進活動の一環として、藤内は廻り藤内の業務を勤める見返りとして、それぞれ芸能に携わっていたが、それは彼らの多様な経済活動のごく一部にすぎない。このようにみていくと、金沢で純粋に芸だけで身を立てることができたのは能太夫などごくわずかであり、芸能者の多くは芸能にさまざまな経済活動との兼業で取り組んでいたのが実態であった。

第一に、素人の芸能者の存在についてである。役者村の項で説明したように、江戸時代以前の芸能は特定の身分集団によって担われることが多かった。江戸時代になると、全国規模での芸能の広がりを前提に、素人の芸能参入が容易になり、芸の様式化、家元制度の確立が進んだ。近年は周縁身分への注目が集まり、芸能に携わる特定の身分集団が地域の事例に即して次々と解明されたが、素人大衆への芸能の広がりについて、芸能者との流動性の観点から再評価が必要であろう。

第三に、第一と第二の点が重なった時、すなわち、必ずしも芸能を専業としない芸能者のなかに素人出身の芸能者が参入してきた時、どのような状況が生じたのかということである。これはやや仮説的かつ部分的な指摘だが、芸能の大衆化は、それまで芸能を担ってきた特定の身分集団の芸を陳腐化させ、彼らへの賤視を強化したのではなかったか。例えば、本章で紹介した弥彦払（悪魔払）は、もともと山伏の勧進芸能の一つであったが、いつしか祭礼の趣向として素人によって演じられるようになり、現在では金沢市の民俗芸能となっている。また、田中屋権右衛門の『応響雑記』に、山伏や藤内の芸能に関する記述が出てこないのは氷見に山伏や藤内が居住していなかったからではなく、居住しているが芸能を担っていなかったか、権右衛門の関心の対象外であったかのいずれかである。周囲からの賤視が芸能から彼らを疎外する結果をもたらしつつあったとすれば、それに抗するには個人の努力と才能によって歌舞伎役者の仲間入りを果たすしかなかったのではなかろうか。この点について、本章で充分に論証できているとはいえないが、第一と第二の点から導き出される論点として指摘しておきたい。

本章で紹介できたのは、江戸時代の芸能者に関する、ごく一部の事実にすぎず、芸能に関する史料は全国各地に眠っている。多くの方々が江戸時代の芸能に関心をもち、総合的・多角的に検討がなされることを期待したい。

〔参考文献〕

梶井幸代・密田良二『金沢の能楽』北國新聞社、一九七二年

神田由築『近世の芸能興行と地域社会』東京大学出版会、一九九九年
神田由築「芸能と文化」『岩波講座日本歴史一三』岩波書店、二〇一五年
塩川隆文「近世金沢における山伏の芸能興行」『北陸史学』六一、二〇一三年
塩川隆文「近世金沢の芝居興行」『石川の歴史遺産セミナー講演録　第二九〜三〇回』石川県立歴史博物館、二〇一九年
竹下喜久男『近世地方芸能興行の研究』清文堂出版、一九九七年
永井彰子「寺中」横田冬彦編『芸能・文化の世界』吉川弘文館、二〇〇〇年
中村雅之『野村萬斎』新潮社、二〇二二年
藤本清二郎「城下町の勧進者」『城下町世界の生活史』清文堂出版、二〇一四年
古川貞雄『村の遊び日―休日と若者組の社会史―』平凡社、一九八六年
宮地正人「芸能と芸能民―地域の視座から―」『幕末維新期の文化と情報』名著刊行会、一九九四年
守屋　毅「近世初期の歌舞伎と放下」『近世芸能興行史の研究』弘文堂、一九八五年
守屋　毅「蜘蛛舞早雲座とその周辺」（同前）
守屋　毅「江戸の見世物興行と香具師」（同前）
守屋　毅「役者の村とその系譜」（同前）
横田冬彦「芸能・文化の世界」同編『芸能・文化の世界』吉川弘文館、二〇〇〇年
吉田伸之「芸能と身分的周縁」『身分的周縁と社会＝文化構造』部落問題研究所、二〇〇三年

執筆者紹介（生年／現職）―執筆順

多和田雅保（たわだ　まさやす）　→別掲

牧原成征（まきはら　しげゆき）　→別掲

後藤雅知（ごとう　まさとし）　一九六七年／立教大学文学部教授

中安恵一（なかやす　けいいち）　一九八二年／島根県立古代出雲歴史博物館専門学芸員

三田智子（みた　さとこ）　一九八一年／就実大学人文科学部准教授

町田哲（まちだ　てつ）　一九七一年／鳴門教育大学大学院学校教育研究科教授

東野将伸（ひがしの　まさのぶ）　一九八七年／岡山大学学術研究院社会文化科学学域講師

吉元加奈美（よしもと　かなみ）　一九九〇年／京都精華大学国際文化学部講師

塩川隆文（しおかわ　たかふみ）　一九七八年／金沢市立玉川図書館資料係主査

編者略歴
多和田雅保
一九七一年　岐阜県に生まれる
二〇〇二年　東京大学大学院人文社会系研究科博士課程単位取得満期退学
現在　横浜国立大学教育学部教授、博士（文学）
〔主要著書〕
『近世信州の穀物流通と地域構造』（山川出版社、二〇〇七年）

牧原成征
一九七二年　愛知県に生まれる
一九九九年　東京大学大学院人文社会系研究科博士課程単位修得退学
現在　東京大学大学院人文社会系研究科教授、博士（文学）
〔主要編著書〕
『日本近世の秩序形成―村落・都市・身分―』（東京大学出版会、二〇二二年）
『近世の権力と商人』（編著、山川出版社、二〇一五年）

日本近世史を見通す5
身分社会の生き方

二〇二三年（令和五）十月二十日　第一刷発行

編者　多《た》和《わ》田《だ》雅《まさ》保《やす》
　　　牧《まき》原《はら》成《しげ》征《ゆき》

発行者　吉川道郎

発行所　株式会社　吉川弘文館
郵便番号一一三―〇〇三三
東京都文京区本郷七丁目二番八号
電話〇三―三八一三―九一五一（代）
振替口座〇〇一〇〇―五―二四四番
http://www.yoshikawa-k.co.jp/

印刷＝株式会社 理想社
製本＝株式会社 ブックアート
装幀＝右澤康之

ISBN978-4-642-06888-8

日本近世史を見通す

全7巻

1 列島の平和と統合　近世前期 ＊
牧原成征・村　和明編

2 伝統と改革の時代　近世中期
村　和明・吉村雅美編

3 体制危機の到来　近世後期
荒木裕行・小野　将編

4 地域からみる近世社会
岩淵令治・志村　洋編

5 身分社会の生き方 ＊
多和田雅保・牧原成征編

6 宗教・思想・文化 ＊
上野大輔・小林准士編

7 近世史の課題　討論（仮題）
小野　将ほか編

本体各２８００円（税別）　＊は既刊

吉川弘文館

日本近世の歴史　全6巻

信長・秀吉・家康の時代から西南戦争まで、政治の動きを中心に最新成果に基づいて描く通史。徳川家の代替わりや幕政改革・開国など、平易な記述と豊富な図版や年表による立体的編集により、新たな歴史の捉え方を示す。

四六判／本体各２８００円（税別）

①天下人の時代　藤井讓治著
②将軍権力の確立　杣田善雄著
③綱吉と吉宗　深井雅海著
④田沼時代　藤田　覚著
⑤開国前夜の世界　横山伊徳著
⑥明治維新　青山忠正著